D. 4961.

14016.

CONFERENCES
OU
INSTRUCTIONS
SUR
LES EPITRES ET EVANGILES
DES DIMANCHES
ET PRINCIPALES FESTES DE L'ANNE'E,
Et sur les Vêtures & Professions Religieuses.

PAR LE R. DOM ARMAND JEAN
ANCIEN ABBE' DE LA TRAPPE.

TOME PREMIER.

A PARIS,
Chez FLORENTIN & PIERRE DELAULNE,
ruë S. Jacques, à l'Empereur, & au Lion d'or.

M. DC. LXXXXVIII.
Avec Approbations & Privilege du Roy.

APPROBATION DE MONSIEUR Blampignon Chefcier, & Curé de S. Merry.

J'AY lû, par ordre de Monseigneur le Chancelier, un Livre qui a pour titre, *Conferences sur les Epîtres, & Evangiles, &c.* dans lequel bien loin d'y avoir rien trouvé qui soit contraire à la Foy, & aux bonnes mœurs, tout y respire l'esprit de sagesse, & de pieté, d'une maniere propre à renouveller dans les personnes religieuses leur ancienne ferveur, & à produire dans les personnes seculieres l'amour & la pratique de toutes les vertus chrétiennes. A Paris, ce 22. Février 1698.

BLAMPIGNON Chefcier
& Curé de S. Merry.

APPROBATION DE DOM Claude Quinquet Docteur en Theologie de la Faculté de Paris, Proviseur du College de S. Bernard.

NE doutant point que la Conduite, & les Maximes chrétiennes, données depuis peu au Public par Monsieur l'ancien Abbé de la Trappe, n'aïent été receuës comme elles le meritent; nous avons lieu de croire que ces *Conferences*, qui roulent sur les mêmes principes, auront un succés aussi favorable, & que Dieu y donnant sa benediction, ceux qui les liront en tireront de tres-grands avantages. Je les ay examinées par ordre de Monsieur le Reverendissime

Abbé General de Cisteaux, & je n'y ay rien trouvé que de tres-edifiant & conforme à la doctrine de l'Eglise. C'est nôtre sentiment. DONNE' à Paris en nôtre College de S. Bernard, ce 24. Février 1698.

F. CLAUDE QUINQUET Proviseur
du College de Saint Bernard.

PERMISSION DE MONSIEUR le Reverendissime Abbé General de Cisteaux.

NOus Frere Nicolas Larcher, Abbé General de Cisteaux, Docteur en Theologie de la Faculté de Paris, premier Conseiller né du Parlement de Bourgogne, Chef & Superieur General de l'Ordre dudit Cisteaux, ayant l'entier pouvoir du Chapitre General d'iceluy, permettons à Monsieur le tres-Reverend ancien Abbé de la Trappe, de faire imprimer un Livre qu'il a composé, qui porte pour titre *Conferences sur les Epîtres, & Evangiles &c.* & qui a été vû & approuvé par nôtre venerable & tres-cher confrere Dom Claude Quinquet, Docteur en Theologie de la Faculté de Paris, Prieur titulaire de Nôtre-Dame de S. Lazare, & Proviseur de nôtre College de S. Bernard à Paris. DONNE' en nôtre dit College sous nôtre seing manuel, celuy de nôtre Secretaire, & l'impression de nôtre cachet le vingt-cinq Fevrier mil six cens quatre-vingt dix-huit.

F. NICOLAS Abbé General
de Cisteaux.

F. PIERRE HENRIOT Secretaire.

TABLE
DES CONFERENCES
DU PREMIER TOME.

Conference pour le I. Dimanche de l'Avent, sur ces paroles : Abjiciamus ergo opera tenebrarum &c. *Rom.* 13. 12. page 1.

II. Confer. faite le même jour, à la Vesture de deux Novices sur ces mêmes paroles. p. 25.

Confer. pour le II. Dim. de l'Avent. De la lecture des Livres saints, sur ces paroles : Quæcumque scripta sunt, ad nostram &c. *Rom.* 15. 4. p. 45.

Confer. pour le III. Dim. de l'Avent. Du Repos, de la joie, & de la tranquilité sainte, sur ces paroles : Gaudete, iterum dico Gaudete &c. *Ad Phil.* 4. 5. p. 77.

Confer. pour le IV. Dim. de l'Avent. Du Renoncement au monde, à soi-même, & de l'Imitation de Jesus-Christ, sur ces paroles : Parate viam Domini. *Luc.* 3. 4. p. 99.

TABLE

Confer. pour le V. Dim. de l'Avent. De l'Humilité, & de l'Orgüeil. Sur ces paroles: Omnis vallis implebitur. *Luc. 3. 5.* p. 126.

Conference pour la Veille de Noël. Comment il faut nous preparer à recevoir Jesus-Christ. Sur ces paroles: Ecce nunc tempus acceptabile &c. *2. Cor. 6. 2.* p. 141.

Conference tenuë le jour de Noël. Comment nous devons faire toutes nos actions. Sur ces paroles: Qui custodierint justa, justè justificabuntur. *Sap. 6. 11.* p. 153.

Confer. tenuë le jour de la Circoncision. De la Mort. Sur ces paroles: Quotidie morior. *1. Cor. 15. 13.* p. 168.

Confer. pour le jour des Rois. De la grace. Sur ces paroles: Apparuit gratia Dei Salvatoris &c. *Ad Tit. 2. 12.* p. 188.

II. Confer. pour le même jour. Sur ces paroles: Populus qui ambulabat in tenebris &c. *Is. 9. 2.* p. 223.

Conference pour le I. Dim. aprés les Rois. De la Retraite. Sur ces paroles: Invenerunt illum in Templo. *Luc. 2. 46.* p. 241.

II. Conference tenuë le même jour, à la demande d'un Novice. Du Repos & du Silence. Sur ces paroles de l'Imitation de Jesus-Christ. In silentio &

DES CONFERENCES.

quiete, proficit anima Deo devota. *l. 1. c. 20.* p. 262.

Conference tenuë le II. Dim. aprés les Rois, où les Freres Convers par ordre du R. P. Abbé, declarent ce qu'ils pensent touchant l'austerité de la Regle dans laquelle ils vivent. p. 280.

Renouvellement des Vœux des Religieux de la Trappe. p. 311.

Confer. tenuë le III. Dim. aprés les Rois, à la demande de quelques Novices. Avec quelle exactitude un bon Religieux doit se conduire dans son état. Sur ces paroles de la Regle : Custodiat se omni horâ à peccatis &c. c. 7. p. 315.

II. Confer. tenuë le même jour. De la Chute des Solitaires. Sur ces paroles : Qui spernit modica paulatim decidet. *Eccli. 19. 1.* p. 341.

III. Confer. tenuë le même jour. De l'abnegation & du dépoüillement parfait. Sur ces paroles : Nisi granum frumenti cadens &c. *Joan. 12. 24.* p. 364.

Conference pour le IV. Dim. aprés les Rois. Sur ces paroles : Ecce motus magnus factus est in mari &c. *Mat. 8. 24.* p. 379.

Confer. pour le V. Dim. aprés les Rois. De la crainte & de la défiance de nous-mêmes. *Sur ces paroles* : Simile factum est regnum Cœlorum &c. *Mat.* 13. 24. p. 402.

Confer. pour le VI. Dim. aprés les Rois. Sur ces paroles : Simile est regnum cœlorum grano sinapis. *Mat.* 13. 31. p. 420.

CONFÉRENCE POUR LE I. DIMANCHE DE L'AVENT.

Abjiciamus ergo opera tenebrarum, & induamur arma lucis, Rom. 13. 12.

Rejettons les œuvres de tenebres; & revêtons-nous des armes de lumiere.

L'EGLISE nous met aujourd'hui devant les yeux, mes Freres, l'image de la fin du monde avec les circonstances qui doivent accompagner cet évenement si terrible. Vous ne pouvez ignorer quelles sont ses intentions, si vous reflechissez sur ces paroles du Prince des Apôtres; puisque cette dissolution du monde est certaine, nous devons nous y preparer par une conduite toute Chrêtienne,

Tome I.   A

toute irreprehensible, & toute sainte. *Cum igitur hæc omnia dissolvenda sint, quales oportet vos esse in sanctis conversationibus & pietatibus.* S. Paul nous dit à peu-près la même chose, quoyque par des expressions differentes, quand il nous exhorte, ou plûtôt qu'il nous ordonne par le mouvement du S. Esprit de rejetter toutes les œuvres de tenebres, & de prendre en main les armes de la lumiere; *Abjiciamus ergo opera tenebrarum, & induamur arma lucis*; comme s'il nous disoit, puis que le renversement de l'univers est inevitable, & qu'il doit arriver avec des accidens si extraordinaires, il faut rejetter les œuvres de tenebres, pour se disposer au premier avenement de Jesus-Christ. Nous l'attendons, mes Freres, dans peu de jours; preparons-nous y donc pour nous rendre dignes de participer à ces graces & à ces benedictions qu'il doit répandre sur la terre avec tant de plenitude & de profusion, afin qu'ensuite, lors qu'il viendra juger le monde, pour separer ses serviteurs de ses ennemis, & chasser les derniers pour jamais de devant sa face, nous puissions trouver un repos, & un rafraichissement assûré dans le sein de sa misericorde,

Pour le I. Dimanche de l'Avent;

Rejetter les œuvres de tenebres, mes Freres, c'est un precepte dont l'observation est indispensable. Il est pour les grands & pour les petits, pour les Princes & pour les sujets; pour les pauvres, & pour les riches; Jesus-Christ n'en dispensera jamais personne. Si vous m'en demandez la raison; c'est qu'il n'y a qui que ce soit, qui ne soit obligé de travailler à son salut, en se servant pour cela, des voies établies & des moiens necessaires. Le salut, c'est la possession du Royaume de Jesus-Christ, qui est un Royaume de gloire. Jesus-Christ habite, comme vous le sçavez, selon les paroles de l'Apôtre, dans une lumiere inaccessible, & son Trône, comme parle le Prophete, est élevé dans le milieu de la splendeur de ses Saints, *in splendoribus Sanctorum, ex utero ante luciferum genui te.* Or comme il n'y a rien de commun entre les tenebres & la lumiere, *Quæ societas luci ad tenebras?* Il ne se peut aussi que des actions de tenebres nous portent & nous élevent au sejour de la clarté & de la lumiere; & non seulement elles ne sçauroient nous y conduire, mais elles s'opposent, & combattent le dessein de ceux qui y tendent & qui y aspirent. Ils sont donc dans

1. ad Timoth. 6. 16.

Ps. 109. 3.

1. ad Cor. 6. 14.

A ij

l'obligation de renoncer à ces œuvres si contraires à toutes leurs veuës, & si capables de leur nuire, & d'executer à la lettre ces ordres du S. Esprit, *Abjiciamus ergo opera tenebrarum.* En un mot, mes Freres, si quelque chose peut vous faire comprendre l'éloignement & l'horreur que vous devez en avoir, c'est de penser que les actions de tenebres appartiennent aux Demons, & que l'Ecriture leur donne le nom & la qualité de Princes des tenebres, *Principes & potestates mundi rectores, tenebrarum harum.*

Rom. 13. 11.

Ephes. 6. 12.

Quoy que vous puissiez ne pas ignorer, mes Freres, quelles sont ces œuvres de tenebres, dont parle l'Apôtre, je ne laisseray pas de vous dire, que tout ce qui n'est pas éclairé de la lumiere, est dans les tenebres; que tous les endroits de la terre sur lesquels le Soleil ne jette pas ses rayons, sont dans l'obscurité & dans la nuit. Or comme Jesus-Christ est la veritable lumiere du monde; *Erat lux vera quæ illuminat omnem hominem venientem in hunc mundum;* toutes les œuvres qu'il ne regarde point, qui ne sont point formées par son inspiration, & dont il n'est ny le principe ny la fin, appartiennent aux

Joan. 1. 9

tenebres. Mais disons davantage: car ce n'est point assez qu'il en soit le principe, & qu'il en soit la fin; il faut qu'il les conduise, & qu'il les dirige, qu'il les garantisse de mille accidens, qui pourroient leur faire perdre la bonté qu'elles avoient tirées du principe & de la fin, & qui d'œuvres de lumieres, les rendroient œuvres de tenebres. Car il arrive souvent que des actions bonnes dans leur principe & dans leur fin, deviennent mauvaises & vicieuses par des circonstances qui s'y meslent, par des considerations impures qui s'y joignent, & qui en corrompent toute la bonté. En un mot tout ce qui n'est point de l'esprit de Dieu, est de la cupidité, & sort de cette source de tenebres, qui repand une malignité secrette sur sur toutes les choses qu'elle produit: & tous ceux qui veulent plaire à Dieu, ou qui tendent à la perfection, doivent apporter de tres-grands soins pour s'en preserver, & pour s'en defendre.

On me dira sans doute qu'il y a des actions qui ont une bonté morale. Il est vray qu'il y en a qui ont une rectitude apparente par la conformité qu'elles ont avec quelques Loix humaines, & quelques regles naturelles: mais si elles sont mises auprés des vertus Chrêtiennes, le bien que l'on voioit en elles disparoît. Ce sont des ombres qui s'effacent à la lumiere; & je ne crains pas de dire qu'une vie qui ne seroit composée que de toutes ces vertus que l'on appelle Morales, ces vertus, dis-je, qui ont fait les Heros de l'Antiquité, & qui ont rendu les Sages du Paganisme si celebres, sera jugée & condamnée avec autant de certitude aux flammes éternelles, que si elle étoit remplie de parjures, d'homicides, & d'adulteres. Les Vierges, dit S. Jean Chrysostome, qui seront destituées des vertus & des actions de la Charité quand elles auroient toutes les autres, seront réjettées de Dieu comme des impudiques, *Virginitatem quamvis cætera habeat, si misericordia bonis caruerit, cum fornicatoribus ejici.*

Ioan. Chrys. homil. 79. in Matth.

Quoy que cette obligation soit d'une necessité absoluë, & que le salut de tous les hommes y soit attaché, cependant elle n'est point connuë; & il n'y a presque personne qui se mette en peine d'y satisfaire. Elle est transgressée, elle est violée de la plusfart des gens qui vivent dans le monde. Ils ne respirent que tenebres, & font une profession toute

Pour le I. Dimanche de l'Avent. 7
publique de fermer les yeux à la lumiere, comme s'ils étoient dans l'impuissance d'en soutenir l'éclat. Les uns se laissent aller aux mouvemens de leurs passions ; ils ne recherchent que le plaisir & la volupté, & par tout où ils la trouvent, ils y vont avec un emportement qui ne connoît ni de limite, ni de mesure. Toutes leurs actions sont pleines d'iniquité & de scandale ; ils n'ont jamais de joie que dans les maux qu'ils commettent, ils triomphent de leurs excés, ils se parent, & se font un honneur de leurs crimes ; *peccatum suum quasi Sodoma prædicaverunt* ; & par une folie qui ne se peut ni exprimer, ni comprendre, ils trouvent de la gloire, & contentent leur vanité dans les actions qui les couvriront pour jamais de honte, & de confusion, *lætantur cum malefecerint, & exultant in rebus pessimis.* *Isai.3.9.*

Prov. 2. 14.

Il y en a d'autres qui gardent plus de mesures, mais qui ne sont pas pour cela plus observateurs du precepte, ni plus religieux à renoncer à ces actions de tenebres. Ce sont ceux qui nous sont figurez dans la Parabole des conviez de l'Evangile, qui au lieu d'assister à ce souper magnifique, qui leur étoit preparé, s'en excuserent par des raisons *Luc. 14: 18.*

A iiij

qui n'étoient pas dignes d'être écoutées.

L'un dit, je viens d'acquerir une maison à la campagne; l'autre, je viens d'achetter des bœufs; le troisiéme, je viens de me marier. Cela nous marque des hommes uniquement attachez aux affaires temporelles, appliquez aux soins de leur maison, renfermez dans leur famille, ne pensant qu'à multiplier leurs biens, à augmenter leurs revenus, à faire valoir leurs terres, à enrichir leurs enfans, à remplir leurs greniers, à amasser des richesses : semblables à cet avare de l'Ecriture, qui vouloit abbattre ses greniers pour en bâtir de plus grands & de plus vastes, afin qu'ils pussent contenir toute sa récolte, au lieu de nourrir les Pauvres de son abondance : *Destruam horrea mea, & majora faciam, & illuc congregabo omnia quæ nata sunt mihi, & bona mea.* Ils aiment leurs maisons, ils les embellissent, ils les ornent, & ils n'y épargnent rien de tout ce qui peut les contenter & leur plaire. C'est leur tresor, ils y mettent, ils y attachent leur cœur; enfin ils sont tellement pleins des choses d'icy bas, si abandonnez aux affections de la terre, si enchantez des plaisirs & des satisfactions que la

Luc. 12. 18.

nature leur peut donner, qu'ils n'ont plus ni vûë, ni goût, ni pensée pour celles du Ciel. Leur vie paroît innocente aux yeux des hommes, quoy qu'elle soit tres-criminelle aux yeux de Dieu. Les hommes l'approuvent & & l'estiment; mais Dieu la rejette, & la condamne. Ce qui nous est marqué par ce jugement terrible, qui fut prononcé contre ces insensez : *nemo virorum illorum, qui vocati sunt, gustabit cœnam meam*; Nul de ceux qui ont été conviez à mon festin, ne goûtera de mon souper. Luc. 14. 14.

S. Augustin, mes Freres, nous parle de l'état de ces malheureux, quand il nous dit: vous voiez des hommes, qui sont déchirez par la multiplicité de leurs convoitises : les uns embrassent le metier de la guerre, les autres celuy du barreau; les uns s'engagent dans l'étude des sciences, les autres dans l'agriculture, les autres dans le trafic: *videas homines diversitate cupiditatum dilaniari; alii eligunt militiam, alii advocationem, alii varias ac diversas scientias, alii agriculturam, alii negotiationem.* Ce grand Docteur regarde ces gens là comme ceux qui ont pris le monde pour leur partage, & qui Aug. in Ps. 72.

font consister tout leur bonheur à joüir des biens & des avantages, qui luy appartiennent: Il les separe de ceux qui ont mis en Dieu toutes leurs esperances, & qui ne connoissent ni joies, ni consolations, que celles qui leur viennent de sa part; c'est à dire que les uns sont à luy, & les autres n'y sont pas; les uns sont enfans de tenebres, les autres sont enfans de lumiere. *Eligant sibi alii* *partes quibus fruantur, terrenas & temporales; portio sanctorum Dominus æternus est.* Choisisse qui voudra, dit ce grand Saint, les fortunes terrestres & passageres; Dieu qui est éternel, est le partage des Saints.

Aug. in Ps. 15.

Faites reflexion, mes Freres, & pensez qu'il n'y a rien dans la conduite de ces hommes charnels, si l'on considere les choses seulement dans la surface, qui merite d'être repris. Car qui osera dire que celuy qui s'applique à son domestique, à gouverner sa maison, à regir ses affaires, à soutenir, ou à grossir sa fortune, qui s'établit dans le repos & dans la paix, qui choisit une profession, parce qu'elle luy plaît, qu'il croit qu'elle luy convient, qu'elle luy est avantageuse, fasse quelque chose qui soit digne de condamnation

& de censure ; & principalement quand il ne se sert point pour cela de voies qui paroissent injustes? Au contraire qui est ce qui ne loüe, & qui ne l'estime ? Cépendant par ce qu'il n'a point consulté Dieu, par ce qu'il n'a point agi par son mouvement, que ce n'est point son esprit qui l'a determiné, & qu'il n'a aucune part dans toute cette conduite, ni comme fin, ni comme principe, elle est toute humaine, toute terrestre, toute sensuelle, & toute naturelle. Cet homme, quelque reglé qu'il soit, ne fait rien que suivre les inclinations de la nature ; il se porte à ce qui luy est dicté par la chair & par le sang ; & si l'on entroit dans le fond de son cœur, on n'y verroit que de l'insensibilité pour Dieu, de la dureté pour son prochain, & de l'amour de luy même ; on le verroit, dis-je, froid dans les choses de son salut, échauffé dans ses propres interêts, négligent dans les exercices & dans les actions de pieté, vuide de l'éternité, & rempli du temps ; enfin donnant tout ce qu'il peut aux creatures, & refusant tout au Createur. Ainsi toutes ses œuvres sont des œuvres de tenebres, qui ne luy produiront aucun bien veritable, & qui luy attireront une condamnation rigoureuse.

Il peut vous venir dans la pensée, mes Freres, que je vous parle des déreglemens des gens du monde, ausquels vous n'avez plus de part, & que vous êtes à couvert de tous les maux, ausquels leur condition les expose. Il est vray, mes Freres ; mais si je vous parle des gens du monde, ce n'est qu'afin de vous obliger de les plaindre, de prier pour eux, & de loüer Dieu de ce qu'il vous a mis dans un état, ou vous pouvez aisément vous parer de tous ces inconveniens qui les accablent; & tout ensemble pour avoir lieu de vous dire, que vous pouvez trouver le monde dans le fond de vos cloîtres, y faire revivre les mêmes desordres & les mêmes passions, & par consequent tomber dans de semblables malheurs, à moins que vous ne travailliez à les detourner par une priere & par une vigilance continuelle. Il ne vous servira de rien, non plus qu'à ce peuple infidele, de dire, *Templum Domini, Templum Domini : Templum Domini est.* Nous sommes heureux, parce que nous avons parmi nous le Temple du Seigneur, & qu'il nous a distinguez par là des

Ierem.7. 4.

autres nations. J'avouë, que c'est un grand avantage d'être dans un état saint; mais cet avantage, tout grand qu'il est, nous rendroit plus miserables, si nous manquions d'en remplir les devoirs, & de nous acquitter des obligations qu'il nous impose. Il faut donc que vous sçachiez, mes Freres, qu'il se trouve dans nôtre condition, quelque sainte qu'elle puisse être dans le dessein de Dieu, dans son institution, & dans son origine, des desordres qui ne le cedent point à ceux des personnes qui vivent dans le monde.

Il y en a qui perdant toute memoire de ce qu'ils sont, ne conservent ni marque, ni caractere de leur profession; & comme ils en ont abandonné & le nom & même l'habit, toute leur vie n'est qu'une suite de profanations. Vous n'y voiez qu'excés, qu'emportemens, que dissolutions, que débauches: tout y est l'effet d'une licence effrenée; la crainte de Dieu, dont ils ont entierement secoué le joug, ne les retient plus; l'honnêteté, qui arreste quelquefois les gens du monde, ne peut rien sur eux: *abominabiles facti sunt in studiis* Ps. 13. 1. *suis*; vous ne voiez rien dans toutes leurs voies, qui ne donne de l'horreur.

Ce sont ceux, dont parle saint Benoist, *Semper vagi & numquam stabiles, propriis voluptatibus & gulæ illecebris inservientes; de quorum omnium miserrima conversatione melius est silere quam loqui.* On les voit toûjours vagabonds & jamais stables, esclaves du vice & de la gourmandise, & ne cherchant que ce qui peut satisfaire leurs plaisirs; leur maniere d'agir est si miserable qu'il vaut mieux se taire que d'en parler.

Il y en a d'autres, qui ont un peu plus de retenuë : mais comme elle n'est qu'exterieure, elle ne leur peut tenir lieu d'aucun merite devant Dieu, qui sonde les reins & les cœurs : *Scrutans corda & renes Deus.* Ils ne tombent pas veritablement dans ces grands excés ; cependant leur vie n'est qu'un mouvement, une inquietude, & une agitation continuelle. Ils sont remplis d'eux mêmes, & pour trouver quelque chose qui les satisfasse, ils ne font que former des desseins, ils changent de lieux, de demeures, d'emplois, de charges, d'offices ; & par des suites necessaires ils sont pleins de jalousies, de chagrins, de tristesses. Ils s'irritent contre ceux qui s'opposent à leurs projets, & ils ne sont jamais contens, ni de leurs Superieurs

Reg. c. 1.

Ps. 7. 10.

ni de leurs Freres, ni d'eux-mêmes. Enfin ils passent leurs jours dans la servitude de leurs cupiditez, dont ils devroient être entierement les maîtres, & se privent pour jamais par une conduite déplorable, pour l'avenir, comme pour le temps, des fruits, des biens, & des avantages, qu'ils trouveroient dans leur profession, s'ils y vivoient dans la Charité, dans l'humilité, & dans une pratique exacte des veritables Regles.

Enfin il y en a qui ont de la discipline de la regularité, & même de la penitence, qui observent des jeûnes, des veilles, qui s'abstiennent de beaucoup de choses, qui pourroient contribuer à leur plaisir; ils assistent avec soin à tous les exercices d'une Communauté reglée. Neanmoins il arrive que ces actions se faisant plûtôt par des habitudes & par des accoûtumances, que l'on a contractées, que par le veritable esprit, qui en devroit être le mobile & le principe, ils font ce qu'ils font sans sentiment, sans vivacité, sans ardeur & sans zele : & cette conversation qui a sanctifié une multitude presqu'infinie de Religieux & de Solitaires, se trouvant affoiblie & comme alterée par la langueur, la paresse, le dégoût, la negligence, fait que Dieu les regarde comme des gens qui se tirent de son ordre, & qui negligent de le servir & de luy plaire.

Vous devez prendre garde, mes Freres, de n'être pas dans ce rang ; ne cessez jamais de vous animer. Demandez à Dieu qu'il vous donne un cœur, un esprit, une fidelité toûjours nouvelle ; qu'il éclaire vos yeux de ses vives lumieres ; qu'il empêche que les tenebres ne vous surprennent, & qu'elles ne vous couvrent les voies dans lesquelles vous devez marcher ; & pensez qu'à moins d'une attention & d'une vigilance exacte, il est presque impossible de ne pas tomber dans quelques-uns des pièges qui vous environnent.

Le seul moien dont vous puissiez vous servir pour éviter toutes ces tentations differentes, c'est de vous revêtir, comme l'Apôtre vous l'ordonne, des armes de lumiere, *Induamur arma lucis*. Ces armes sont les vertus avec lesquelles vous devez resister, combattre & vaincre les ennemis qui vous attaquent. Elles sont appellées armes de lumiere, par ce que c'est Jesus-Christ qui est la lumiere, qui nous les a meritées. C'est par l'operation de son Saint Esprit,

Rom. 13. 12.

qui

qui n'eſt que feu & charité, & par conſequent tout éclatant de lumiere, qu'il les a formées dans nos cœurs; ce ſont elles qui nous ouvrent les portes de ſon Royaume, qui eſt, comme nous vous l'avons déja dit, le ſejour de la lumiere. Enfin elles ſont nommées armes de lumiere, par ce que comme les vices cherchent toûjours les tenebres, qu'ils naiſſent, & qu'ils ſe cachent dans l'obſcurité : les vertus au contraire aiment le jour, elles fuient les tenebres ; & plus elles ſont vûes de prés, plus elles ſont regardées ; plus elles ſont expoſées à la lumiere, plus elles s'attirent l'eſtime, l'amour & la veneration des hommes.

Ce n'eſt pas aſſez d'avoir en main ces armes de benediction, ſi vous ne ſçavez pas quel uſage vous en devez faire. Il y a un art & une maniere de combattre, & ſi elle eſt ignorée on auroit beau être armé de toutes pieces, on n'en tireroit aucun avantage, & on ne feroit rien pour ſa propre deffenſe. L'Apôtre vous détermine & vous leve le doute, & la difficulté dans laquelle vous pourriez être, lors qu'aprés vous avoir dit qu'il faut que vous marchiez comme des

18 CONFERENCE

Ephes.8. enfans de lumiere, *ut filii lucis ambulate*, il vous declare que les fruits & les effets de la lumiere consistent en toute sorte de bonté, de justice & de verité :
Ibid. 9. *fructus enim lucis est in omni bonitate, & justitia & veritate.* C'est à dire que celuy qui veut se servir, comme il doit des armes de la lumiere, il faut qu'il se communique, & qu'il se repande, qu'il donne à ceux dans la societé desquels il se trouve engagé toutes les marques possibles de son amour & de sa charité. Il faut qu'il le fasse par ses prieres auprés de Dieu, qu'il luy offrira pour ses freres avec autant de soin & d'ardeur que pour luy-même, par tous les secours, les services, & les assistances qu'il leur pourra rendre, par la compassion qu'il aura de leurs maux, par la joie qu'il ressentira des biens qui pourront leur arriver, & par dessus tout en reglant tous ses pas & toutes ses demarches, de sorte que ses Freres apprennent par sa conduite, de quelle maniere ils doivent se conduire eux-mêmes. Je vous parle de cela souvent, mes Freres, parce qu'il n'y a rien de plus important, ni de plus negligé parmi les Moines. Ils vivent sans avoir aucune consideration les uns pour les autres, sans assujettissement & sans con-

trainte, avec liberté & avec licence; & toutes les fois qu'ils se regardent avec reflexion, ils apperçoivent en eux precisément tout ce qui est capable de leur nuire.

Si je fais une action qui n'est pas telle qu'elle devroit être, je cause deux tentations à celuy qui en est témoin; l'une est de m'imiter & de faire ce qu'il me voit faire, l'autre est de me condamner; & s'il luy arrive de resister à la premiere, il succombe d'ordinaire à l'autre. Il peche en me jugeant; ainsi je luy suis une occasion de chûte & de scandale; & je porteray au jugement de Dieu & ma faute & la sienne; & il se peut faire, ce qui est une chose deplorable, qu'un Religieux, qui au lieu de donner à ses Freres l'édification qu'il leur doit, leur aura donné mauvais exemple, se trouvera coupable au tribunal de JE US-CHRIST de toutes les blessures mortelles qu'il leur aura faites, sans qu'elles luy ayent été connuës. Ce sont des homicides secrets que Dieu vengera peut-être avec plus de rigueur & de severité, que ces meurtres sanglans que les hommes commettent tous les jours. Ceux-cy font horreur, par ce qu'ils frappent les sens; & les autres sont

B ij

comptez pour rien, par ce qu'ils ne sont pas sensibles, & qu'on ne les peut ni voir, ni connoître que par les yeux de la Foy.

Ne dites point ce que le Chef & le premier des reprouvez dit autrefois : *Numquid custos fratris mei sum ego ?* suis-je le gardien de mon frere. Oüy, vous en êtes le gardien & le conservateur. Jesus-Christ recherchera son Sang entre vos mains. Et luy vous étant ce qu'il vous est par sa seconde naissance, comme par la premiere, il a droit de rechercher son instruction dans vôtre exemple ; & si vous consideriez ce qu'il est à Jesus-Christ, comme quoy il a l'honneur d'être un des membres du corps, dont il est le chef, vous auriez pour luy tous les égards que vous n'avez point, ne pouvant douter que Jesus-Christ ne ressente le mal & la violence que vous luy faites, en luy ravissant une partie de luy même, qui luy a coûté si cher. *Fructus lucis est in omni bonitate & justitia.* Voila quelle doit être cette bonté qui est le premier fruit, & le premier effet de la lumiere.

Pour le second fruit qui est celuy de la Justice, je vous en ay parlé bien des fois. Cette Justice consiste precisément à vous mettre en état de luy rendre un compte, qui le satisfasse & le contente, des devoirs de la profession à laquelle il vous a appellez. Comme vous étes à l'égard de Dieu ce champ, cette terre abondante, dont il est parlé dans l'Evangile, qui doit rapporter le centuple; *& fructum affert & facit aliud quidem centesimum*; puisque vous êtes cette vigne choisie dont parle le Prophete: *Ego plantavi te vineam electam*; vous ne devez point douter que Dieu ne vous demande l'usage que vous aurez fait de la distinction avec laquelle il vous a traittez, & des graces qu'il vous a faites. Il est juste qu'il tire le profit du talent qu'il vous a confié, & que vous portiez tout le soin possible, afin qu'il en reçoive l'utilité qu'il en a esperée.

Matth. 13. 23.

Ierem. 2. 21.

Pensez donc, mes Freres, qu'un jour il vous demandera ce que vous aurez fait de l'avantage que vous avez, de vivre dans la separation des hommes ; si vous vous êtes attachez plus étroitement à son service ; si vous ayant desappliquez des affaires, & des occupations du Siecle, vous vous êtes remplis de celles de l'Eternité; & si ayant rompu avec les creatures, vous avez lié avec luy une communication plus intime ;

si vous avez fait du don du silence tout ce que vous en avez dû faire; & si vous taisant à l'égard des hommes, vous vous étes rendus dignes d'avoir avec luy des entretiens & des conversations plus saintes & plus familieres; si vous ayant été interdit par la regle que vous professez de dire des choses, ou mauvaises, ou inutiles, ou même d'en dire de bonnes, de crainte de prendre sujet d'en dire qui ne le fussent pas, vous n'avez eu que des pensées utiles & religieuses; si tant de Livres saints que l'on vous a mis dans les mains par son ordre, ont été lûs avec tout le sentiment & la pieté necessaire, & s'ils ont fait sur vous des impressions de salut & de benediction; si vous avez pratiqué les instructions que vous y avez trouvés; si le bonheur que vous avez eu de chanter ses loüanges pendant les jours & les nuits, vous a remplis de son Esprit, & fait passer dans vos cœurs ces paroles divines que vos bouches ont proferées; si vous vous étes acquittez des travaux corporels dans ce sentiment de penitence & de soumission à ses ordres, qui seul en peut faire la valeur & le merite; si vous vous étes acquittez de vos jeûnes & de vos abstinences dans une semblable disposition ; enfin si vous l'avez regardé en tout, & si vous avez mis vôtre plaisir, vôtre consolation & vôtre gloire à emploier comme des serviteurs fidéles tous les talents, dont le maniment & la dispensation vous a été commise. C'est ainsi que vôtre vie se remplira des actions de Justice, qui sont les veritables fruits de la lumiere, & que par des consequences necessaires l'on y verra naître en abondance ceux de la verité : *fructus lucis est in omni bonitate, & justitia, & veritate.* Eph*es.* 5. 8.

Car qu'est-ce que garder la verité dans ses œuvres, sinon rechercher avec soin ce qui est agréable à Dieu : *probantes quid sit beneplacitum Deo*, ce qui est conforme aux regles & aux principes, & ne s'en separer jamais ; Et comme ces regles & ces principes ne sont rien que la volonté de Dieu, il se peut dire que vous vivez selon la verité, quand vous vivez selon la Charité & la Justice. De sorte que vous marchez selon que l'Apôtre la ordonné, comme des enfans de lumiere, *ut filii lucis ambulate*, & que vous n'avez plus de part aux œuvres infructueuses des tenebres ; mais plûtôt que vous les condamnez par la rectitude, & par la Eph*es.* 10 Ibid. 7.

pureté de vôtre vie. *Nolite communicare operibus infructuosis tenebrarum, magis autem redarguite.*

Ephes. 10. 11.

Voila, mes Freres, de quelle sorte vous obeïrez aux ordres du Saint-Esprit, qui vous sont déclarez par la bouche de l'Apôtre, que vous réjetterez les œuvres de tenebres, que vous prendrez en main les armes de la lumiere : *abjiciamus ergo opera tenebrarum, & induamur arma lucis*, & que vous vous preparerez tout à la fois à ce double avenement de Jesus-Christ puisque rien n'est plus capable de vous mettre dans les dispositions de sainteté, que l'un & l'autre demande, & qui sont absolument necessaires à ceux, qui doivent trouver une beatitude constante & une gloire immortelle dans ces deux grands évenemens.

Rom. 13. 12.

II. Conference

II. CONFERENCE
POUR
LE I. DIMANCHE
DE L'AVENT.
A LA VESTURE DE DEUX NOVICES.

Abjiciamus ergo opera tenebrarum, & induamur arma lucis. *Rom.* 13. 12.

Rejettons les œuvres de tenebres & revêtons-nous des armes de lumiere.

ON ne peut rien dire de plus utile à ceux qui se trouvent dans l'état où vous êtes, mes Freres, sinon qu'ils fassent interieurement ce qu'ils font d'une maniere exterieure ; qu'ils changent de mœurs comme d'habits, & qu'en quittant les vêtemens du Siecle, ils en quittent les inclinations & les maximes ; c'est à dire, que ce depoüillement exterieur & sensible qui frappe les yeux, doit être l'image & la marque du depoüillement interieur ; que vôtre conversion doit être entiere, & que vous devez aller à Dieu de toute l'étenduë & de toute la plénitude de vos ames.

En effet, mes Freres, si vous faites la reflexion que vous devez sur la grandeur du bienfait, dont il plait à Dieu de vous favoriser en vous retirant du monde, pour vous engager à son service, dans une profession sainte, & dans un port aussi assuré qu'est celuy de la Religion, lors que les Regles y sont observées; vous trouverez, sans doute, qu'une grace si grande, exige une reconnoissance qui ne soit pas commune; qu'un sentiment ordinaire ne luy convient point, & que c'est se tromper de pretendre qu'on y peut répondre autrement que par une conversion entiere & parfaite.

Pour vous faire mieux comprendre cette verité, mes Freres, je vous raporterai ce passage de l'Ecriture que vous sçavez sans doute, mais qui ne laisse point d'être tres-important, & de renfermer des instructions principales. *Militia est vita hominis super terram*; toute la vie de l'homme n'est qu'une tentation perpetuelle: elle est toute pleine de pieges, toute remplie d'écuëils, environnnée de precipices : & quelque vigilance qu'il puisse apporter pour observer sa

Job c. 7. 1:

conduite, quelque exacte que soit son attention, les dangers ausquels il est exposé sont si frequens, qu'il est presque impossible qu'il en échappe. L'agitation de la mer sur laquelle il fait la navigation est si violente, & si continuelle, que s'il évite un rocher, il ne sçauroit presque éviter que son vaisseau ne se brise contre un autre.

C'est une verité plus claire que le jour, & il n'y a pour s'en convaincre qu'à jetter les yeux sur les conditions differentes des hommes. Celle des Rois & des Princes de la terre, qui devroit être la plus exemte de l'inconvenient dont je vous parle, n'a pas en ce point plus de privileges que les autres; leur grandeur & leur propre elevation est pour eux le plus dangereux de tous les piéges : elle les remplit de cet esprit du monde, auquel un Chrétien de quelque qualité qu'il soit, doit renoncer, s'il prétend au Royaume du Ciel. Elle les fait assieger d'une foule de Courtisans, qui sont autant de flatteurs, dont l'unique occupation est de les surprendre, & de les séduire. On leur cache les véritez, on entretient leurs passions, on leur fait croire que les choses qui sont défenduës aux autres leur sont permises ; qu'ils sont les Maîtres de toutes les Loix, soit humaines, soit divines : de sorte que souvent ils font le mal sans le connoître ; & comme il n'y a personne qui ne les éleve par des flateries trompeuses, ils tombent de plus haut que les autres ; & par consequent leur chûte est toûjours plus funeste & plus mortelle : *Tolluntur in altum ut lapsu graviore ruant.* C'est un Payen qui l'a dit ; mais la vérité n'en est pas moins constante.

Les gens d'un moindre rang qui les approchent ne sont pas plus heureux. Si ceux qui flatent font du mal aux autres, ils s'en font à eux-mêmes ; leur interêt est toûjours le mobile de leur conduite ; ils n'agissent que dans la vûë de leur fortune ; ils veulent se distinguer à quelque prix que ce soit, ils n'ont jamais d'établissement qui les contente ; ils ont autant de competiteurs, à ce qu'ils se figurent, qu'ils rencontrent de gens dans leur chemin : & l'on peut dire qu'ils ne regardent presque jamais personne, qu'avec des yeux de haine & d'envie.

Qui pourroit dire ce qui se forme de mouvemens injustes & violens, dans les gens de Guerre ? Il est permis, sans doute, dans cet état de tuer les hommes ; mais au lieu de garder en cela des regles justes & prescrites, on y va par une impetuosité toute barbare, & par une impulsion de cruauté & de fureur ; on répand le sang de son prochain comme celui d'un tigre & d'un lion ; on le dépoüille de ses biens, comme l'on arrache la peau d'une bête aprés l'avoir égorgée. Que d'impietez, que d'incendies, que d'impudicitez, que de blasphémes ! Les crimes qui se commettent en cette profession sont infinis.

La condition des Magistrats & des personnes qui suivent la Justice, n'est ni plus assurée ni plus heureuse. Quelles difficultez ne trouvent-ils point à décider ou des biens ou de l'honneur, ou de la vie des hommes ? La consideration de leurs amis, leur interêt, le desir de faire ou de soûtenir leur fortune, de plaire aux uns ou aux autres, de proteger leurs parens, les met presque dans l'impuissance de faire ce qu'ils doivent, & de rendre une justice aussi entiere qu'ils sont obligez de la rendre. Ne les voit-on pas quelquefois condamner des innocens, absoudre des coupables, donner à celui-ci, ce qui appartient à celui-là ; rebutter la veuve, rejetter l'orphelin, préferer le noble à celui qui ne l'est pas, & se servir de l'autorité que Dieu leur a donnée, de telle sorte, qu'au lieu de rendre la justice, ils se conduisent comme des ministres de l'iniquité.

Les Ecclesiastiques ne sont ni plus à l'abri, ni moins exposez. L'on ne sçait que trop comme quoi l'ambition est presque toûjours l'ame de leur vie ; ce qu'ils font pour bâtir des fortunes, pour acquerir des dignitez, dont ils sont indignes, dés-là qu'ils les recherchent ; la maniere dont ils s'en acquittent lorsqu'ils y sont élevez ; & personne n'ignore que ceux qui sont faits pour être la régle des autres & pour les conduire, ne soient quelquefois plus esclaves de leurs passions, que ceux qui vivent dans les commerces du monde.

Les Marchands & les gens qui trafiquent n'ont pas les mains plus innocentes. Il n'y a presque point de bonne foi parmi eux ; il n'y a ni fraude ni tromperie, dont ils ne se servent pour enrichir leur famille, pour accommoder leurs affaires : ils jurent, ils mentent sans scrupule, comme si tromper étoit une chose permise dans le négoce.

Le reste & le commun des hommes, ne se trouve pas dans une situation meilleure. Les interêts les divisent, les partagent & les échauffent les uns contre les autres. Ils cherchent à se supplanter & à se séduire; il n'y a qu'aversion & qu'inimitié parmi eux; tantôt ils se font une guerre ouverte; tantôt ils s'attaquent par des voies secretes & cachées; il n'y a point de calomnies, de médisances, dont ils ne se servent, non seulement lorsqu'elles leur sont utiles, mais même quand elles ne leur sont d'aucun usage, par le seul plaisir qu'ils ont à faire le mal. Ils ont autant d'adversaires qu'ils ont de concytoïens; enfin toute la face de la terre est presque corrompuë, elle est comme inondée par un déluge universel. Vous voyez donc, mes Freres, que j'ai eu raison de vous dire, que cette vie mortelle est toute pleine de tentations, de piéges & de dangers, *Militia* *est vita hominis super terram.* Iob. 7. 1.

Jugez, mes Fréres, combien vous êtes redevables à la miséricorde de

Dieu, de vous avoir mis à couvert de tous ces maux & de tous ces périls, en vous retirant dans la solitude, & en vous y cachant comme entre des remparts inaccessibles, pour vous servir de défenses contre tant d'ennemis qui environnent & qui attaquent sans cesse ceux qui demeurent parmi les hommes. Ce sont des avantages qui se trouvent dans les Monastéres, quand les Régles s'y observent, & qu'on y vit dans une discipline exacte.

Il faut que vous sçachiez, mes Freres, pour mieux connoître cette vérité, que tout ce qui naît en nous de déreglemens & de tentations, vient de deux sources principales ; sçavoir, de nos sens & de nôtre volonté. Nos sens forment en nous une infinité de cupiditez, de convoitises, de mauvais desirs qui combattent nôtre esprit, qui attaquent nôtre raison, & qui nous conduisent dans la servitude & dans la captivité du péché : *Video aliam legem in membris meis repugnantem legi mentis meæ, & captivantem me in lege peccati.* C'est une domination violente & tyrannique, à laquelle les gens du monde ne sçavent ce que c'est que de resister. Pour la vo-

Rom. 7. 23.

lonté, depuis la revolte de nôtre premier Pere, elle ne cesse point par une suite funeste de son malheur, de s'élever & de faire de continuels efforts pour se soustraire de la soûmission & de la dépendance qu'elle doit avoir des ordres de Dieu ; & par un aveuglement déplorable, il semble qu'elle ne soit plus faite que pour s'attirer sa coléré, & tous les châtimens dont il n'est pas possible qu'il ne punisse sa desobéissance : *Anima quæ peccaverit ipsa morietur.* Ezech. 18. 20.

L'engagement dans la Religion nous préserve de tous ces malheurs, & non seulement il les détourne, il les retient, il les arréte comme une digue qui s'oppose au cours & à l'impetuosité d'un torrent ; mais ce qui est de plus admirable, c'est qu'il régle ces deux principes, je veux dire les sens & la volonté. Il les assujettit d'une maniére si absoluë, qu'il leur fait comme changer d'inclination & de nature ; & au lieu qu'ils étoient des organes d'iniquité, ils deviennent des instrumens de sainteté & de justice, & produisent des actions & des œuvres toutes contraires à ces désordres & à ces déreglemens qu'ils causoient avant qu'ils fussent soûmis à la loi.

Par exemple, mes Freres, ceux qui vivent dans le monde, donnent à leurs yeux une liberté toute entiere, & se repaissent indifferemment sur tous les objets qu'ils rencontrent : ce qui les jette dans la dissipation, dans la vanité, & dans une infinité d'autres excés. Mais dans le Cloître on ferme les yeux à toutes les choses qui peuvent inspirer de mauvais desirs ; on ne s'en sert que pour lire les saints Livres, que pour les baisser vers la terre, dans le dessein d'y considérer le lieu de son origine, & celui de sa sepulture, & de conserver dans tous les temps la présence de la mort.

Dans le monde on n'ouvre la bouche que pour dire des inutilitez, des mensonges, des calomnies, des blasphêmes, ou pour contenter des passions plus grossieres, comme la gourmandise & & l'intemperance. On ne s'en sert dans le Cloître que pour parler de choses saintes, pour loüer Dieu, pour chanter des Hymnes & des Cantiques à son honneur & à sa gloire, & pour se priver des satisfactions & des plaisirs que l'on pourroit trouver dans la bonne chere.

Dans le monde l'usage que l'on fait des oreilles n'est que pour entendre les mauvaises choses qui s'y débitent, pour se remplir de contes, de fables, d'histoire, & de nouvelles de tout ce qui s'y passe; & dans le Cloître elles ne servent que pour écouter des instructions salutaires, des conseils ou des ordres de benedictions, des lectures édifiantes, le chant des Pseaumes, & tout ce qui peut contribuer à la sanctification.

On n'use des mains dans le monde que pour des actions injustes, criminelles, & pour satisfaire ses passions & ses mauvais desirs; dans le Cloître elles ont une destination toute contraire; on s'en sert pour des occupations laborieuses & pénibles, qui mortifient & le corps & l'esprit, & elles tiennent l'un & l'autre dans un saint assujettissement. On les ferme dans le monde, pour retenir le bien d'autrui, ou on les ouvre pour répandre avec une profusion vicieuse, scandaleuse & condamnable, ce qui ne devroit être employé qu'à de saints usages. Dans le Cloître elles sont toûjours ouvertes pour les besoins & pour les necessitez des pauvres.

Les pieds menent les gens du monde par tout où le plaisir, l'interêt, ou l'injustice les appelle ; *Veloces pedes eorum ad effundendum sanguinem.* Dans le Cloître toutes les démarches y sont reglées, il ne s'y fait aucun pas, que l'ordre de Dieu, la necessité des Freres, & la Charité ne le demandent. Enfin comme toutes les fonctions des sens sont determinées & prescrites dans les Monasteres disciplinez, ces mêmes sens qui ne sont bons aux gens du monde, que pour exercer des passions injustes, fournissent à ceux qui vivent dans les Cloîtres par la puissance de JESUS-CHRIST, & par la grace qu'il a attachée à l'état Religieux, les occasions, les moyens, & la matiere de lui rendre le plus grand, le plus saint & le plus agréable de tous les Sacrifices, qui est celui de l'obeissance.

Nous pouvons assurer la même chose de la volonté des personnes qui vivent dans les engagemens du siecle. Elle n'agit en eux que par des mouvemens irreguliers ; elle ne se porte aux choses qu'autant qu'elle y est attirée, ou par l'interêt ou par le plaisir. La gloire, l'ambition, la réputation,

Ps. 13. 3.

des richesses, comme nous l'avons déja dit, sont les objets ausquels elle s'attache; celui qui l'écoute & qui la suit, s'imagine qu'il est libre & qu'il est independant, mais il se trompe, car il est veritablement l'esclave de ses cupiditez & le joüet de ses passions. La volonté de ceux qui sont consacrés au service de Dieu dans les Cloîtres, a des dispositions toutes contraires; elle est affranchie de toutes ces necessitez malheureuses; elle n'a que de l'aversion pour cette loy du péché, auquel elle s'étoit assujetie; elle a rompu les liens qui la tenoient captive, elle a embrassé le joug de JESUS-CHRIST, elle s'y est soumise, & elle s'est acquise par-là une liberté sainte & veritable, selon ces paroles du Saint Esprit: *Si ergo vos* Jean. 2. *filius liberaverit, verè liberi eritis.* 36. Ainsi elle abhorre tout déreglement, tout desordre & toute licence; elle obeit par le mouvement de cette liberté qu'elle a méritée, aux ordres de ceux que Dieu a chargé de sa conduite; elle ne fait pas une action qui ne lui soit ordonnée, & par consequent dont elle ne puisse justement esperer des récompenses.

Voila, mes Freres, de quelle sorte ces deux sources, sçavoir les sens & la volonté, qui causent dans le monde un deluge de maux presque universel, changent de nature dans la Religion, & comme quoi au lieu de ces eaux mortes, ameres, bourbeuses & corrompuës qu'elles y produisoient, elles en jettent de pures, de vives & de claires, qui selon les paroles de l'Ecriture réjaillissent jusques dans la vie éternelle. *Fons aquæ salientis in vitam æternam.*

<small>Ioan. 4. 14.</small>

J'ajoûte encore à cela, mes Freres, que ce qui remplit le monde de desordre & de confusions, est qu'on y vit sans conducteur & sans guide; que chacun y suit son esprit & sa propre lumiere, & qu'on y fait presque toûjours le mal par l'exemple de ceux qui le commettent. Le torrent emporte les hommes, & le bruit que cause sa rapidité, empéche que la voix de Dieu n'y soit entenduë. C'est ce qui fait que le peché s'y multiplie sans mesure, & qu'étant devenu public par la multiplicité des transgressions, il est regardé comme une chose licite.

<small>Unusquisque quod sibi rectum videtur, hoc facit. Iudic. 17. 6.</small>

<small>Tertull.</small> *Capit. licitum esse, quod publicum fuit.*

Le Cloître fait des effets tout contraires, l'on y trouve des hommes dirigez, & d'autres qui dirigent; il y a des Maîtres, il y a des Disciples; il y a des Superieurs, il y a des inferieurs qui leur sont tellement soumis, qu'ils ne forment pas une pensée; qu'ils ne la découvrent, & ne font pas une seule action, que par leurs avis & par leurs ordres. Ce qui est comme vous le sçavez, mes Freres, une obligation principale, que vôtre regle vous impose.

Pour ce qui est des exemples, ils ne peuvent être ni plus puissants, ni plus continuels, & les utilitez que les Freres en retirent sont si grandes, qu'il se peut dire, qu'ils ne sont pas moins ni consolez, ni soûtenus par l'édification qu'ils se donnent les uns aux autres, que par l'application, par la vigilance, & par la parole du Superieur.

Car je vous demande, mes Freres, seroit-il possible qu'un Religieux pût se laisser aller à l'intemperance étant environné de personnes qui observent un jeûne & une abstinence si rigoureuse? qu'il se laissât surmonter par le sommeil, lors qu'il en voit d'autres occupez en des veilles saintes?

qu'il pût souffrir que la paresse & l'oisivité le dominât, en voyant qu'ils s'adonnent avec ferveur à des travaux pénibles & laborieux ? qu'il pût ne pas aimer la priere, lors qu'il en considere qui sont devant Dieu penetrés de sa presence, & qui marquent par leur disposition exterieure, que toutes les choses d'ici bas sont effacées de leur memoire & de leur cœur ? Ce peut-il faire enfin qu'il demeurât dans l'inutilité, pendant qu'il voit ses Freres de ses propres yeux courir & combattre de toute leur force, pour remporter un prix auquel il a droit de prétendre comme eux, & pour mériter une couronne qui ne se donne qu'aux vainqueurs ?

Enfin, mes Freres, voilà les benedictions que Dieu verse dans les solitudes, lors qu'on y observe exactement les regles, & qu'on y vit avec pieté & selon les instructions des Saints. C'est-là que le monde est vaincu, que JESUS-CHRIST, triomphe, que la gloire de son Nom paroît avec éclat, que l'orgueil du Demon est abattu & sa puissance terrassée.

En voilà trop, mes Freres, pour que

que vous puissez ne pas connoître, ce que vous devez à la misericorde de Dieu, de vous avoir inspiré le désir de vous consacrer à son service dans une vie retirée, & dans une observance, où l'on fait une profession particuliere de regler sa conduite selon ses devoirs, en preferant autant qu'on le peut la verité aux coûtumes & aux usages qui lui sont contraires. Vous avez grande raison de vous écrier avec le Prophete : *Funes ceciderunt mihi in præ-* Pf. 15. 6. *claris.* Mon Dieu que mon partage est grand & que mon sort est heureux ! Et si vous me demandez dans l'esprit du même Prophete. Que ferai-je pour reconnoître toutes les graces dont il me comble ? *Quid retribuam Domino* Pf. 115. 3. *pro omnibus quæ retribuit mihi ?* je ne puis vous répondre rien qui vous convienne mieux, que les paroles du même Prophete : *Calicem salutaris acci-* Ibid. *piam ; & nomen Domini invocabo.* Prenez de la main du Seigneur, le Calice qu'il vous presente ; c'est à dire, embrassez cet état auquel il vous appelle. Mais comment l'embrasser ? il faut l'embrasser dans sa pureté, dans sa sainteté, dans une pratique exacte de toutes les choses, qui y sont prescrittes, dans son austerité, dans sa simplicité, dans ses abbaissemens, dans ses humiliations, dans ses jeûnes, dans ses veilles, dans ses travaux, dans son silence, dans cette charité, cette douceur, dont on se donne des marques continuelles, dans la separation des choses d'ici-bas, dans cette application & cet attachement que l'on a à celles du Ciel ; dans cette parfaite docilité, qui fait qu'on se tient heureux de ne pas faire une action, ni de former une pensée s'il étoit possible, sans en avoir receu l'ordre de celui que la Providence a établi pour diriger & pour conduire.

Voilà ce que Dieu demande de vous. Voilà à quoi la grace qu'il vous a faite, de vous mettre au cœur de quitter le monde pour le suivre, vous engage ; & vôtre réconnoissance ne seroit point telle qu'elle doit être, si vous n'entriez dans toutes les instructions qu'il vous donne aujourd'hui par mon ministere & par ma bouche. Pour vous, mon Frere, qui êtes déja venu dans ce lieu-ci, & qui aprés y avoir pris l'habit de la penitence, l'avez quitté pour rétourner dans le siecle, vous ne sauriez trop ressentir l'acés des bontez que Dieu vous témoigne, qui au lieu de vous punir de vôtre infidelité, & de vôtre inconstance, & de se retirer de vous, comme vous vous êtes retiré de lui, vous réprend encore par la main, comme s'il ne se souvenoit plus du sujet qu'il a de vous oublier, & de se plaindre de vôtre ingratitude ; mais prenez garde de ne pas succomber une seconde fois aux tentations, que le Demon envieux de vôtre bonheur, ne manquera pas de vous susciter ; & afin d'empécher que le pied ne vous glisse, pensez que Dieu aprés avoir récherché les hommes, aprés avoir fait pour eux des pas & des diligences, dont ils n'étoient pas dignes, aprés leur avoir parlé inutilement, demeure à leur égard dans un éternel silence ; & qu'ils se trouvent par leur propre malheur, dans le nombre de ceux dont parle Saint Augustin, quand il dit : Qu'ils seront pour jamais ignorez de Dieu, parce qu'ils n'ont pas voulu, ni lui obeir, ni le connoître. *Ultra nesciuntur à Deo, qui Deum scire noluerunt.* S. Aug. homil. 16. inter 50.

Comme je ne doute point, mes Freres, que vous ne soïez dans les dispositions où je vous souhaitte ; & que je crois que Dieu vous a déja changés interieurement par le desir qu'il vous a donné d'une conversion sincere, je ne fais point de difficulté de changer vôtre homme exterieur, en vous ôtant l'habit du monde, & vous accordant celui de la Religion que vous me demandez avec tant d'instances ; étant persuadé que Dieu benira vôtre résolution par des suites heureuses, & qu'il vous donnera la grace de consommer l'œuvre que vous entreprenez, par l'inspiration de son esprit.

CONFERENCE
POUR
LE II. DIMANCHE
DE L'AVENT.

Quæcunque scripta sunt, ad nostram doctrinam scripta sunt. *Rom.* 15. 4.

Toutes les choses qui sont écrites, l'ont été pour nôtre instruction.

JE ne vois rien, mes Freres, qui soit plus capable de toucher les cœurs tendres & sensibles pour leur salut, que ce que nous lisons aujourd'hui dans l'Epitre que l'Eglise nous propose. L'Apôtre nous apprend que tout ce qui a été écrit, l'a été pour nôtre instruction ; afin que nous attendions dans une esperance ferme les choses à venir, par la patience & par la consolation que nous recevons des saintes Ecritures ; *Quæcunque scripta* Rom. 15. *sunt, ad nostram doctrinam scripta sunt,* 4.

ut per patientiam & consolationem scripturarum spem habeamus. Car qui est-ce qui peut davantage contribuer à nôtre sanctification, que la lecture & la connoissance des Livres saints, qui renferment les biens seuls & veritables, dont nos ames peuvent être enrichies, comme des tresors inepuisables de toutes sortes de graces & de benedictions, & comme des sources d'une abondance infinie, qui ne tarissent jamais?

C'est un secours que nous avons reçû de la liberalité du Ciel, dont nous pouvons faire un saint usage dans tous les tems, dans l'innocence, dans le péché, dans la tentation, dans le répos, dans la santé, dans la maladie, dans la paix dans la guerre, dans le calme & dans la tranquillité, comme dans la tempête & dans le naufrage; & nous pouvons dire de cette parole sacrée, ce que Jesus-Christ a dit de lui-même: *Ego sum via, & veritas, & vita,* qu'elle est la voie, la verité & la vie. En effet n'est-elle pas la voix, puisqu'elle nous montre le chemin dans lequel nous devons marcher & nous conduire, & qu'elle nous empêche pendant qu'elle nous éclaire, &

Joan. 14. 6.

que nous la suivons, de nous perdre par des voies écartées? N'est-elle pas la verité, puisqu'elle contient les veritez saintes, que nous devons méditer sans cesse, & dont nous devons nous nourir comme d'une viande celeste, d'une bonté & d'une vertu infinie? Et peut-on ne pas croire qu'elle est la vie, puisqu'elle la donne à tous ceux qui la reçoivent dans le sentiment d'une foi & d'une pieté vive, & qu'elle communique à tous ceux qui la goûtent, & qui la savourent, pour le dire ainsi, le principe, le don & la grace d'une immortalité bienheureuse?

Il n'y a rien, mes Freres, à quoi je vous exhorte avec plus d'instance, qu'à vous appliquer à cette sainte lecture: je ne sçai si vous faites en cela tout le cas que vous devez faire de mes avis; & je crains bien qu'un Livre de peu d'utilité, ne soit quelquefois plus à vôtre goût, que cette lecture toute sainte & toute divine, & que vous ne soiez semblables à ceux qui se tiendroient sur le bord d'un ruisseau, pour y pécher à la ligne quelque poisson de nulle valeur, & qui auroient devant les yeux un grand lac d'une profondeur immense, dans lequel ils

pouroient jetter leurs filets, & prendre des monstres. On me dira qu'on la lit, & qu'on n'y trouve pas tous les secours, & tous les avantages que je pense. Je vous répons que cela ne vient pas du deffaut de cette parole divine, mais de vos indispositions particulieres. Un estomac rempli de toutes sortes de vins, ou de viandes, ne goûte plus rien, les liqueurs les plus délicieuses, & même les plus piquantes lui sont fades & insipides. Vos cœurs sont peut-être pleins de choses, qui ne devroient pas y avoir la moindre entrée, vous y admettez des riens, des niaiseries, des bagatelles, des imaginations, qui ne devroient non plus être connuës de ceux qui sont obligez comme vous, à tendre à une vie parfaite, que des vices & des affections grossieres. C'est ce qui fait que la parole de Dieu n'y peut trouver d'ouverture, & qu'elle n'a pour vous ni la douceur, ni l'utilité, ni l'agrément qu'elle pourroit avoir. Mais si vous aviez soin d'en réjetter tout ce qui n'y devroit point être, & de les maintenir dans ce vuide, ce denüement & ce degagement de tout ce qui ne sçauroit que vous nuire, elle vous donneroit en abondance les biens &
les

les veritables richesses, & vous vous écrieriez avec Saint Augustin: Vôtre parole, Seigneur, est toute ma joie ; vôtre parole me vaut mieux que tous les tresors du monde: *Vox tua gaudium meum ; vox tua super affluentiam bonorum omnium.* Et ce qui fait, mes Freres, que je vous presse si souvent de vous faire une occupation ordinaire de cette sainte lecture ; c'est que je suis asseuré qu'il n'y en a point qui puisse vous élever avec plus de seureté & de promptitude à la perfection, à laquelle l'ordre de Dieu & vôtre profession vous appelle.

Aug. lib. 2. Conf. cap. 10.

C'est cette parole divine qui a sanctifié toute l'Eglise. Les Martyrs y ont trouvé cette force & ce courage invincible qui les a fait triompher de la rage & de la fureur des tyrans. Les Docteurs y ont trouvé les lumieres & les connoissances dont ils avoient besoin pour l'instruction des peuples ; & les saints Moines nos Peres & nos predecesseurs y ont puisé cette pureté angelique, cette patience insurmontable dans les austeritez & les penitences les plus rigoureuses, ce mépris sans bornes de toutes les choses passageres. Je vous parle de l'Ancien Testament comme du Nouveau : car quoique celui-ci ait de grands avantages sur l'autre ; cependant vous ne laissez pas de trouver dans le premier toutes les vertus fondamentales de la Religion, & particulierement celles qui sont essentielles à nôtre état, & elles y paroissent dans un si grand jour, qu'on ne les y peut voir sans en recevoir des atteintes & des impressions profondes.

Vous voyez par exemple, mes Freres, dans la personne d'Abraham, Pere de tous ceux que Dieu a favorisez du don de la foi, un modele parfait d'une sainteté consommée. Cét homme dégagé de toutes les choses perissables, vit tellement dans l'ordre & dans la dépendance de Dieu, qu'au moindre de ses commandemens il est toûjours prêt de partir & de s'en aller parmi des nations barbares & inconnues, & d'exposer sa personne & celle de sa femme à tous les accidens fâcheux, & à toutes les mauvaises avantures qui pouvoient lui arriver : *Egressus est itaque Abraham sicut præceperat ei Dominus.*

Gen. 12. 4.

POUR LE II. DIM. DE L'AVENT. 51

Vous voyez dans ces grands Patriarches, Isaac & Jacob, une esperance inébranlable. Ils habitérent dans la terre qui leur avoit été promise, comme dans une terre étrangere, & se confiant en la parole de Dieu, ils y dresserent seulement des pavillons & des tentes, ne daignant pas y édifier des maisons, parce qu'ils attendoient cette Cité sainte bâtie sur un fondement ferme, de laquelle Dieu seul est le fondateur & l'Architecte: *Expectabant enim fundamenta habentem civitatem, cujus artifex & conditor Deus.* Heb.c.11. 10.

Vous y voyez dans Joseph une charité incomparable. Cet saint homme perd toute memoire du mauvais traittement qu'il avoit reçû de ses Freres; ils l'avoient vendu comme un esclave à des Marchands étrangers, aprés avoir déliberé de le priver de la vie par un parricide énorme; & au lieu d'user de la puissance qu'il avoit dans les mains, pour se vanger d'une perfidie si atroce, il les combla de toutes sortes de biens, & leur donna jusqu'au dernier moment de sa vie, une protection qui leur étoit si necessaire.

E ij

Vous voyez dans le même Patriarche l'exemple d'une pureté admirable ; il resiste aux attraits & aux sollicitations pressantes d'une femme impudique, & il aime mieux perdre & la liberté & la vie, que de consentir à sa passion.

Vous apprenez de Moyse le peu de cas que vous devez faire de toutes les choses d'ici-bas. Ce serviteur de Dieu perçant l'avenir, & voulant imiter les hontes & les ignominies de JESUS-CHRIST qui lui étoient connues, aima mieux vivre dans l'oppression & dans la tribulation parmi ses freres, que de posseder toutes les richesses de l'Egypte, & de joüir du plaisir & de tous les avantages qu'il pouvoit avoir dans la domination d'un grand Royaume:

Heb. 11. 25. *Magis eligens affligi cum populo Dei, quam temporalis peccati habere jucunditatem.*

Vous voyez dans le bienheureux Job une patience sans pareille. Cét homme qui tenoit un des premiers rangs entre les Princes d'Orient par sa puissance & par sa richesse, se voit presque tout-à-la fois dépoüillé de ses biens & de ses fortunes, privé de ses enfans, frappé d'un ulcere qui couvroit sa personne, depuis la tête jusqu'aux pieds, insulté de sa femme, méprisé & injustement condamné par ses amis : cependant il supporte ces disgraces avec tant de patience & de resignation, qu'il ne lui échappe pas de la bouche une seule parole, ni un mouvement du cœur que l'on puisse reprendre : *In omnibus his non peccavit Job labiis suis, neque stultum quid contra Deum locutus est.* Job.1.22.

Vous remarquez dans David un grand pécheur, qui dans le moment que son péché lui est connu, en conçoit une douleur si vive, qu'il en obtient le pardon ; & qui aprés avoir été assuré par le Prophete que son crime lui avoit été remis, ne laisse pas d'en conserver la presence & le ressentiment, & de le pleurer avec des larmes ameres pendant tout le cours de sa vie : *Peccatum meum contra me est semper.* Ps.50.5.

Vous y voyez ces fideles Rechabites, qui eurent tant de religion pour l'observation des regles que leur pere leur avoit prescrites, que l'autorité d'un Prophete ne fut pas

Jerem. 35. 26. capable de les en faire départir : *Firmaverunt igitur filii Jonadab, filii Rechab præceptum patris sui, quod præceperat eis.*

Tous ces exemples vous donnent des instructions sur vos devoirs, & ces mêmes devoirs vous pressent & vous portent à faire ce qu'ils vous enseignent. Ce ne sont pas de simples paroles que l'on puisse ou ne *Ps. 18. 4.* pas entendre, ou contredire : *Non sunt loquelæ, neque sermones, quorum non audiantur voces eorum.* Ce sont des actions éclatantes ausquelles il n'est pas possible de resister : car comment, mes Freres, nous qui sommes obligez par nôtre état de pratiquer toutes ces vertus dans un degré eminent, à present que Jesus-Christ a répandu tant de graces dans son Eglise par la perte de sa vie & par l'effusion de son sang, pourrions-nous nous en dispenser, puisque d'autres hommes s'en sont acquittez avec tant d'exactitude & de fidelité, dans un tems qui precedoit la mort de Jesus-Christ, & qui par consequent n'étoient pas favorisez de si grandes benedictions.

Que ne trouvez-vous point dans la

lecture des Livres des Prophetes? & qu'est-ce qui peut contribuer davantage à vôtre édification, que d'y voir en tant de lieux cette charité infinie que Dieu fait paroître pour convertir les pécheurs, & pour les attacher de telle sorte à son service, que rien ne puisse les en separer; tantôt en se servant d'expressions pleines d'amour & de tendresse, tantôt en usant de menaces, mêlant ainsi la crainte & la douceur, afin que ceux qui pourroient se laisser aller à une confiance immoderée, soient retenus par la rigueur de ses jugemens; & que ceux qui pourroient tomber dans l'abattement & dans le trouble, soient soûtenus par le sentiment de ses misericordes? C'est ce qui l'oblige de dire à son peuple: *Delevi ut nubem iniquitates tuas, & quasi nebulam peccata tua.* J'ai effacé vos péchez, comme le Soleil dissipe les nuages & les broüillards, la nuée dérobe à la terre les regards du Soleil, mais aussitôt que sa chaleur l'a dissipée, il se remontre à elle plus lumineux & plus éclatant qu'auparavant. Dieu en use de la sorte à l'égard des pécheurs; il les quitte, il les abandonne lors-

Isa. 44. 22.

qu'il y est forcé par leur injustice; mais lorsqu'il l'a détruite par la grace d'une conversion sincere, il se redonne à eux, & souvent il les traite plus favorablement qu'il ne faisoit pas avant leurs chûtes. Je vous ai rappellé dans ma memoire, dit-il ailleurs; j'ai eu pitié de vôtre jeunesse, & de l'alliance si tendre que vous aviez contractée avec moi, lorsque vous m'avez suivi dans le désert: *Recordatus sum tui, miserans adolescentiam tuam, & charitatem desponsationis tuæ quando secuta es me in deserto.* Et ailleurs: se peut-il faire qu'une mere oublie l'enfant qu'elle a porté dans son sein, & qu'elle cesse de le regarder dans sa compassion? Mais quand elle cesseroit de l'aimer, pour moi je ne vous oublierai jamais. *Nunquid oblivisci potest mulier infantem suum, ut non misereatur filii uteri sui? Et si illa oblita fuerit, ego tamen non obliviscar tui.* Il faut être de bronze pour resister à des termes si touchants, & à des paroles si vives & si tendres.

Mais d'un autre côté, qui pourroit ne pas trembler à cette voix menaçante que Dieu a formée dans la

bouche du plus doux & du plus cha- *Moyſe.*
ritable de tous les hommes : Ma fureur s'eſt allumée comme une flâme
impetueuſe ; elle penetrera juſqu'au
fond des Enfers, elle brûlera toute
la terre, elle conſumera les monta-
gnes juſques dans leurs racines. *Ignis* *Deut. 32.*
ſuccenſus eſt in furore meo, & ardebit *12.*
uſque ad inferni noviſſima devorabit-
que terram cum germine ſuo, & mon-
tium fundamenta comburet. Je ferai un
ſi grand carnage de mes ennemis,
que mon épée & mes fléches nage-
ront dans leur ſang. *Inebriabo ſagit-* *Ibid. 42.*
tas meas ſanguine, & gladius meus
devorabit carnes. Il dit par Jeremie :
Je diſſiperai mon peuple comme un
vent impétueux à la face de ſes ennemis, & au lieu de leur montrer
mon viſage, je leur tournerai le dos
dans le jour de leur perte : *Sicut ven-* *Jer. 18. 17*
tus urens diſperdam eos coram inimi-
cis: dorſum non faciem oſtendam eis in
die perditionis eorum. Il dit ailleurs
par le même Prophete : Jeruſalem
deviendra comme une montagne de
ſable, je la rendrai comme une ca-
verne de dragons, & j'abandonnerai
toutes les villes de Juda à une ruine
ſi entiere qu'il ne s'y trouvera pas

une seule ame qui l'habite : *Dabo Jerusalem in acervos arenæ & cubilia draconum ; & civitates Juda dabo desolationem eo quod non sit habitator.* Ce sont là les voies & les conduites que Dieu a prises, pour contenir les hommes dans leur devoir, & les conserver dans la charité & dans la crainte ; s'il leur montre que ses bontez sont infinies, lorsqu'ils retournent à lui avec un sentiment & un regret profond de l'avoir quitté ; ses justices le sont aussi, lorsqu'il est contraint de punir l'endurcissement & l'opiniâtreté des pécheurs.

Si vous trouvez, mes Freres, des veritez si grandes & si utiles dans les exemples que nous vous avons rapportez, & dans les instructions des Prophetes, vous trouverez aussi des consolations qu'on ne peut exprimer dans les figures qui sont representées dans l'Ancien Testament, & particulierement dans celles qui regardent JESUS-CHRIST. On l'y voit dans une infinité d'endroits ; & il a pris plaisir à y tracer les principales circonstances de sa vie mortelle, dans ces grands hommes qu'il avoit remplis de son esprit, comme les préludes des évenemens qui devoient arriver dans le tems de sa Mission sur la terre ; & il a voulu qu'elles fussent la joie des ames fideles qui l'y chercheroient avec une application & une curiosité sainte.

Vous le voyez, par exemple, dans l'innocent Abel, cet homme si juste, ce premier des Martyrs : son frere lui ôte la vie, & Jesus-Christ reçoit la mort de la main des Juifs, que l'on peut regarder comme ses freres, puisqu'ils sortoient d'une même tige & d'un même Pere qui étoit Abraham. Abel ne resiste point à la violence de son frere. Jesus-Christ souffre en patience celle qui lui est faite par ses persecuteurs & par ses boureaux. Ce qui porta Caïn à faire mourir son frere, fut la rage qu'il eut de ce qu'il étoit meilleur que lui, & les Juifs ne conspirerent contre Jesus-Christ que parce qu'ils ne pouvoient souffrir la pureté de ses mœurs, ni la sainteté de sa doctrine. Le sang d'Abel crie vengeance contre le parricide qui l'a répandu, & la voix de Jesus-Christ s'éleve incessamment contre le meurtre que les Juifs ont commis en sa personne:

Caïn est chassé par le monde comme un vagabond, en punition de son péché, & les Juifs sont dispersez sur la terre, & le seront jusqu'à la fin des siécles en châtiment de leur crime.

Vous reconnoissez encore JESUS-CHRIST dans l'obéissance d'Isaac. Il est destiné comme une victime au sacrifice, par une disposition superieure de la Providence ; & JESUS-CHRIST l'est à la mort par l'ordre de son Pere ; ils sont liez l'un & l'autre, Isaac est conduit sur la montagne de Bethel, & JESUS-CHRIST sur celle du Calvaire ; Isaac porte le bois qui doit servir à son sacrifice, JESUS-CHRIST est chargé de la Croix qui est l'instrument de son martyre ; Isaac voit qu'on leve l'épée sur sa tête, & attend le coup dans le silence & dans la paix, & JESUS-CHRIST n'ouvre pas la bouche pour se plaindre de ce supplice injuste & cruel que ses ennemis lui font souffrir, *Oblatus est quia ipse voluit, & non aperuit os suum.*

Is. 53.
v. 7.

Vous en avez encore une image, M.F. beaucoup plus étenduë & plus particuliere dans la personne de Joseph. Cet homme tout saint qu'il est, devient l'objet de la jalousie de ses freres, & Jesus-Christ l'a été de celle des Juifs. Il est envoyé en Egypte pour la conservation de ce grand Royaume; Jesus-Christ est envoyé dans le monde pour le salut de tous les hommes; Joseph est vendu, Jesus-Christ l'est aussi; Joseph est attaqué par une calomnie noire, & il n'y a point de médisance dont on n'ait essayé de noircir la sainteté de Jesus-Christ. Joseph est mis en prison avec deux hommes que l'on regardoit comme des coupables, Jesus-Christ est conduit au supplice entre deux voleurs; Joseph en délivre un, en lui declarant qu'il rentrera dans les bonnes graces de son Prince, & condamne l'autre, en lui disant qu'il sera puni de mort, Jesus-Christ fait quelque chose de semblable lorsqu'il annonce à un de ces voleurs, qu'il sera dans son Royaume au même jour qu'il lui parle, & qu'il laisse perir l'autre dans son crime & dans son iniquité. Joseph est revêtu des habits Royaux, & mené comme en triomphe dans la Capitale de l'Egypte, Jesus Christ entre dans Jerusalem avec des cris de joie

Sciebat enim quod per invidiam tradidissent eum. Matth. 27. 18.

& des acclamations toutes publiques; Joseph est appellé Sauveur par les peuples, & la Verité éternelle donne à Jesus-Christ le nom de Sauveur du monde ; Joseph preserve toute l'Egypte de l'extrémité dont elle étoit menacée, en distribuant des bleds à tous ceux qui étoient pressez de la faim, & Jesus Christ a donné au monde le pain vivant qui donne la vie aux ames fideles, & qui en sera la conservation jusqu'à la fin du monde.

On trouveroit des rapports & des similitudes toutes pareilles dans Moyse, dans les Prophetes, & dans tous ceux qui se sont distinguez parmi le Peuple de Dieu par une pieté singuliere ; mais en voilà assez pour vôtre consolation, & il faudroit entrer dans un trop grand détail, s'il falloit vous en dire davantage.

Si l'Ancien Testament, mes Freres, vous fournit cette affluence de biens & de benedictions, vous en trouverez beaucoup plus dans le Nouveau ; Jesus-Christ y est par tout, il y parle par tout, il agit par tout ; & la parole qui sort de sa bouche sacrée, a plus de grace, plus de lumiere, plus de vertu, plus d'onction, plus d'efficace que non pas celle qu'il a mis sur les levres de ses Saints. C'est dans ce sentiment que le Prophete a dit que la gloire de la derniere maison surpasseroit de beaucoup celle de la premiere : *Magna* Agg. 2. *erit gloria domus istius novissima, plus-* v. 10. *quam prima.* Mais ce qui nous doit être d'une consolation infinie, c'est que Jesus Christ soûtient toutes les veritez qu'il avance, par un nombre innombrable d'actions éclatantes, je ne dis pas par ses miracles, mais par les actions des vertus mêmes qu'il enseigne aux hommes. Il nous dit que les pauvres sont heureux, & qu'il faut être dénué des biens & des richesses de la terre, pour prétendre à celles du Ciel. Y eut-il jamais de pauvreté plus grande que celle qu'il a pratiquée ? Les bêtes sauvages ont des cavernes dans lesquelles elles se cachent & se retirent, & le Fils de l'homme n'a pas un lieu où il puisse reposer sa tête : *Vulpes foveas habent,* Matth. 8. *& volucres cœli nidos, Filius autem* 20. *hominis non habet ubi caput reclinet.* Jesus Christ recommande la penitence, & dit que si on ne la fait, on ne peut éviter de perir ; y en eut-il jamais une pareille à la sienne? Il passe quarante jours entiers dans le desert, dans une abstinence perpetuelle, & toute sa vie n'a été qu'une suite & un enchaînement de tribulations & de souffrances. JESUS-CHRIST dit que l'humilité est si necessaire qu'il n'y a que ceux qui s'abaissent qui seront élevez ; y eut-il jamais d'humilité qui ait approché de la sienne ? Cet homme d'une gloire & d'une majesté infinie, s'abaisse dans le sentiment d'une obéissance si profonde, qu'il accepte de la main de son Pere, & tout ensemble de celle de ses ennemis & de ses persecuteurs de toutes les morts la plus ignominieuse & la plus cruelle.

Philipp. 2. *Humiliavit semetipsum factus obediens usque ad mortem, mortem autem crucis.* JESUS-CHRIST nous apprend qu'il faut fuir la gloire qui passe, & qu'elle n'est point digne de celui qui en espere une qui est immortelle ; il faut que son insensibilité ait été parfaite & consommée en ce point : car quoiqu'il fût homme, il n'avoit rien de la fragilité de ceux dont parle Saint Gregoire, qui changent

POUR LE II. DIM. DE L'AVENT.

gent de situation aussi-tôt qu'on les loüe ou qu'on les blâme : *Carnalis animus mox ut favore vel detractione tangitur statim in quamlibet partem inclinatur.* — Greg. Hom. 6. in Evang.

JESUS-CHRIST nous dit que ceux qui veulent le suivre & lui plaire, doivent quitter leurs peres & meres, & c'est ce qu'il nous prouve par toute sa conduite. Quand la Sainte Vierge & Saint Joseph le vinrent chercher dans Jerusalem aprés trois jours d'absence & d'inquietude, & que l'ayant trouvé dans le Temple assis au milieu des Docteurs, ils lui témoignerent la peine dans laquelle ils avoient été, il leur répondit : Pourquoi me cherchiez-vous ? ne sçaviez-vous pas qu'il faut que je sois occupé à ce qui regarde la gloire & le service de mon Pére ? *Quid est quod me quærebatis ? nesciebatis quia in his quæ Patris mei sunt, oportet me esse.* — Luc. 2. 49.

Ce fut dans ce même détachement qu'étant aux nôces de Cana, & sa Mere l'ayant averti qu'on manquoit de vin, il lui répondit ces paroles : *Quid mihi & tibi est, mulier ?* — Joan. 2. 4. Femme, qu'y a-t-il entre vous &

Tome I. F

moi ? Ce fut aussi par un même motif qu'étant attaché à l'arbre de la Croix, il dit à sa Mere, en lui montrant Saint Jean : Femme, voilà vôtre Fils : *Dixit matri suæ : mulier ecce Filius tuus.* C'est ainsi que conservant pour cette Mere si sainte toute la tendresse & la charité qui lui étoit dûë, il fait paroître combien il étoit superieur à tous les mouvemens que la nature lui pouvoit inspirer.

Ioan. 19. 26.

Mais ce que l'on ne sçauroit assez ni admirer ni ressentir, c'est cette application si particuliere qu'il a eüe pour imprimer dans nos cœurs les veritez qu'il nous a enseignées. Il s'est servi pour cela de mille figures, & a emprunté mille formes differentes ; tantôt il se compare à un Roi, *Assimilatum est regnum cœlorum homini regi*, afin de nous apprendre à lui rendre cette obéïssance & cette fidelité que les sujets doivent à leurs Princes ; tantôt il se compare à un Pasteur, *Ego sum Pastor bonus,* pour nous faire voir que nous devons en tout écouter sa voix & la suivre, comme des oüailles celle de leur Pasteur ; tantôt il se compare à

Matth. 18. 23.

Ioan. 10. 11. & 14.

un Père de famille, qui est toûjours prêt de recevoir ses enfans, lorsqu'aprés lui avoir déplû, ils reviennent à lui dans un repentir & dans une volonté sincere de reparer leurs dereglemens & leurs desobéïssances passées : c'est ce qu'on voit dans la parabole de l'Enfant prodigue : *Vidit* Luc.15. *illum Pater ipsius, & misericordia mo-* 20. *tus est, & accurrens cecidit super collum ejus, & osculatus est eum* ; tantôt il emprunte le personnage d'un Medecin, pour nous apprendre que nous devons avoir pour lui toute la confiance & la soumission qu'un malade a pour celui dont il espere le recouvrement de sa santé : *Non est* Matth.9. *opus valentibus medicus ; sed male ha-* 12. *bentibus* ; Tantôt il se fait écouter comme un Docteur, afin de s'attirer toute la créance que les disciples doivent avoir en celui qui les enseigne : *Erat enim docens eos sicut* Matth.7. *potestatem habens* ; tantôt il se fait 29. considerer comme un laboureur, *exiit* Matth. *qui seminat seminare*, afin de nous 13.3. faire entendre que s'il prend autant de soin de cultiver nos ames, qu'un laboureur en a pour cultiver son champ, nous devons être à son égard

F ij

comme une terre fertile, & lui rendre avec abondance tout le fruit qu'il doit attendre de ses travaux ; tantôt il paroît comme un homme zelé pour la gloire de son Pere, & chasse du Temple ceux qui le profanoient par leurs commerces, pour nous apprendre avec quelle pieté & quelle religion nous devons nous trouver dans les lieux qui sont particulierement consacrez à son culte & à son honneur : *Omnes ejecit de templo, oves quoque & boves, & nummulariorum effudit eos, & mensas subvertit*, en leur donnant cette instruction : *Auferte ista hinc, & nolite facere domum Patris mei, domum negotiationis* ; tantôt il parle de lui-même comme devant venir juger le monde avec éclat, cette puissance & cette majesté si redoutable : *Et videbunt Filium hominis venientem in nubibus cœli cum virtute magna & majestate.* Enfin il n'oublie rien de tout ce qui peut penetrer nos cœurs, & nous porter à pratiquer d'une maniere exacte & fidele, tous les preceptes, les instructions & les conseils qu'il nous donne, sans l'observation desquels nous ne sçaurions

Joan. 2.
v. 15.

v. 18.

Matth.
24. 30.

avoir part à son Royaume. Jugez, mes Freres, si l'Apôtre a raison de nous dire que toutes les choses qui ont été écrites, l'ont été pour nôtre instruction, afin de nous affermir dans l'esperance par la patience & la consolation que l'Ecriture nous inspire: *Quæcumque enim scripta sunt,* Rom. 15. *ad nostram doctrinam scripta sunt ; ut* 4. *per patientiam & consolationem Scripturarum spem habeamus.*

Je ne puis m'empêcher de vous dire que nous avons aujourd'hui dans l'Evangile un grand témoignage de cette verité ; suivez ma pensée, je suis aussi persuadé qu'il n'y en a point d'entre vous qui n'y entre avec joie & avec plaisir. Les disciples de Saint Jean vinrent trouver Jesus-Christ pour lui demander s'il étoit le Messie ; & Jesus-Christ voulant leur rendre une réponse précise, à laquelle il n'y eût pas de replique, n'agit pas à leur égard comme il faisoit envers les Pharisiens & les Docteurs de la Loi, il ne s'arrête point à leur expliquer l'Ecriture, ni le sens des Propheties, mais ayant affaire à des gens plus simples & plus grossiers, il se contente de leur dire: Les

Matt. 11.
5. 6.
aveugles voyent, les boiteux marchent, les lepreux sont gueris, les sourds entendent, les morts ressuscitent, & l'Evangile est annoncé aux pauvres; & heureux celui qui ne prendra point de moi un sujet de scandale & de chûte. Il leur donna par-là une preuve incontestable de sa divinité, parce qu'il n'y a que Dieu seul qui puisse faire ces sortes de prodiges.

Cela étant ainsi, mes Freres, vous avez un grand sujet de consolation de pouvoir croire & d'être assurez que le Royaume de Dieu est parmi vous, *Pervenit in vos regnum Dei.* Oüi je veux dire que Jesus-Christ a été parmi vous, & je veux croire qu'il y est encore, puisque toutes ces merveilles s'y sont passées, & que vous en avez été les spectateurs & les témoins : car les aveugles n'ont-ils pas recouvré la vûë parmi vous, lorsque des hommes qui n'avoient jamais eû ni sentiment ni connoissance de la veritable lumiere, je veux dire de la lumiere de la verité, en ont été éclairez en mettant le pied dans ce Monastere, l'ont goûtée, l'ont aimée, & l'ont suivie avec tant de fidelité, qu'en peu de tems on les a

Matt. 12.
28.

vû en état d'être la lumiere des autres ? N'avez-vous pas vû des boiteux aller droit, quand vous avez vû des gens qui n'avoient jamais fait un seul pas dans la voie de leur salut, y entrer au moment qu'ils se sont trouvez dans ce desert, s'y soûtenir & y marcher avec tant de fermeté & de promptitude, que l'on peut dire que Dieu leur avoit donné la vîtesse & la vivacité des bêtes les plus legeres, selon la parole du Prophete : *Qui perfecit pedes meos tanquam* Pf.17.:4: *cervorum ?* N'y a-t-on pas vû les lepreux à qui la santé a été renduë, lorsque ceux dont les ames étoient entierement infectées par la corruption du péché, & dont la guerison paroissoit desesperée, ont été tirez de cet abîme d'iniquitez, & ont reçû de la bonté de Dieu, une justification si pleine & si entiere, que bien loin d'appercevoir en eux aucune trace de leurs déreglemens passez, on n'y voyoit que les marques d'une pieté & d'une humilité consommée ? C'est ce qui a paru dans les Freres Antoines, dans les Freres Palemons, dans les Freres Euthymes. N'a-t-on pas vû des sourds, guerir de leur surdité, lorsque des gens qui n'avoient jamais eû les oreilles ouvertes pour entendre ce que Dieu demandoit d'eux, & qui au contraire les avoient eû fermées à toutes les instructions qu'on avoit voulu leur donner, sur leurs desordres & sur leurs devoirs, semblables à ces aspics dont parle l'Ecriture : *Sicut aspidis surda & obturantis aures suas,* ont enfin reçû la parole de vie, ont connu les veritez qu'ils avoient volontairement ignorées, & les ont exprimées dans toute leur conduite avec une pieté ferme & constante ? N'avez-vous pas vû les morts ressusciter, quand vous avez vû des pécheurs percez de mille & mille blessures mortelles, comme ces hommes dont parle l'Ecriture, qui ayant été frappez à mort, sont ensevelis dans les sepulchres, & que Dieu a pour jamais effacez de sa memoire, *Sicut vulnerati dormientes in sepulchris quorum non est memor amplius,* retourner par une resurrection réelle à la vie qu'ils avoient perduë, & changer tellement d'inclinations, de mœurs, de maximes & de sentimens, qu'on ne remarquoit rien en eux qui ne fût

Ps. 57:5.

Ps. 87. 6.

fût digne de la grace que JESUS-CHRIST leur avoit faite, & qui selon le precepte de l'Apôtre, avoient tellement oublié la terre, qu'ils n'avoient plus de pensées que pour le Ciel : *Si consurrexistis cum Christo* Coloss. 3. *quæ sursum sunt quærite, quæ sursum* 1. & 2. *sunt sapite, non quæ super terram.* Enfin n'y avez-vous pas vû, ou n'y voyez-vous pas encore tous les jours l'Evangile annoncé aux pauvres, quand vous voyez des milliers de miserables à vos portes, avec qui vous partagez le pain que vous avez reçû de Dieu, & que vous les tirez de l'extremité pressante où la faim & la nudité les ont reduits ; ou bien lorsque des gens qui viennent dans cette solitude, des Provinces les plus éloignées, pour y trouver de l'édification, s'en retournent contens & consolez, aprés y avoir reçû les benedictions qu'ils y avoient cherchées ?

Qu'on dise tout ce qu'on voudra, le doigt de Dieu y est tout visible ; c'est l'operation de son saint Esprit qui fait les justes & les penitens ; l'humanité n'y a point de part, & la nature ne peut faire que des pecheurs & des hypocrites. Ce se-

Tome I. G

roit un crime digne des derniers châtimens d'avoir de la presomption & de s'élever de toutes ces graces; mais ce ne seroit pas un moindre peché, ni un moindre excés, si par une humilité fausse nous manquions de les ressentir & de les reconnoître.

C'est beaucoup, mes Freres, que le Royaume de Jesus-Christ soit parmi nous ; c'est un bonheur que l'on ne peut exprimer. Cependant ce n'est point assez, & depuis que Jesus-Christ a declaré qu'il ôteroit son Royaume à ceux qui n'en feroient pas l'usage que l'on en doit faire : *Auferetur à vobis regnum Dei, & dabitur genti facienti fructus ejus.* Vous devez craindre que cette menace ne tombe sur vous, & vous conduire de sorte qu'il n'ait pas sujet de se repentir de tant d'effets sensibles, & de tant de marques extraordinaires qu'il vous a données de sa misericorde. Je lis dans le fond de vos cœurs, & j'y vois que vous me demandez ce qu'il faut faire pour ne vous pas rendre indignes de la continuation de toutes ses bontez; mais je suis surpris que vous ne vous le disiez pas à vous-mêmes, & que vous ayez

Matt. 21. 43.

besoin de lumiere sur une chose si claire & si évidente ; & pouvez-vous ne vous pas appercevoir que ces mêmes exercices de vertu, ces mêmes actions de pieté & de religion, par lesquelles Jesus-Christ a établi parmi vous son Royaume, sont les voies seules, & les moyens uniques que vous ayez pour vous le conserver ? & afin de ne nous pas tenir plus long-tems en suspens, c'est par la separation du monde, par la fuite des hommes, par ce profond silence dans lequel vous vivez, par ces mortifications interieures & exterieures, par les veilles, par les jeûnes, par les travaux, par les couches dures, par la pauvreté que vous observez dans vôtre nouriture, comme dans vos vétemens, par les humiliations, & enfin par la lecture de la parole de Dieu, qui vous est si expressément recommandée par le saint Apôtre, comme nous l'avons dit au commencement de ce Discours, que vous retiendrez Jesus-Christ, & que vous empêcherez qu'il ne vous quitte : & croyez qu'aussi-tôt que vous vous départirez de ces pratiques saintes, vous le perdrez pour jamais. Armez-vous donc, mes Freres, de fermes resolutions, renouvellez toutes vos promesses, tous vos engagemens; demandez à Dieu qu'il confirme tout le bien qu'il avoit mis dans vos ames : *Confirma hoc Deus quod operatus est in nobis.* Et comme la pieté, quand elle est solide, n'est qu'un progrés & qu'un accroissement continuel, demandez-lui incessamment un esprit, un cœur, & une volonté toute nouvelle, & dites-lui dans la confiance que vous avez dans sa misericorde, ce que lui a dit autrefois le saint Apôtre, que ni la mort ni la vie, ni les Anges ni les Principautez, ni les Puissances, ni les choses presentes ni les futures, ni la violence, ni tout ce qu'il y a au plus haut des Cieux, & au plus profond des enfers, ni toutes les creatures ensemble ne nous separeront jamais de sa charité, que JESUS-CHRIST vous a meritée : *Neque mors, neque vita, neque Angeli, neque Principatus, neque Virtutes, neque instantia, neque futura, neque fortitudo, neque altitudo, neque profundum, neque creatura alia poterit nos separare à charitate Dei, qua est in Christo Jesu Domino nostro.*

Pf. 67. 31.

Rom. 8. 38. & 39.

CONFERENCE
POUR
LE III. DIMANCHE
DE L'AVENT.

Gaudete, iterum dico gaudete, modestia vestra nota sit omnibus hominibus, Dominus propè est. Ad Philip. c. 4. v. 5.

Réjoüissez - vous incessamment en Nôtre-Seigneur, réjoüissez-vous, je vous le dis encore une fois, qu'il n'y ait personne qui ne remarque vôtre modestie, le Seigneur est proche.

JE pensois il n'y a qu'un moment, mes Freres, à la peine qu'ont les gens qui vivent dans le monde, pour conformer leur vie aux ordres de Dieu, & pour prendre ses volontez pour les regles de leur conduite; Dieu leur donne sans cesse des preceptes & des instructions, il les avertit, il les presse ; mais les difficultez qu'ils rencontrent, ou qu'ils se forment eux-mêmes à executer ce que Jesus-Christ leur prescrit sont infinies; il semble que la declaration qu'il leur fait de ce qu'il demande d'eux, ne sert qu'à les rendre plus coupables, par le peu d'usage qu'ils en font.

L'Apôtre commande à tous les Disciples de Jesus-Christ, disons plûtôt à tous les hommes en leurs personnes, puisqu'il est venu pour les sauver tous, de vivre dans la joie, c'est-à-dire, dans un repos, dans une paix, dans une tranquilité sainte, parce qu'il veut qu'ils le servent avec plaisir, qu'ils trouvent leur consolation dans le service qu'ils lui rendent, & qu'ils ressentent le bonheur qu'ils ont, de porter le joug de l'obeïssance à laquelle ils se sont engagez.

Il y a une joie, mes Freres, qui est défenduë & dont l'usage est interdit à tous ceux que Dieu regarde & avouë pour être à lui; c'est de celle-là dont parle le Prophete, quand il dit au peuple de Dieu: *Noli lætari Israël, noli exultare sicut populi.* Israel, ne soyez point dans la joie, ne faites point retentir des cris

Ose. 9. 1.

d'allegresse comme les nations. C'est une joie toute mondaine, qui n'a pour fondement que le dereglement & la dissipation du cœur ; c'est celle que le Saint-Esprit nous marque dans un autre endroit, lorsqu'il dit de ceux qui se laissent aller à leurs cupiditez, & qui mettent leur plaisir à contenter leurs passions, & leurs convoitises : *Lætantur cùm malefecerint, & exultant in rebus pessimis.* Prov. 2. 14. Ils se réjoüissent lorsqu'ils ont fait le mal, & ils triomphent dans les choses les plus criminelles. Et JESUS-CHRIST nous l'a designée, & l'a condamnée tout ensemble d'une maniere toute claire & toute évidente, quand il a dit à ses Disciples : *Mundus gaudebit, vos autem contristabimini.* Joan. 16. 20. Le monde se réjoüira, & vous pleurerez ; ceux qui servent le monde, & qui se conduisent par son esprit, se laissent emporter à la joie : cette joie est donc fausse, cette joie est mauvaise, puisque l'esprit de Dieu l'a rejettée, & qu'il ne permet pas qu'elle trouve place dans le cœur de ceux qui lui sont attachez, & qu'il reçoit au nombre de ses serviteurs.

Il ne faut pas s'étonner si elle est

proscrite, puisqu'elle n'est rien que l'effet de la cupidité, que c'est elle qui la produit, qui l'entretient dans les gens du monde, & que ce qui cause presque toûjours ou leur joie, ou leur tristesse, c'est la diversité des états où ils se trouvent, par rapport à leurs interêts ou à leurs plaisirs, c'est-à-dire, qu'ils ne manquent point de rire à la fortune, quand la fortune leur rit, & qu'ayant la mobilité & la flexibilité du roseau, ils changent de face & de situation, selon le bon ou le mauvais succés de leurs affaires.

La joie, mes Freres, dont nous parle l'Apôtre, est bien differente, c'est le Saint-Esprit qui en est la source, c'est lui qui la forme dans les cœurs, & qui l'y opere par sa grace: *Ad Gal. c. 5. 22.* *Fructus autem spiritus est charitas, gaudium, pax.* Les fruits de l'Esprit saint, sont la charité, la joie & la paix. Cette joie ne connoît ni licence, ni dissolution, ni dereglement; elle est toute pure & toute sainte, & l'Apôtre ne pouvoit mieux nous *Philip. 4. 5.* le marquer que par ces paroles: *Modestia vestra nota sit omnibus hominibus;* c'est-à-dire, que cette joie doit

POUR LE III. DIM. DE L'AVENT. 81

être accompagnée de tant de retenuë, de sagesse & de modestie, disons de pieté, qu'elle puisse donner de l'édification, répandre & communiquer une odeur de vie à ceux qui en sont les témoins & les spectateurs.

Comme les motifs de cette joie sont les approches de l'avenement de JESUS-CHRIST, *Dominus prope est*, Philip. 4. il est aisé de voir que cette instruction qui en soi est generale, se réduit seulement aux serviteurs veritables & fideles qui attendent le retour de leur Maître avec impatience, *Expectantibus Dominum suum, quando revertatur à nuptiis*, puisque ce sont ceux-là que le retour de JESUS-CHRIST doit combler de consolation, *Beati servi illi quos cùm venerit Dominus invenerit vigilantes*, & que les autres au contraire n'y trouveront que de la confusion & de la douleur.

Cela étant ainsi, mes Freres, comment est-ce que les gens du monde pourroient être dans cette disposition sainte & tranquille, qui leur donneroit cette joie que l'Apôtre recommande d'une maniere si expresse & si positive : *Gaudete iterùm dico gaudete, modestia vestra nota sit omnibus hominibus ; Dominus propè est ?* Que remarquons-nous en eux, par où ils puissent meriter cet état de benediction, ou plûtôt que n'y voyons-nous pas de quelque côté que nous le regardions, qui ne les rende indignes de cette grace & de cet avantage ? Ceux-là peuvent se réjoüir de l'avenement de JESUS-CHRIST, qui ont droit & sujet tout ensemble, par la fidelité de leur vie, de le considerer comme leur Sauveur, & qui peuvent dire avec justice ces paroles de l'Apôtre : *Salvatorem expectamus Dominum nostrum Jesum Christum ;* Nous attendons le Sauveur Nôtre-Seigneur JESUS-CHRIST. Mais cette joie a-t-elle rien de commun avec les gens du monde, qui ne le peuvent considerer que comme un Juge rigoureux, quand ils pensent qu'ils n'ont fait par toute leur conduite, qu'irriter sa colere, & qu'ils n'apperçoivent pas une seule action qui soit capable de leur attirer de sa part un regard favorable ?

Ceux-là peuvent se réjoüir, qui sont en état de s'appliquer ces pa-

Philip. 3. 20.

roles de Jesus-Christ : *Levate capita* Luc. 21. *vestra, quoniam appropinquat redemptio vestra.* Levez vos têtes, l'heure de vôtre délivrance est toute prête d'arriver. Mais ce sentiment ne regarde point les mondains, qui n'ont fait autre chose par leurs égaremens & par leurs excés, que de meriter des châtimens & des supplices.

Ceux-là peuvent se réjoüir, qui ont desiré pendant le cours de leur vie, de se voir affranchis de cette necessité malheureuse, dans laquelle les personnes les plus saintes se trouvent de déplaire à Dieu, par ce grand nombre d'actions, de pensées, de paroles inévitables, & qui ont dit en gemissant avec le Prophete : *De necessitatibus meis erue me:* Ps. 24. Délivrez-moi de mes necessitez ; 17. mais pour ceux qui l'ont offensé sans scrupule & sans remords, qui ne sont pas même touchez du moindre desir de tenir une conduite plus chrétienne & plus innocente, ils ne peuvent rien envisager dans l'avenement de Jesus-Christ qui ne les afflige & ne les desespere.

Ceux-là peuvent se réjoüir, qui sont sur le point d'entrer en possession du Royaume que Jesus-Christ a promis à ceux qui auroient fidellement combattu, & gardé la foi ; mais pour ces incensez, ils ne sçauroient ignorer qu'ils n'ont point de part à ce Royaume, & qu'ils s'en sont fermé les portes pour jamais, puisqu'au lieu de prendre les armes pour sa gloire & pour son service, ils ont fait pacte & conspiré avec ses ennemis. Ainsi, mes Freres, cette instruction, comme je vous l'ai dit, n'est point pour eux, & il se peut dire qu'ils sont dans l'impuissance d'en profiter, & qu'ils ne voyent rien dans toute leur conduite presente ou passée, qui ne doive les remplir d'amertume & de tristesse. C'est à eux que l'on peut appliquer ces paroles du Prophete : *Dies Domini ista tenebra & non lux* : le jour du Seigneur ne sera point pour eux un jour de consolation & de lumiere, mais un jour de tenebres & de confusion.

Am. 5:
18.

Si nous voulions entrer plus avant dans le détail, & vous exposer quels sont les égaremens de ceux qui vivent dans le commerce du monde, qui ont part à ses affaires, à ses soins, à ses occupations, à ses plaisirs, vous verriez plus clairement que le jour, que ces joies ausquelles l'Apôtre nous invite, ne sont point pour eux ; qu'il n'y a rien à quoi ils ayent travaillé davantage qu'à s'en priver, & à s'en rendre indignes, & que quand de dessein & de propos délibéré, ils se seroient appliquez à s'interdire cette joie, dont le Saint-Esprit nous parle, ils ne l'auroient pas fait avec plus de certitude & plus de succés.

Mais afin que vous ne vous imaginiez pas que je les fais plus méchans & plus dereglez qu'ils ne le sont en effet, je vous dirai, mes Freres, qu'il y a deux esprits qui animent & qui dirigent ce qui s'appelle ce monde inferieur ; l'un est l'Esprit de Jesus-Christ qui n'inspire que des pensées & des actions saintes ; l'autre, est l'esprit que l'on nomme l'esprit du monde, qui pousse & qui porte à des actions toutes contraires, & les œuvres qu'il forme dans ceux qui lui sont soûmis, & qu'il conduit, selon l'expression de Saint Paul, s'appellent les œuvres de la chair, *facta carnis* ; ces œu-

Paul. Rom. 8. 13.

vres, dis-je, selon le même Apôtre, sont l'adultere, la fornication, l'impudicité, la dissolution, l'idolatrie, les empoisonnemens : *Manifesta sunt opera carnis, quæ sunt fornicatio, immunditia, impudicitia, luxuria, idolorum servitus, veneficia, &c.*

<small>Paul. ad Gal. 5. 20. 21.</small>

Vous me direz, peut-être, que ces excés sont rares dans le monde; à quoi je vous réponds deux choses, l'une que ces actions sont plus frequentes qu'on ne pense, & que quand même ces sortes de péchez seroient rares dans l'acte exterieur, & dans la consommation, ils ne sont que trop communs & trop ordinaires, si on les considere dans la disposition du cœur, dans le dessein, dans l'intention & dans le consentement. Mais quand les gens du monde dont nous parlons, s'abstiendroient de ces sortes de dereglemens, ausquels on ne sçauroit penser sans horreur, je vous demande s'ils se garantissent des inimitiez, des dissentions, des animositez, des jalousies, des querelles, des divisions, des envies, des excés de la bouche, des péchez qui se commettent dans la bonne chere

Si vous me dites qu'oüi, je vous prouverai le contraire par ce nombre presque infini d'affaires, de contestations, de procedez, de procés qui se rencontrent parmi les hommes, & qui ne manquent jamais d'y produire des aigreurs, des médisances, des aversions, des emportemens & des haines qui durent autant que la vie, & que la mort même n'est pas capable de finir.

Ce sont ces desordres qui se forment tous les jours entre les Peres & les enfans, les femmes & les maris. Les amis les plus intimes se divisent, se separent, & ces sortes de divisions sont si cruelles, qu'elles s'enveniment en toutes occasions, & que souvent elles ne guerissent jamais. Cependant ces sortes de crimes dans le sentiment de l'Apôtre, sont au nombre de ceux qu'il nomme *facta carnis*, & ceux qui les commettent ne seront point heritiers du Royaume de Dieu. : *Inimicitiæ, contentiones, æmulationes, rixæ, iræ, dissentiones sectæ, invidiæ, homicidia, ebrietates, commessationes, & his similia, quæ prædico vobis, sicut prædixi quoniam qui talia agunt regnum Dei non* Gal. 5. 20 & 21.

consequentur. Que si le Royaume de Dieu n'est point leur partage, quelle joie peuvent-ils recevoir de l'avenement de Jesus-Christ? Le moyen qu'ils se réjoüissent, comme l'Apôtre l'ordonne, aux approches de ce Juge, dont la justice est inflexible, puisqu'ils n'en peuvent rien attendre qu'une condamnation éternelle?

Mais laissons-là les gens du monde, mes Freres; affligeons-nous de leur malheur, pleurons sur leurs miseres, prions pour eux, & rendons à Dieu des graces éternelles, de ce que nous en ayant separez par le mouvement de son Esprit, il a pris la place de ce que nous y avons abandonné, & a bien voulu devenir lui-même nôtre sort & nôtre partage. Loüons-le à jamais de ce qu'il nous a mis en état de goûter & de ressentir ces joies & ces consolations saintes qu'il a destinées pour ceux qui attendent son avenement, comme un veritable bonheur, & qui le considerent comme l'accomplisse- ment de leurs esperances : *Expectantes beatam spem, & adventum gloriæ magni Dei & Salvatoris nostri Jesu Christi.*

Ad Tit. c. 2. 13.

Si vous me demandez de quelle sorte ces joies se forment dans nos cœurs, il est aisé de vous satisfaire; croyez donc, mes Freres, que ceux qui servent Jesus-Christ dans la solitude, dans le fond des Cloîtres, & qui y marchent par des voies exactes, ce sont des hommes qui n'ont qu'une affaire & qu'une entreprise, qui est de combattre incessamment pour la conquête d'un grand Royaume. Ne regardez pas ce que je vous dis comme une vision, comme une imagination, ou comme une expression figurée, c'est une chose réelle, une verité constante, & la foi nous empêche d'en douter, puisque Jesus-Christ nous a promis son Royaume, que ce Royaume doit être la recompense de nos combats, & qu'il doit dire un jour à ceux qui se seront rendus dignes de le posseder: Venez, vous qui avez été benis par mon Pere, prenez possession du Royaume qui vous a été preparé dés le commencement du monde: *Venite* *benedicti Patris mei, possidete paratum* *vobis regnum à constitutione mundi.* *Matth. 25. 34.*

Cela étant ainsi, mes Freres, quelle joie plus grande peut-il arriver à ce Solitaire, à ce Religieux qui est engagé dans cette guerre sainte, que de voir que ses ennemis tombent à tous momens à ses pieds ; que toutes ses voies sont remplies de succés & de prosperitez ; que ses démarches sont autant de victoires ; & que ceux qui sont attachez à ses interêts, ses alliez, c'est-à-dire, les Saints & les Anges, intercedent incessamment pour lui obtenir de Dieu la fidelité & la perseverance qu'il en espere.

Vous avez de deux sortes d'ennemis, mes Freres, les uns sont vos passions & vos cupiditez ; & les autres sont les demons, & tous les deux s'accordent & conspirent également à vôtre perte. Vous attaquez directement les premiers par toutes les actions de pieté, de discipline, de Religion, qui vous sont ordonnées par vôtre Regle, & le contrecoup retourne sur les seconds, & les terrasse. N'est-il pas vrai, par exemple, que vous surmontez le vice de la paresse par les veilles, l'oisiveté par les travaux, l'avarice par la pauvreté, l'impudicité par la continence, la gourmandise par l'abstinence, l'intempérance par les jeûnes, la médisance, la raillerie & l'inutilité des discours, par le silence, la molesse dans le coucher, & le luxe des habits par les couches dures, & les vétemens grossiers qui vous couvrent ? N'est-il pas vrai que vous surmontez cette inutilité malheureuse qui est comme la source des maux qui se commettent dans le monde par le soin que vous avez d'employer vos journées, & de n'y laisser aucun vuide ? N'est-il pas encore vrai que vous détruisez l'irreligion & la langueur qui offensent la majesté de Dieu dans les services qu'on lui rend, par la ferveur avec laquelle vous chantez ses loüanges ? que vous amolissez l'insensibilité de vos cœurs par l'ardeur & par l'assiduité de vôtre Oraison ? que vous attendrissez leur dureté par vos gemissemens & par vos larmes ? que vous abattez vôtre orgueil par cette humilité si profonde, si étenduë dont vôtre Regle vous fait une obligation si étroite & si indispensable ? que vous bannissez cette froideur, cette indifference qui n'est que trop ordinaire entre les hommes, par cette charité si soigneuse & si tendre,

H ij

qui vous est si expressément recommandée ? Enfin vous ruinez ce libertinage, cet amour de l'indépendance, cette volonté propre que l'on cherit, & dont on craint l'assujettissement plus que la mort, par ce renoncement, & cette obéïssance sans bornes à laquelle vôtre profession vous oblige: En un mot, comme toute vôtre vie n'est rien qu'une suite & qu'un enchaînement d'actions commandées, & que l'obéïssance domine & regne sur toutes les circonstances de vôtre conduite, on peut dire qu'il n'y a personne à qui ces paroles du Sage conviennent mieux qu'à vous: *Vir obediens loquetur victoriam.* Le parfait obéïssant ne fait autre chose que de gagner des batailles, & remporter des victoires, & par consequent il est dans une joie continuelle, semblable à ces vainqueurs, qui aprés de grands succés, partagent les dépoüilles de leurs ennemis : *Sicut exultant victores captâ predâ, quando dividunt spolia.*

Je vous ai dit, mes Freres, que le contrecoup de toutes ces actions de pieté retournoit contre le demon, & qu'il terrassoit cet adversaire, parce qu'en détruisant vos vices & vos passions, vous lui arrachez les armes, dont il a accoûtumé de vous combattre, & que lui ôtant les seuls moyens dont il peut se servir pour l'execution de ses mauvais desseins, vous reprimez sa puissance, & vous rendez inutiles tous les efforts qu'il pourroit faire pour vous nuire.

Mais ce qui doit rendre vôtre joie complette, c'est que le Ciel s'interesse dans vôtre cause, que les Saints se réjouissent du succés avec lequel vous combattez les ennemis de Dieu, qu'ils appuyent auprés de lui vôtre résistance, par leur intercession, & par leurs prieres, & que l'Ange du Seigneur établi pour vôtre garde, touché de vôtre fidelité, augmente, pour ainsi dire sa charité, son soin, son application & sa vigilance, de crainte qu'il ne se rencontre quelque chose dans vôtre chemin qui vous arrête, & qui vous empêche de suivre le cours de vos victoires ; c'est ainsi que les paroles de l'Apôtre : Réjouissez-vous sans cesse au Seigneur, *Gaudete in* Philip. 4. *Domino semper*, s'accomplissent dans 5. tous ceux qui tiendront la conduite que je viens de vous marquer. C'est ainsi qu'ils trouveront dans l'avenement de Jesus-Christ le sujet d'une joie solide & veritable, puisqu'il n'y a rien par où ils puissent s'attirer avec plus de certitude, les témoignages & les effets de sa bonté & de sa misericorde.

Cependant j'ai un avis à vous donner, mes Freres; si vous voulez que cette joie soit fixe, constante, & qu'elle soit de celles dont parle Jesus-Christ lorsqu'il a dit: *Nemo gaudium vestrum tollet à vobis*: Personne ne vous ravira vôtre joie: Ne faites pas comme le peuple de Dieu, qui au lieu d'exterminer les Amorrhéens, selon l'ordre qui lui en avoit été donné, les laissa vivre, & souffrit qu'ils habitassent dans le païs dont il les devoit chasser; je veux dire que vous devez travailler par des efforts continuels, à détruire tout ce que vous appercevrez en vous d'affections terrestres, d'inclinations charnelles, & en un mot, que vous ne pardonniez à rien de tout ce qui n'y aura pas été mis de la main de Dieu. Les moindres reserves vous causeroient d'extrémes dommages, & ce que vous auriez conservé ou par une vo-

POUR LE III. DIM. DE L'AVENT. 95
lonté déterminée, ou par une negligence grossiere, vous produiroit par des consequences certaines, des pertes que vous ne pourriez reparer. Le Gouverneur d'une place qui y reçoit au dedans de ses murs son ennemi, qui se croit en sureté, parce qu'il ne le met ni dans le Donjon, ni dans la Citadelle, & qui ne lui donne pour habiter que la maison d'un bourgeois, se trompe : car cet homme qui est tout rempli de la volonté de lui nuire, & qui n'en attend que les occasions, ne manquera point de se servir des avantages qu'il a dans les mains, de former des cabales & des partis, de ménager des intelligences, & trouvera à quelque prix que ce soit, un moment & une conjoncture favorable dans laquelle il le pourra surprendre.

C'est ce qui vous arrivera si vous ne faites main-basse sur les ennemis de Dieu, qui sont les vôtres ; j'entends vos vices & vos passions. Le demon sans doute s'appliquera à celle que vous aurez negligée ; il la fortifiera ; il augmentera sa malignité, il essayera d'y en joindre d'autres ; ainsi le mal & la corruption venant à s'étendre & à se communiquer, ce qui vous aura paru un rien dans les commencemens, vous fera dans la suite des blessures ausquelles vous ne pourrez plus apporter de remedes ; il suffit pour vous obliger de garder dans une affaire de cette importance toute l'exactitude necessaire, de sçavoir comme Jesus-Christ nous l'a appris, qu'un peu de levain gâte & aigrit toute la pâte ; & l'experience nous fait connoître que la même barque qui a resisté aux coups de la mer les plus furieux, & aux tempêtes les plus violentes, fait naufrage dans le port, par une fente & par une ouverture, quelque petite qu'elle soit, lorsqu'on neglige d'y mettre la main & de la reparer. Réjoüissez-vous donc, mes Freres, réjoüissez-vous, *Gaudete in Domino, iterum dico gaudete*, puisque bien loin de trouver quelque chose de terrible dans l'avenement de Jesus-Christ, vous n'y voyez rien qui ne vous console, puisque les voies dans lesquelles sa Providence vous a engagez, vous conduisent à la fin de toutes vos esperances, & que vôtre profession est comme un torrent de graces qui vous porte de lui-même,

par

Modicum fermentum totam massam corrumpit.
1. *Cor.* 5. 6.

par une heureuse rapidité, à cette terre de benediction, qui est la fin & le comble de tous vos desirs.

Qu'il ne vous entre pas dans la pensée, mes Freres, que vôtre condition qui vous oblige à vivre dans les gemissemens & dans les larmes, vous interdit cette joie dont je vous parle. La tristesse sainte ne rejette que les joies folles & mondaines; mais elle se rencontre & compatit avec celles qui sont saintes. Celui qui pleure parce que Dieu veut qu'il pleure, est content, & dés-là qu'il est ce que Dieu veut qu'il soit, la vûë & le sentiment de son état le console. Il en est de même de celui qui souffre, quand il accepte ses souffrances, & quelques vives & picquantes qu'elles puissent être: c'est assez pour conserver la tranquillité & la paix, qu'il se voye dans l'ordre de Dieu, & dans la situation dans laquelle il lui a plû de le mettre: & c'est dans ce même esprit que Saint Jean Climaque dit, Que la douleur qu'une ame veritablement convertie a de ses péchez, renferme une allegresse & une joie spirituelle, comme la cire enferme le miel, & que la douleur vive & profonde de la penitence,

Degré 7. art. 70.

reçoit la consolation de Dieu, comme la pureté du cœur reçoit la lumiere du Ciel. Je prie Dieu, mes Freres, que cette clarté divine vous precede partout, que vous marchiez incessamment à sa faveur, qu'elle éclaire tous vos pas, & qu'elle dissipe jusqu'aux moindres ombres qui s'y pourroient rencontrer, ensorte qu'il ne vous arrive jamais d'être surpris par cette nuit obscure, par les tenebres dont parle le Prophete, qui sont toûjours accompagnées de confusion, de trouble & d'horreur : *Illumina oculos meos, ne unquam obdormiam in morte.* Eclairez mes yeux, Seigneur, afin que je ne m'endorme jamais dans la mort.

Pf. 12. 4.

CONFERENCE
POUR
LE IV. DIMANCHE
DE L'AVENT.

Parate viam Domini. *Luc.* 3. 4.

Preparez la voie du Seigneur.

L'Eglise ne se lasse point, mes Freres, de nous exciter & de nous avertir de nous tenir prêts pour entrer dans les dispositions qui conviennent à l'avenement de Jesus Christ que nous attendons. Elle nous parle aujourd'hui par la bouche de son Precurseur, cet homme tout divin, cet homme égal aux Anges, cet homme qui éleve sa voix dans le desert, & qui crie: Preparez la voie du Seigneur, rendez droits dans la solitude les sentiers de nôtre Dieu: *Vox clamantis in deserto: Parate viam Domini: rectas facite in solitudine semitas Dei nostri.* Is. 40. 3

Ce qui fait que l'iniquité est si répanduë, qu'elle couvre la surface de la terre, & que la corruption est montée au point où nous la voyons, c'est que cette voix, toute perçante qu'elle est, n'est point écoutée; C'est que les hommes n'ont point d'oreilles pour l'entendre, & que ce commandement du Saint-Esprit, prononcé par une bouche si sainte, ne trouve presque personne sur qui il fasse les moindres impressions, ni qui se mette en peine de l'executer. Les hommes sont sourds pour tout ce qui regarde leurs devoirs; & dés-là que les veritez leur deviennent penibles dans l'execution, ils les regardent comme des imaginations, & n'y donnent aucune créance. Si un Grand du monde, un Roi de la terre, va visiter quelques Provinces de son Empire, on fait toutes les diligences possibles pour mettre les choses en un tel état, qu'il n'y voye rien qui ne le contente. On lui prepare des entrées superbes & magnifiques dans tous les endroits où il doit passer; chacun s'efforce à l'envi de lui donner des marques de son zele & de sa fidelité, de son attachement à sa personne & à son service, & on n'oublie rien de tout ce qui peut lui faire connoître le respect qu'on a pour sa Majesté Royale.

Il n'en est pas de même de Jesus-Christ, mes Freres, qui est le Roi des Rois. On sçait qu'il doit venir, mais nos ames sont si peu sensibles à ce bonheur, tout grand qu'il est; elles le considerent avec des regards si indifferens, qu'il se peut dire qu'elles l'attendent comme si elles ne l'attendoient pas; au lieu que tout devroit être en elles dans le mouvement, tout y est dans la langueur; & au lieu de prendre des dispositions toutes nouvelles, on conserve ses mœurs, ses inclinations, ses habitudes accoutumées. Et ainsi ceux que Jesus-Christ combleroit de graces & de benedictions s'ils étoient preparez, il ne les voit qu'avec indignation: & bien loin de trouver en lui lorsqu'il viendra, la compassion d'un Sauveur misericordieux, ils n'y rencontreront que la severité d'un Juge impitoyable.

Ce qui fait qu'on s'empresse auprés des hommes, & que l'on en recherche les bonnes graces avec tant d'ardeur, c'est qu'on en espere des avantages & des utilitez presentes, & que l'on se conduit uniquement par les sens; mais comme les recompenses que l'on attend de JESUS-CHRIST ne sont ni sous nos yeux, ni sous nos mains, qu'on ne les sent, & qu'on ne les connoît que par la foi, qui est éteinte ou languissante & sans action dans la plûpart des Chrétiens, on n'en est point touché, & posé qu'on y pense, c'est toûjours avec si peu de vivacité, qu'il semble qu'elles ne doivent jamais arriver; & nous voyons tous les jours par un aveuglement qu'on ne sçauroit trop déplorer, qu'on prefere des choses de rien, soit en elles-mêmes, soit par leur peu de durée, & leur peu de solidité, à des biens d'un prix & d'une valeur infinie; & tout cela, parce qu'on ne veut ni connoître ni preparer les voies de Dieu, & que l'on compte pour rien ce grand precepte : *Parate viam Domini, rectas facite in solitudine semitas Dei nostri.*

Is. 40. 3.

Ces voies dont nous parle le Prophete & le Precurseur de JESUS-CHRIST, ne sont rien que les desirs, les mouvemens de nos cœurs, nos affections; c'est par elles que nous allons à Dieu, c'est par elles que nous nous en retirons. Nous nous en approchons quand elles sont pures &

simples, & nous nous en éloignons quand elles ne le sont pas. Cette sainteté, ou cette rectitude est precisément la conformité avec la loi suprême, qui est la volonté de Dieu, cette Loi éternelle & immuable, à laquelle il faut que toutes choses se rapportent. Ainsi nous preparons les voies du Seigneur dans nos cœurs, & nous les rendons droites quand nos sentimens & nos affections sont parfaitement conformes & soumises à ses volontez. Mais comme il n'y a rien de plus important que de les connoître, Jesus-Christ a pris soin de nous les declarer d'une manière si litterale & si précise, qu'il n'y a pas moyen de les ignorer.

Ces volontez, mes Freres, se réduisent à deux points. Par l'un il nous est ordonné de renoncer au monde, il nous est défendu de l'aimer, ni rien de ce qui lui appartient : *Sic ergo om-* Luc. 14. *nis ex vobis qui non renuntiat omnibus* 33. *quæ possidet, non potest meus esse discipulus.* Et ailleurs : *Nolite diligere mun-* 1. Joan. 2. *dum, neque ea quæ in mundo sunt.* Par 15. l'autre il nous est ordonné d'imiter Jesus-Christ & de le suivre. *Exemplum enim dedi vobis ut quemad-* Joan. 13. 15.

I iiij

modum ego feci vobis, ita & vos faciatis. Ego sum via, veritas & vita. Toute la Religion, mes Freres, est appuyée sur ces deux fondemens. Ce sont deux preceptes, dont l'observation est indispensable; & c'est inutilement que l'on porte le nom de Chrétien, & qu'on en fait profession, si on ne les exprime avec fidelité dans toute la conduite de sa vie.

Joan. 14. 6.

Si vous me demandez, mes Freres, surquoi cette haine du monde est si commandée; pourquoi l'amour nous en est si interdit, & ce qui porte Jesus-Christ à nous faire sur cela des défenses si rigoureuses: entre un grand nombre de raisons, je vous en dirai deux principales.

La premiere est que Jesus-Christ est sorti du sein de l'Eternité, pour reconcilier les hommes avec Dieu son Pere. Cette reconciliation ne se peut faire qu'ils ne lui rendent ce qu'ils lui ont ôté par l'ingratitude la plus noire & la revolte la plus insolente qui fut jamais. Et comme ce qu'ils lui ont ôté, est eux-mêmes, lorsqu'ils se sont retirez de sa main & de son ordre, & qu'ils ont transferé au monde & aux creatures, l'obéiſſance & la ſoumiſſion qu'ils lui devoient ; le monde s'eſt emparé de leurs cœurs, il en a occupé toutes les places, & les a remplies de dereglemens, de paſſions, de cupiditez & de convoitiſes, qui ſont ſes productions ordinaires. Il faut donc que les hommes lui ôtent ce cœur qu'ils lui avoient donné, qu'ils le rendent à Dieu auquel il appartient, afin qu'il en devienne le maître tout de nouveau, qu'il reprenne ſur eux ſon autorité & ſa puiſſance premiere, qu'il en banniſſe toutes ces qualitez vitieuſes que le monde y avoit introduites, & qu'il y mette des vertus toutes contraires. C'eſt ce que l'Apôtre nous a enſeigné par ces paroles : *Et vos cum eſſetis aliquando alienati & inimici ſenſu in operibus malis, nunc autem reconciliavit in corpore carnis ejus, per mortem exhibere vos ſanctos & immaculatos, & irreprehenſibiles coram ipſo.* Vous étiez vous-mêmes autrefois éloignez de Dieu, & vôtre eſprit abandonné à des œuvres criminelles vous rendoit ſes ennemis ; mais maintenant Jesus-Christ vous a reconciliez dans ſon Corps mortel, par ſa mort, pour

Servierūt creaturæ potius quam creatori.
Rom. 1. 25.

Coloſſ. 1: 21. & 22.

vous rendre saints, purs & irreprehensibles devant lui. Or comme il ne se peut que les hommes s'affranchissent de la dépendance & de l'engagement dans lequel ils sont à l'égard du monde, & qu'ils y renoncent, selon le precepte de Jesus-Christ, tant qu'ils auront de l'amour pour lui, il faut par necessité qu'ils méprisent & qu'ils haïssent le monde, sans quoi cette reconciliation qui doit être l'effet & le fruit de la Mission de Jesus Christ sur la terre, ne seroit pas possible. En un mot, les hommes qui sont obligez de renoncer au monde, pour se rapprocher de Dieu, duquel ils s'étoient si malheureusement éloignez, doivent considerer desormais le monde comme l'objet de leur mépris & de leur haine.

Pour la seconde raison, c'est qu'il n'est pas possible, selon la parole de Jesus-Christ, de servir à deux maîtres, parce qu'il arrive toûjours qu'on en aime un & qu'on hait l'autre. *Nemo potest duobus dominis servire, aut enim unum odio habebit, & alterum diliget, aut unum sustinebit, & alterum contemnet.* Ainsi dés que l'hom-

* Matth. 6. 24.

me aimera le monde, il faut qu'il soit ennemi de Jesus-Christ, & qu'il le méprise. En effet on voit l'accomplissement de cette verité, quand on sçait que la marque de l'amour que l'on porte à Dieu, est l'obeissance qu'on lui rend : car si cela est, comme nous ne pouvons en douter, puisqu'il l'a dit lui-même, il suffit que l'homme aime le monde pour le convaincre qu'il n'aime point Jesus-Christ, puisqu'il lui a défendu d'aimer le monde, & qu'il ne le peut aimer sans transgresser la défense qu'il lui a faite : *Qui habet* Ioan. 14. *mandata mea & servat ea, ille est qui* 21. *diligit me.* Celui qui a reçû mes Commandemens, & qui les garde, est celui qui m'aime. Ce principe étant certain comme il est, & Jesus-Christ nous commandant de haïr nôtre ame propre, c'est-à-dire, nôtre amour propre, nos cupiditez, nos convoitises ; n'est-ce pas le haïr & le mépriser que d'aimer le monde, parce qu'il les flatte, qu'il les nourrit & qu'il les contente ?

Peut-on voir un mépris plus formel & plus injurieux à la majesté de Jesus-Christ. Il meurt, il perd sa vie, il verse jusqu'à la derniere goutte de son sang, il s'offre à son Pere, pour le prix de la redemption des hommes, & ces hommes comptant pour rien une grace si extraordinaire, sans en avoir ni gratitude, ni sentiment, preferent la servitude du monde dans laquelle ils se sont volontairement engagez, à la liberté que ce divin Sauveur leur a acquise, & aiment mieux (je le repete encore) vivre esclaves du monde, que de porter cette qualité glorieuse d'enfans de Dieu. Quel prodige de folie & d'aveuglement, mes Freres ! Le propre de l'amour du monde est de crever les yeux à ceux qu'il possede ; & comme il n'y a plus rien de reglé dans leurs vûes & dans leurs connoissances, ils renversent toutes les voies de Dieu, ils foulent aux pieds les regles les plus saintes, & le monde, dont ils sont les captifs (tout miserable qu'il est) tient dans leur cœur toutes les places que Jesus-Christ y devroit avoir. Jugez donc, mes Freres, si Jesus-Christ a eu raison de nous défendre d'aimer le monde.

On me dira que Dieu permet aux

hommes de vivre dans le monde, & d'y avoir des établissemens & des fortunes, & par consequent qu'il est permis de l'aimer. Il y a grande difference, mes Freres, entre aimer le monde, & être dans le monde. Non seulement Dieu permet qu'on y soit, mais souvent il le commande, il y destine, il y appelle ; mais il ne retracte pas pour cela la défense qu'il a faite de l'aimer. Et afin que vous sçachiez de quelle maniere on peut être dans le monde, sans avoir pour lui les sentimens qu'on ne doit point avoir, je vous dirai qu'il faut que trois conditions se rencontrent dans ceux qui s'y trouvent engagez.

La premiere est, que ce soit Dieu qui les y appelle, & que ce ne soit ni leurs interêts, ni leurs plaisirs, ni aucune consideration humaine qui les y détermine : car comme en ce cas-là leur vocation est toute de Dieu, ils executent ses ordres, en prenant le parti du monde, ils lui obéissent; & leur obéissance est une marque de l'amour qu'ils lui portent ; ainsi ils sont dans le monde, non parce qu'ils aiment le monde, mais parce qu'ils aiment Dieu.

La seconde est, qu'ils rapportent tellement à Dieu l'état dans lequel sa Providence les a établis, qu'ils agissent dans sa vûë, autant qu'il leur sera possible, qu'ils lui referent toutes leurs actions particulieres, de crainte qu'ils ne corrompent la pureté de leur vocation par l'impureté de leur conduite. Un Monarque, par exemple, à qui Dieu a donné une autorité souveraine, doit s'en servir pour le faire honorer par tous ceux qui sont soumis à sa puissance, il doit procurer sa gloire autant qu'il lui est possible, & avoir devant toutes choses son service devant les yeux. Je me sers de l'exemple d'un Roi, parce que quand on voit les veritez accomplies dans ceux qui tiennent les premiers rangs du monde, on est aisément persuadé qu'elles le doivent être dans ceux qui occupent des places qui leur sont inferieures.

La troisiéme est, qu'on use des choses du monde avec un si grand détachement, qu'on soit toûjours prêt de les quitter, lorsqu'il plaît à Dieu qu'on s'en separe, & que les accidens differens qui peuvent nous en priver, ne fassent sur nous aucune impression, ni de murmure, ni de tristesse : car dés-là qu'on quitte avec peine & avec regret, les biens qu'on possede, cela marque qu'on les possede avec déreglement, & que l'on ne garde pas en cela les mesures que l'ordre de Dieu nous a prescrites. *Cum dolore non amittitur, nisi* Aug. *quod cum amore possidetur.* En un mot, pour être dans le monde d'une maniere qui ne combatte en rien les volontez de Dieu, il faut y être dans l'indifférence que l'Apôtre nous enseigne. Il faut que ceux qui sont mariez, & qui ont des femmes, soient comme s'ils n'en avoient point, c'est-à-dire, qu'ils les ayent sans attachement ; ceux qui pleurent, comme s'ils ne pleuroient point ; ceux qui se réjoüissent, comme s'ils ne se réjoüissoient point ; ceux qui achetent, comme s'ils ne possedoient point : enfin ceux qui usent de ce monde, comme s'ils n'en usoient point, parce que le monde n'est qu'une simple figure qui ne fait que passer. *Qui* 1. ad Cor. *habent uxores tanquam non habentes* 7. 29. 30. *sint, & qui flent, tanquam non flentes;* 31. *& qui gaudent, tanquam non gaudentes, & qui emunt, tanquam non possi-*

dentes ; & qui utuntur hoc mundo, tanquam non utantur ; præterit enim figura hujus mundi.

C'est ainsi que ce Patriarche si aimé de Dieu a vécu dans le monde : cet homme de Dieu qui étoit toûjours prêt de quitter son païs, ses établissemens, & d'exposer sa vie pour suivre la voie de Dieu, aussi-tôt qu'elle lui étoit connuë. C'est ainsi que Job cet homme qui demeura victorieux de toute la puissance de l'Enfer, qui tombant du sommet d'une haute fortune, & se voyant livré à toutes sortes de malheurs, bien loin de former ni plaintes, ni murmure, ne dit autre chose, sinon : Le Seigneur m'avoit donné tout ce que j'ai perdu, il me l'a ôté, que sa volonté soit faite, que son saint Nom soit beni à jamais : *Dominus dedit Dominus abstulit ; sicut Domino placuit, ita factum est, sit nomen Domini benedictum.* Voilà des modeles pour ceux qui vivent dans le commerce & dans les affaires du monde ; mais le malheur est, qu'au lieu de servir à leur sanctification, ils ne servent souvent qu'à leur attirer de la part de Dieu une condamnation

Job. c. 1. 21.

plus

plus rigoureuse.

Je demande à ceux qui aiment le monde, ce qu'ils peuvent m'alleguer contre des veritez si constantes & si claires. Comment se peuvent-ils laisser aller à une seduction si connuë & si averée ? Comment peuvent-ils souffrir que le monde leur impose & se joüe de leur credulité ? s'ils peuvent fixer l'instabilité des choses humaines, s'ils peuvent en arrêter la rapidité pour un moment, à la bonne heure ; mais puisque l'experience ne leur fait que trop connoître que toute la puissance de la terre n'est qu'une veritable foiblesse, & qu'ils voyent tous les jours qu'un homme qui commande à plusieurs Royaumes, ne peut pas moderer le mouvement d'un artere qui bat plus vîte qu'il ne voudroit, ni ôter un grain de sable d'une place où il ne peut être, sans lui causer de la douleur. Ne se lasseront-ils jamais de courir inutilement aprés des ombres comme des enfans, & de prendre des fantômes pour des choses réelles : *Filii hominum usquequò gravi corde ? ut quid diligitis vanitatem, & quæritis mendacium.* [Ps. 4. 3.] Croyez moi, mes Freres, la grandeur du monde, je dis la plus éclatante, n'est qu'une simple lueur qui passe comme un éclair, qui n'a ni matiere, ni consistance, ni durée. Je vous parle du monde, mes Freres, à vous qui n'en êtes plus, afin que connoissant ses extravagances & ses folies, vous le plaigniez, vous joigniez vos prieres à vôtre compassion, & que vous ne cessiez point de rendre graces à Dieu de ce qu'il n'a pas permis que vous fussiez engagez dans des conditions toutes remplies de pieges, & dans lesquelles on ne se sauve point qu'avec des difficultez & des peines presque insurmontables.

Je vois, mes Freres, que vous vous croyez fort en sureté, quand vous vous considérez dans un état qui vous met comme à couvert de ces maux & de ces passions differentes, ausquelles sont exposez les gens qui sont dans le monde. Il est vrai que vôtre condition vous est un grand abri, pourvû toutefois que vous en menagiez les biens & les avantages, & que vous ayez soin de veiller sur vous & sur vôtre conduite avec une attention infatigable. Le monde suit souvent ceux qui le quittent, il penetre dans le fond des Cloîtres, & dans les solitudes les plus écartées; l'esprit en est d'une activité & d'une malignité infinie, & le Diable qui s'y joint, comme il se mêle dans les foudres & dans les tonneres, le pousse & le porte dans les lieux les plus saints, il les ravage, & il n'y a point de désolation qu'il n'y cause. Vous avez lû qu'il menaça Saint Pacome de détruire son Observance aprés sa mort, & il en vint à bout. Il n'a pas épargné les deserts de Sceté & de Nitrie; La Thébaïde, qui étoit autrefois habitée par des Anges, ne l'est plus que par des bêtes farouches, ou par des hommes semblables à des Demons.

En verité, mes Freres, il vous serviroit de peu d'avoir renoncé à l'orgüeil & à la vanité qui regnent dans le monde, si vous desiriez dans l'engagement où vous étes, de la gloire & de la distinction : il vous serviroit de peu d'avoir renoncé à la bonne chere du monde, si vous cherchiez à vous donner tout ce qui peut contenter vos sens ; & à vous faire une vie douce dans la penitence que

K ij

vous pratiquez. Il vous serviroit de peu de vous être dépoüillez des biens que vous pouviez avoir dans le monde, si vous aviez encore des attachemens particuliers, de quelque qualité, & de quelque nature qu'ils pussent être. Il vous serviroit de peu d'avoir renoncé à la dissipation du monde, si vôtre vie étoit divertie & distraite de cet objet que vous devez incessamment avoir devant les yeux. Il vous serviroit de peu de n'avoir point d'argent dans vos coffres, si vous aviez dans vos Cellules des bagatelles, qui engageassent vos cœurs & vos affections. Il ne vous serviroit de rien, de ne vous plus trouver parmi ceux qui font leur principale occupation, d'attaquer la reputation de leur prochain, par des detractions & des médisances noires, si vous ne conserviez entre vous une charité tendre & exacte, si vous ne vous absteniez de former des jugemens, de concevoir des soupçons, & de vous laisser aller à des mouvemens d'impatience à l'égard de vos freres, & que vous manquassiez de souffrir dans un esprit de paix ce que vous pouvez appercevoir en eux de

POUR LE IV. DIM. DE L'AVENT. 117
defectueux, soit pour le corps, soit pour l'esprit. Il vous serviroit de peu de vous être retirez de cette licence effrenée que l'on se donne dans le monde, qui fait que l'on se conduit par soi-même, & qu'on suit en tout l'emportement de ses passions, si au lieu de vivre dans une dépendance parfaite pour les choses les plus petites, comme pour les plus grandes, vous conserviez encore quelque espece de liberté qui vous fût une occasion de suivre les mouvemens de vôtre amour propre, & si, lorsqu'il seroit reprimé par ceux ausquels vous êtes soumis, vous vous laissiez aller au chagrin & au murmure. Il vous serviroit de peu de n'avoir aucune part au libertinage & à l'impieté des gens du siecle, si vous n'accompagniez pas les prieres que vous offrez à Dieu, ces actions, ces exercices de pieté qui composent le cours de vos vies, de ce sentiment & de cette Religion, qui en fait à ses yeux tout l'agrément & le merite. Enfin, mes Freres, si vous vous trouvez dans ces déreglemens ou dans d'autres semblables que je pourrois vous marquer, soyez persuadez que

vous êtes esclaves du monde, que vous le servez, que vous êtes dans ses liens, comme vous étiez avant que d'avoir embrassé la retraite, que les passions vous dominent, & qu'elles n'ont fait que changer d'apparence, de forme & de figure.

Que faut-il faire, me direz-vous, pour éviter ces desordres ? Faites ce que vous dit Saint Gregoire, lorsqu'il vous fait le portrait d'un veritable Chrétien, en vous disant que c'est celui qui renonce aux voluptez des sens, qui foule aux pieds tous les desirs & toutes les inclinations terrestres, par l'observation d'une discipline sainte, qui n'écoute rien de ce qui lui est inspiré par le sang & par la chair, & qui souffre sans peine tout ce qui combat, & qui peut détruire une vie charnelle. *Qui*

Gre. Pap. Hom. 11. in Evang.

renuntians voluptatibus carnis cuncta sua terrena desideria per cœlestis disciplinæ custodiam calcat, ut nihil jam quod caro blanditur, libeat; nihil quod carnalem vitam trucidat, spiritus perhorrescat.

Ce sera ainsi que vous recueillerez les fruits que vôtre condition vous prepare, que vous vous garantirez de cette ruine effroyable qui menace, ou plûtôt qui accablera tous ceux qui ne s'y conduisent pas dans cette pureté & cette exactitude qui leur est prescrite, & que vous y trouverez les biens & les avantages infinis qu'elle renferme. C'est ainsi que vous rendrez droites les voies de Dieu, & que vous preparez sa voie. *Parate viam Domini, rectas facite se-* Marc. 1. *mitas ejus.* S'il y a rien qui soit capable de vous porter & de vous exciter à pratiquer ce que je vous annonce, ou plûtôt ce que Dieu luimême vous annonce par ma bouche; c'est la reflexion que vous pouvez faire sur ces paroles du Saint-Esprit, qui nous dit; que si aprés nous être retirez de la corruption du monde, par la connoissance & par le sentiment que nous avons eu de Jesus-Christ, nous nous laissons vaincre, en nous y engageant tout de nouveau. Ce dernier état est pire & plus malheureux que le premier. *Si enim refugientes coinquinatio-* 2. Pet. 2. *nes mundi in cognitione Domini nostri* 20. *& salvatoris Jesu Christi, his rursus implicati superantur facta sunt eis posteriora deteriora prioribus.* Et il auroit mieux vallu, ce qui est terrible à penser, n'avoir jamais connu la voie de la pieté & de la justice, que de l'avoir quittée aprés l'avoir connuë, & d'avoir abandonné la Loi sainte qui nous avoit été prescrite: *Melius enim erat illis non cognoscere viam justitiæ, quam post agnitionem retrorsum converti ab eo, quod illis traditum est, sancto mandato.*

Ibid. 21.

Il me reste à vous parler, mes Freres, de l'obligation qu'ont tous les Chrétiens d'imiter Jesus-Christ & de le suivre. Et quoique l'heure me presse, & m'empêche de le faire avec toute l'étenduë que je voudrois, je ne sçaurois ne vous pas dire qu'elle est tellement effacée, soit dans leurs cœurs, soit dans leurs œuvres, qu'à peine on en remarque les moindres traces & les moindres vestiges. Jesus-Christ a beau crier, je suis la voie, personne ne l'écoute; je suis l'exemple, personne ne se met en devoir de faire ce qu'il a fait, & l'on peut assurer par la connoissance que l'on a de l'état du monde, que cet exemple servira au salut de peu de personnes, & que le nombre de ceux dont il sera la perte & la la condamnation, fera presque infini. Car qui voyons-nous qui se mette en peine d'imiter ce divin modele ? Qui est-ce qui prend soin d'exprimer ses actions, de retracer sa conduite, de pratiquer les vertus qu'il a pratiquées, & de vivre de sorte qu'on puisse dire, cet homme est une image vivante de Jesus-Christ, il est à lui, il lui appartient ? Au contraire on hait évidemment ce qu'il a aimé, on recherche ce qu'il a eu en horreur, on condamne ce qu'il a approuvé.

Sans entrer dans le détail, ce qui feroit une chose trop longue, la vie de la plûpart des Chrétiens est une opposition si formelle à celle de Jesus-Christ, qu'il semble qu'ils ne vivent que pour la combattre & pour la détruire ; & plût à Dieu que le nombre fût moins grand qu'il n'est pas, de ces mauvais Chrétiens, qui sont semblables à ceux dont parle l'Apôtre, quand il dit : Il y en a plusieurs dont je vous ai parlé, & dont je vous parle encore avec larmes, qui se conduisent comme les ennemis de la Croix de Jesus-Christ, qui n'auront pour toute fin que leur propre ruine, qui font leur Dieu de leur sensualité, qui mettent leur gloire dans leur propre honte, & qui n'ont de sentiment & de pensée que pour la terre : *Multi enim ambulant, quos sæpe dicebam vobis, nunc autem & flens dico inimicos Crucis Christi, quorum finis interitus, quorum Deus venter est, & gloria in confusione ipsorum, qui terrena sapiunt.* Et en un mot, mes Freres, si vous voulez voir l'accomplissement de ces paroles de l'Apôtre, mettez JESUS-CHRIST pauvre, dénué de tous biens comme il l'a été, humilié par les calomnies & les médisances que l'on a formées contre sa vie toute sainte, affligeant son corps par des jeûnes, par des veilles, des privations rigoureuses, simple, ennemi de tout faste, de tout luxe, de toute gloire mondaine, comblant de biens ceux qui l'accabloient de toutes sortes de maux & d'injustices, pur dans ses sentimens, dans sa doctrine, dans ses maximes, modeste & reglé dans ses mœurs, parmi cette foule de miracles qui rendoient sa vie si éclatante ; Mettez, dis-je, JESUS-CHRIST

Paul. ad Philip. 3. 18. 19.

avec tous ses traits & ses caracteres auprés des gens qui vivent dans le monde (disons même auprés de ceux qui n'en sont plus) vous serez contraints d'avoüer qu'il y a entre Jesus-Christ & les Chrétiens des distances infinies, & que le Maître & le Disciple n'ont rien de commun.

Si parmi tout cela, mes Freres, vous voulez sçavoir en quoi vous imiterez Jesus-Christ, je vous réponds : Imitez-le en tout ce qui convient à vôtre état, dans sa charité, dans sa patience & dans sa douceur ; imitez-le dans ses humiliations, dans ses abbaissemens, dans son obéissance, dans ses jeûnes, dans ses veilles, dans ses austeritez ; & rendez-vous d'autant plus fideles & plus invincibles dans toutes ces pratiques, qu'elles sont plus contredites & plus attaquées, & que nos temps paroissent plus attachez que les precedens à établir dans l'Eglise de Jesus-Christ une vie molle & sensuelle. Souvenons-nous que nous sommes consacrez à la penitence, que nous en avons fait une profession publique. Prenons garde de rien faire qui combatte l'engagement que nous avons pris devant Dieu en presence de ses Saints & de ses Anges qui serviroient un jour de témoins pour nous convaincre de nôtre infidelité à la face du Ciel & de la terre. Que les hommes disent ce qu'il leur plaira pour nous faire abandonner la voie dans laquelle la main de Dieu nous a conduits; qu'ils nous pressent & nous accablent de raisons, nous n'avons qu'à leur répondre dans une liberté sainte, que nous ne sommes plus les maîtres des promesses que nous avons faites à Dieu. Quand les ordres qui nous arrivent de la part des hommes sont contraires à l'obéissance que nous devons à Dieu, nous ne devons point y avoir égard.

Voilà, mes Freres, les sentimens dans lesquels vous devez vivre & mourir. C'est par-là que vous preparerez les voies du Seigneur, que vous executerez le commandement qu'il vous fait par la bouche de ce grand Prophete: *Parate viam Domini, rectas facite in solitudine semitas Dei nostri:* Preparez la voie du Seigneur, rendez droits dans la solitude

Is. 40. 3.

les sentiers de nôtre Dieu. Et ne doutez point que s'il vous trouve dans ces dispositions au jour dans lequel il doit descendre sur la terre, & se montrer à tout l'Univers, nous ne soyons de ceux qu'il doit combler de bénédictions & de graces.

CONFERENCE
POUR
LE V. DIMANCHE
DE L'AVENT.

Omnis vallis implebitur. *Luc.* 3. 5.

Toute vallée sera remplie.

L'EGLISE continuë de nous instruire, mes Freres, & de nous exciter à entrer dans des dispositions dignes de celui que nous attendons il y a prés d'un mois. Elle nous dit dans l'Evangile, ou plûtôt l'Esprit de Dieu par son ministere, que les vallées seront remplies, & les collines & les montagnes abbaissées : *Omnis vallis implebitur, & omnis mons & collis humiliabitur*, c'est-à-dire, que les humbles seront élevez, & les superbes humiliez : ce qui nous marque deux choses ; l'une qu'il nous commande l'humilité, & l'autre qu'il nous défend l'orgueil. Comme l'observation de ces deux preceptes est indispensable, & que le salut de tous les hommes y est tellement attaché qu'il en dépend ; aussi nous l'a-t-il declaré d'une maniere si positive en tant d'endroits, qu'il n'est pas possible de l'ignorer. Vous le trouvez par tout dans l'Ancien comme dans le Nouveau Testament. Cependant les hommes ne sçauroient s'y réduire. Ils sont tellement possedez de l'amour d'eux-mêmes, qu'ils ne veulent rien souffrir qui les diminuë & qui les rabbaisse, & l'orgüeil que nos premiers Peres nous ont transmis avec la vie, a poussé en nous des racines si profondes, qu'il ne nous est pas moins naturel de desirer de l'élevation, que de respirer l'air pour conserver la vie ; mais nous pouvons dire davantage, puisqu'on expose sa vie, on la hazarde pour acquerir une gloire fausse, ou pour ne pas perdre un honneur imaginaire; Et quand on a donné tout son temps, toute sa peine, tous ses soins, ses biens, sa fortune, sa santé, pour s'attirer un peu d'estime de la part des hommes, on croit avoir beaucoup gagné, & on compte pour rien toutes ses pertes.

Il me seroit aisé, mes Freres, de vous faire voir dans la conduite de tous les Saints du premier Testament, je veux dire des Patriarches & des Prophetes, la pratique d'une humilité profonde. Vous la remarquez dans les actions qu'ils ont faites, comme dans les instructions qu'ils nous ont données ; mais ce qui nous montre à quel point Dieu l'a voulüe, & l'a recommandée, c'est l'application rigoureuse avec laquelle il a puni les superbes. Vous sçavez qu'il a châtié son peuple, par des batailles sanglantes, lorsqu'il a manqué d'obéir à ses ordres, il les a livrez à leurs voisins, il les a rendu tributaires, il a fait sortir des extremitez de la terre des nations barbares & cruelles, pour leur faire sentir la grandeur de leurs péchez ; mais s'il y a quelque chose que l'on doive regarder avec étonnement, c'est ce qui s'est passé dans la personne de Saül, de David & d'Ezechias. L'un est rejetté de Dieu pour jamais, parce qu'il ose élever son jugement au dessus de celui du Prophete, qu'il offrit le sacrifice contre

1. Reg. 13. 13.

l'ordre qu'il lui avoit donné, & qu'il n'executa point le commandement qu'il lui avoit fait d'exterminer entierement les Amalecites. L'autre pour une satisfaction vaine qu'il avoit recherchée dans le dénombrement de son Peuple, fut cause de la mort de soixante-dix mille de ses sujets. Et le dernier dont il avoit prolongé les jours de quinze années, contre l'ordre de la nature, & en faveur duquel il avoit arrêté le Soleil dans le milieu de sa course, fut puni avec tant de severité, pour avoir montré ses richesses aux Ambassadeurs d'un Prince étranger, qu'Isaïe lui declara, comme vous sçavez, que ses richesses lui seroient ôtées, & que ses enfans seroient emmenez captifs dans Babylone; & tout cela parce qu'il s'éleva, & suivit sa complaisance, & le mouvement de son orgüeil: *Quia elevatum est cor ejus, & facta est contra eum ira, & contra Judam & Jerusalem.* Vous voyez par ces exemples, l'accomplissement de la parole du Saint-Esprit: *Omnis mons & collis humiliabitur.*

2. *Reg.* 24. 15.

2. *Par.* 32. 25.

Luc. 3. 5.

Je vous ai dit que cette obligation n'étoit pas moins évidente dans le Nouveau Testament que dans l'Ancien : & entre beaucoup de preuves que je pourrois vous apporter, pour vous rendre cette verité toute palpable, une des principales qui me vient, est que comme l'homme innocent a été fait à l'Image de Dieu, par la justice & la sainteté qui lui a été communiquée : *Creatus est in justitia & sanctitate veritatis*, l'homme pécheur a été rétabli & formé à l'Image de Jesus-Christ par l'humilité qui lui a été conferée dans la regeneration du Baptême. Il y a été enseveli avec Jesus-Christ ; & comme la sepulture de Jesus-Christ est le comble de ses humiliations, il se peut dire qu'il l'a rendu participant de son humilité : *Consepulti enim sumus cum illo per baptismum in mortem*. Et cette disposition lui est si essentielle qu'il en fait une protestation solemnelle dans son Baptême, lorsqu'il renonce au Demon & à toutes ses pompes : car s'il renonce aux pompes du Demon, qui sont les effets de l'orgueil, à plus forte raison doit-il renoncer à l'orgueil, qui en est la source & le principe.

Ad Ephes. 4. 24.

Rom. 6. 4.

Initium omnis peccati est superbia. Et Eccli. 10. 15.

on ne dira rien, mes Freres, qui ne soit vrai, quand on assurera que l'humilité est tellement le fondement de la Religion que nous professons ; qu'elle en est tellement l'essence & le caractere, que celui qui s'en est separé, à moins qu'il ne repare sa faute par un repentir & par un retour sincere, n'est plus Chrétien que par le nom & par la profession exterieure ; que Dieu ne le regarde plus comme un homme qui lui appartienne ; que Jesus-Christ ne le voit plus comme son Disciple ; que le caractere qu'il en conserve ne sert qu'à le rendre plus coupable, & que Dieu le traittera avec plus de rigueur & de severité, que non pas ceux qui ne l'ont jamais connu. Il faut donc que les Chrétiens se souviennent qu'ils sont attachez à Jesus-Christ comme les plantes le sont à leurs racines, & les édifices à leurs fondemens : *Radicati, & superædificati in ipso*; que Jesus-Christ est le sep de la vigne, & qu'ils en sont les branches, *Ego sum vitis, vos palmites* ; & par consequent qu'il faut qu'ils tirent leur vie & leur subsistan-

Col. 2. 7.

Joan. 15: 5.

ce de Jesus-Christ même, qui n'étant qu'un Dieu anéanti, & un Dieu humilié, leur communique par necessité le don & la grace de son humilité & de son abbaissement.

Pour une seconde raison, je vous dirai, mes Freres, que nôtre vie n'est qu'un voyage. Tous tant que nous sommes qui faisons profession d'être à Jesus-Christ, nous ne faisons rien en ce monde que l'attendre, & nous marchons incessam- *Philip. 3. 20.* ment à sa rencontre, *Salvatorem expectamus Dominum nostrum Jesum Christum.* Tous les Chrétiens sont des épouses qui esperent impatiemment la venüe de l'époux; & comme il n'y a point de moment où ils ne puissent entendre la voix qui doit *Matt. 25. 6.* leur annoncer son arrivée, *Ecce sponsus venit, exite obviam ei :* Voilà l'époux qui vient, allez au devant de lui, il n'y en a point aussi dans lequel ils ne doivent être tous prêts & tous preparez pour le recevoir. Il faut donc qu'ils se disposent, qu'ils prennent des ornemens qui leur conviennent, qui puissent les rendre agreables aux yeux de l'époux, & qui ayent une beauté & une magnificence qui le contente. Et comme il n'y a rien qu'on doive craindre davantage que de se méprendre au choix des habits dans lesquels on doit paroître devant lui, depuis que l'on sçait que celui qui n'étoit pas revêtu de la robe nuptiale, fut chassé de la sale des nôces, on doit s'assurer de la nature & de la qualité des vétemens que l'on y doit porter. Mais de qui l'apprendra-t-on mieux, que de l'époux même ? Que si on le consulte, comme on y est obligé sans doute, vous trouverez par ses instructions, comme par son exemple, que l'humilité est le vétement qui convient à ses épouses ; puisque c'est elle qui fait tout leur éclat, toute leur beauté & toute leur gloire, *Qui se humiliat exaltabitur.* Ce- *Luc.* 14. lui qui s'abbaisse, nous dit-il, sera 11. élevé. C'est un enseignement qu'il a soûtenu, & qu'il a autorisé par toute sa conduite : ces paroles du Saint-Esprit qui lui sont attribuées, *Ego Pf.* 21. 7. *sum vermis & non homo*, Je suis un ver & non un homme, nous en sont des marques certaines : lui-même nous dit qu'il est descendu sur la terre, non pas pour exiger des services, mais pour en rendre. *Non ve-ni ministrari, sed ministrare.* Seroit-il juste que ses épouses qui doivent lui être conformes en toutes choses, se presentassent devant lui dans des dispositions contraires aux siennes ? Ses habits sont pauvres & simples, pourroit-il supporter qu'elles en eussent de riches & de magnifiques ? Et ne meriteroient-elles pas d'être chassées pour jamais de sa presence, si elles se montroient à lui parées comme des prostituées & des impudiques, au lieu d'y paroître dans une modestie digne de la chasteté de ses épouses ?

Les hommes, mes Freres, sans s'arrêter à ces veritez, vont leur chemin, comme si elles ne les regardoient pas, & comme s'ils n'y avoient aucune part. L'envie d'être crus ce qu'ils ne sont pas en effet, les emporte ; & sans penser que la parole du Saint-Esprit s'accomplira, *que les vallées seront comblées, & les montagnes détruites,* ils opposent, pour ainsi dire, des boulevards contre le Ciel. Ils imitent ces insensez dont parle l'Ecriture, qui porterent leur temerité jusqu'à bâtir une

POUR LE V. DIM. DE L'AVENT. 135

tour, d'une hauteur démesurée, prétendant se mettre à couvert contre la justice de Dieu, & borner sa toute-puissance. Ils ne s'appliquent qu'à élever des collines & des montagnes, c'est-à-dire, qu'ils écoutent, & qu'ils suivent en toutes rencontres les mouvemens de leur présomption, de leur vanité & de leur orgueil ; & presque toutes les conditions du monde, quelques differentes qu'elles soient, conviennent en ce point, que chacun y recherche son élevation particuliere & sa propre gloire. *Non fere quisquam est qui humanam non appetat gloriam.*

Gen. 11.

Aug. in Ps. 1.

Cet homme prend le métier de la guerre, c'est pour avoir de la reputation ; celui-ci s'applique au Barreau, c'est pour s'acquerir de l'estime ; un autre prêche la parole de Dieu, c'est afin de s'attirer des loüanges de la bouche des hommes ; un autre amasse des richesses, fait de grands établissemens, bâtit des maisons superbes & magnifiques, & en tout cela c'est la vanité qui le pousse. Ainsi les uns & les autres élevent des collines & des montagnes ; & cette passion est si universelle, qu'il y a tres-peu de personnes qui en soient exemptes ; ceux mêmes qui sont dans les conditions les plus viles & les plus basses, imitent ceux qui sont au dessus d'eux, & font plus d'efforts & de dépenses qu'ils n'en peuvent faire pour leur ressembler. On monte par degrez jusqu'aux personnes qui sont dans les premiers rangs, on se les propose, on veut faire ce qu'on leur voit faire, sans être retenus par sa propre impuissance : ce qui fait voir que l'orgueil est répandu dans le cœur de presque tous les hommes, & qu'il ne connoît ni bornes, ni mesures, ni limites ; & veritablement vous n'appercevez point dans toute leur conduite, qu'ils ayent la moindre vüe de cette declaration que Dieu a faite, qu'il détruiroit l'ouvrage des ames orgueilleuses & superbes : *Omnis mons & collis humiliabitur.* *Luc.3.5.*

Vôtre condition, mes Freres, vous donne de quoi éviter ce malheur, puisqu'elle n'est rien que la profession d'une humilité profonde & sincere, & qu'un Moine n'est rien qu'un homme obligé de vivre dans les humiliations

miliations & dans les abbaissemens. Je suppose en cela que vous soyez tels que vous devez être, & que vous vous conteniez exactement dans la verité de vôtre état : car aussi-tôt que vous en sortirez, vous tomberez dans tous les pieges dans lesquels se prennent les gens qui vivent dans le monde. Mais afin que vous ne vous mécomptiez pas dans une affaire de cette importance, il ne vous sera pas inutile de vous dire ce que vous devez faire pour habiter dans les vallées, pour les creuser, & pour ne pas élever des collines & des montagnes.

Vous creuserez des vallées, quand vous observerez avec exactitude toute l'humilité qui vous est prescrite par vôtre Regle, & que vous vous efforcerez de la pratiquer dans toute son étendüe : quand vous vous défierez de vous-mêmes en toutes choses, & que vous regarderez vôtre propre raison comme un mauvais guide qui ne sçauroit que vous égarer si vous le suivez : quand vous vous estimerez inférieurs aux moindres de vos freres ; quand vous aurez la Loi de Dieu devant les yeux dans tous les endroits de vôtre conduite, & que vôtre seule & principale occupation sera de lui plaire ; quand vous vous haïrez, & que vous vous méepriserez vous-mêmes en la maniere que Jesus-Christ vous l'ordonne ; quand vous n'aurez point d'autre discernement que celui des personnes à la direction desquelles il vous a confiez ; quand vous lui pourrez dire d'une bouche veritable & sincere : Seigneur, je me suis laissé conduire à vôtre main toute divine, & je n'ai point eu d'autre volonté que la vôtre : *Tenuisti manum dexteram meam, & in voluntate tua deduxisti me* ; enfin quand vous sortirez entierement hors de vous-mêmes, pour vous abandonner totalement à lui, en lui montrant un cœur dénué de tous sentimens mondains & de toutes affections terrestres, pour n'en plus avoir qui ne soient dignes de lui, & qu'ils ne lui plaisent.

Au contraire, vous éleverez des collines & des montagnes, dés-là qu'en quelque rencontre que ce puisse être, vous écouterez vôtre amour propre, que vous suivrez le mouvement de vôtre cupidité, que vous

Ps. 72. 24.

adhererez à vôtre propre sens, que vous vous laisserez éclairer par vos lumieres, que vous jugerez par vous-mêmes de ce qui vous touche, que vous regarderez vos freres autrement que la sainteté de vôtre profession & vôtre Regle vous y oblige; quand vous verrez leurs défauts, que vous en conserverez la memoire, & que les vôtres ne vous seront pas sensibles; quand vous aurez des raisons pour soûtenir ce qui paroîtra blâmable dans vôtre conduite, & que vous ferez bien aises de trouver de la distinction dans l'esprit de ceux avec lesquels vous vivez.

Voilà, mes Freres, deux voies entierement opposées; & comme je ne doute point que l'Esprit de Dieu ne vous porte & ne vous détermine à suivre la premiere. Je ne doute point aussi, selon sa parole, qu'il ne vous comble de toutes sortes de benedictions, & qu'il ne remplisse tous les vuides que son amour aura creusé dans le fond de vos cœurs. *Erunt prava in directa*; Dieu achevera de les purifier de tout déreglement, il en retranchera tout ce qui pourroit y être encore de vicieux,

Luc. 3. 5.

& y établira cette rectitude & cette integrité si necessaire, pour vous élever à la perfection à laquelle vous sçavez qu'il vous a destinez, & vous rendre dignes de ce bonheur infini, aprés lequel tout le monde devroit soûpirer, *& aspera in vias planas.* Il ôtera toutes ces inégalitez, qui sont comme des effets & des saillies de la cupidité, il applanira les chemins, il rendra les voies entierement égales; la communication sera toute libre entre le Sauveur & les ames qu'il veut sauver; comme rien ne l'empêchera de venir à vous, rien aussi ne vous empêchera d'aller à sa rencontre, & tout homme qui se trouvera dans cette preparation si sainte, joüira de tout le fruit de sa Mission, & sera du nombre de ceux qu'il a eu dessein de toute éternité de sanctifier par son avenement & par sa presence.

Ibid.

CONFERENCE POUR LA VEILLE DE NOEL.

Ecce nunc tempus acceptabile ; Ecce nunc dies salutis. 2. *Cor.* 6. 2.

Nous voici dans un temps de grace ; Voici un jour de salut.

Nous nous trouvons, mes Freres, à la veille d'un jour plein de graces, que nous pouvons avec justice nommer un jour de salut, *dies salutis*. Nous achevons une carriere de benediction ; je veux dire celle de l'Avent, que l'Eglise par une destination particuliere nous a donnée, pour nous disposer à la Naissance du Sauveur du monde, & nous rendre dignes de participer à cette plenitude de graces qu'il vient répandre sur toute la terre. 1.ad Cor: 6.2.

C'est le Messie que les justes depuis l'origine du monde ont attendu avec tant d'impatience, que toutes les Nations ont desiré avec tant d'ardeur : *Expectatio gentium.* C'est celui aprés lequel les Patriarches ont incessamment soupiré, que les Prophetes ont prédit, qu'ils ont demandé par des prieres continuelles, tantôt en s'adressant au Ciel : *Rorate cœli desuper, & nubes pluant justum ;* tantôt en s'adressant à la terre : *Aperiatur terra & germinet Salvatorem.* Enfin comme des ames transportées d'un saint zele, ils se sont adressez à tout ce qu'ils croyoient capable de leur procurer un si grand avantage. Le Pere Eternel, qui pendant le cours de plus de quatre mille ans avoit differé l'execution de ce qu'il avoit déterminé dans ses conseils éternels, se laissant fléchir aux pressantes instances de ses serviteurs, aux gemissemens de ces ames saintes, qui étoient retenües captives dans les enfers, en attendant le moment de leur délivrance, aux besoins & aux necessitez du monde ; en un mot, se laissant aller à sa propre bonté & à sa propre misericorde, envoya son Fils pour affranchir le monde de la servitude du péché, dans laquelle il languissoit depuis tant de siecles :

POUR LA VEILLE DE NOEL. 143

Misit Deus Filium suum, factum ex Gal. 4. 4. *muliere, factum sub lege, ut eos qui sub* & 5. *lege erant redimeret.*

L'Eglise sainte, qui est une Mere Catholique dans sa charité, comme dans sa foi & dans sa créance, & qui prend un soin tout particulier de la sanctification de ses enfans, consacre quelques semaines à une vie plus retirée & plus appliquée que de coûtume aux exercices de Religion, pour nous donner moyen d'imiter la pieté de ces premiers Peres, & nous preparer par des desirs, par des impatiences saintes, & par des ardeurs toutes semblables, à ce grand évenement que nous ne pouvons regarder que comme la destruction du Royaume du péché, comme le salut & le bonheur de tout le monde.

Comme je suis obligé d'entrer dans les desseins d'une Mère si charitable, & de me conformer à toutes ses vûes & à toutes ses inclinations, je n'ai garde de me dispenser de reveiller vôtre attention, d'exciter vôtre foi dans une conjoncture si importante, & de vous exhorter autant qu'il m'est possible, à faire un saint usage des moyens qu'elle vous met dans les mains, de crainte que les temps ne se passent inutilement, & qu'il ne vous reste une douleur mortelle d'avoir si mal ménagé des avantages si precieux, au lieu d'obéir par un transport & par une impetuosité sainte, à l'avertissement qu'elle nous donne, d'aller au devant de celui qui ne sort du sein de son Pere pour venir dans le monde, qu'afin de transferer le monde dans le sein de son Pere : *Ecce rex venit, occurramus obviam Deo Salvatori nostro* : ce sont les paroles qu'elle nous met dans la bouche.

Vous me demandez sans doute ce qu'il faut faire, & de quelle sorte vous devez vous disposer pour recevoir un hoste d'une grandeur & d'une majesté infinie. Je conviens que l'entreprise excede vos forces, qu'il n'y a nul rapport entre ce que vous étes, & celui que vous attendez ; & que si les Anges ne sont pas trouvez purs à ses yeux, on ne peut rien attendre d'un homme qui n'est que poussiere, & qui est né dans la corruption du péché : *Cœli non sunt mundi in conspectu ejus ; quanto magis inutilis*

Iob. 15. 15. et 16.

inutilis & abominabilis homo.

Il est écrit, comme vous sçavez, mes Freres, que si le Seigneur ne bâ- *Ps.126.1.* tit lui-même la maison, c'est inutilement que les hommes s'appliquent à la construire ; leurs mains sont trop impures, leurs entremises trop foibles, & leurs efforts, tels qu'ils puissent être, ne sçauroient avoir aucune proportion avec un ouvrage d'une si grande excellence. Il faut que Dieu s'en mêle, & lui seul est digne d'y mettre la main : & si vous voulez que je vous dise ma pensée, il faut que la preparation de cette maison, qui est vôtre cœur, soit entierement de lui ; il faut, dis-je, qu'elle soit l'effet de son application & de ses soins, afin qu'elle puisse être en état de recevoir celui que nous attendons. Mais ce n'est point assez, il faut qu'il soit lui même la preparation : & pour tout dire en un mot, il n'y a que lui qui merite de recevoir un hôte d'une gloire & d'une majesté que l'on ne peut ni exprimer ni comprendre. Il faut donc que Jesus-Christ établisse dans la maison tout l'ordre & l'arrangement qui y doit être. Il faut secondement qu'il en soit lui-même la beauté & l'ornement. Troisiémement, il faut qu'il y habite, qu'il en soit le Maître & le Seigneur, & qu'il aille au devant de Jesus-Christ qui sort du sein de son Pere, & qui vient en nous tout de nouveau, pour y faire sa demeure.

Vous attendez sans doute, mes Freres, l'explication de cette enigme ; & pour vous tirer de peine, je vous dirai que vous devez obtenir de Jesus-Christ par des prieres instantes, qu'il retranche de vos cœurs, non seulement vos cupiditez, vos inclinations déreglées, & vos mauvaises habitudes ; que non seulement il en déracine les ronces, les épines, & toutes les tiges malheureuses de vôtre amour propre, & & de vos convoitises ; mais qu'il en arrache tout ce qu'il reconnoîtra n'y être point de lui, & qui n'aura point été planté de la main de son Pere, puisqu'il sera indigne d'y avoir aucune place, selon que lui-même nous l'a appris par ces paroles : *Omnis plantatio quam non plantaverit Pater meus cœlestis eradicabitur.*

Matt. 15. 13.

Mais ce n'est point assez, mes Freres ; il ne suffit pas que cette habitation soit nettoyée & purifiée de toutes les saletez & de toutes les choses qui ne doivent point se rencontrer dans un lieu destiné à un si grand usage. Il faut la parer, il faut y mettre des ornemens qui conviennent à la grandeur de celui qu'on y attend ; & comme nous ne sçaurions rien fournir de nôtre propre fond, qui puisse entrer dans un dessein si vaste & si magnifique, & que nôtre bassesse n'a rien en elle qui n'offense la sainteté de ses regards, il faut, comme je viens de vous le dire, qu'il en soit lui-même tout l'éclat, toute la beauté, toute la sainteté, toute la richesse. Il faut pour cela executer le precepte de l'Apôtre, qui nous commande de nous revêtir de JESUS-CHRIST : *Induimini Dominum Jesum Christum.* *Ad Rom. 13. 14.*

Le vétement pare & couvre toute entiere la personne qui le porte. Il la cache de telle sorte qu'il n'y a que lui qui paroisse, & souvent un homme peu considerable par lui-même, étant revêtu d'un manteau de pourpre & d'un habit d'écarlatte, s'attire l'estime & le respect de ceux qui auparavant ne le regardoient qu'avec mépris : cet habit le rehausse & le releve, & lui donne une consideration & une dignité qu'il n'avoit point.

Ainsi, mes Freres, quand nous sommes unis à JESUS-CHRIST par la vivacité de nôtre foi, par le feu d'une charité ardente, & que nous lui sommes intimément attachez, on ne voit que lui dans toute nôtre conduite, on ne remarque que lui dans toutes nos actions, il paroît dans toutes les circonstances de nôtre vie; si nous parlons, c'est JESUS-CHRIST qui parle : *Si quis loquitur, quasi sermones Dei*. Il est par tout, il se montre par tout; il est dans nôtre contenance, dans la modestie de nôtre homme exterieur, dans la regle de toutes nos actions. Il possede aussi tout entier l'homme interieur, il forme tous ses mouvemens, toutes ses inclinations, tous ses sentimens; & il a en nous, & sur nous une autorité si absoluë, que nous pouvons dire comme l'Apôtre: Nous vivons à la verité, mais ce n'est pas nous qui vivons : car c'est JESUS-CHRIST qui vit en nous plus que

1. Pet. 4. 11.

nous-mêmes : *Vivo autem, jam non* *Ad Gal.* *ego ; vivit vero in me Christus.* Enfin *2. 20.* on est revêtu de JESUS-CHRIST quand on ne pense, qu'on ne veut, qu'on ne voit, qu'on n'agit, & qu'on ne parle que par le mouvement & par l'impression de son esprit. Ainsi l'on peut dire qu'il est l'ornement & la beauté du cœur, s'il y regne & s'il s'y trouve avec toutes ces circonstances, & qu'il est son sanctuaire & son Royaume. *Vos estis tem-* *2. Cor. 6.* *plum Dei vivi sicut dicit Deus, quo-* *16.* *niam inhabitabo in illis, & inambulabo inter eos.*

Que si JESUS-CHRIST, mes Freres, a sur nous & en nous cette puissance & cette autorité absoluë, il se peut dire dans le sens de l'Apôtre, qu'il est en nous, & qu'il y agit plus que nous-mêmes. Ce sera donc lui qui formera ce sentiment de foi, de pieté, de Religion, d'amour & de reconnoissance, qui sont les pas & les démarches par lesquelles nous devons aller au devant du Sauveur. C'est ainsi qu'il se recevra lui-même ; & ne doutez point, mes Freres, que si JESUS-CHRIST venant dans le monde, apperçoit JESUS-

CHRIST dans le fond de vos cœurs, il ne s'y donne avec plaisir dans toute cette plenitude de benediction, qu'il y vient répandre, & que vous n'ayez part à cette triple grace exprimée dans la declaration que ses Anges font à tout l'Univers dans le moment de sa Naissance, par ces paroles: *Gloria in altissimis Deo, & in terra pax, in hominibus bonæ voluntas*: Gloire soit au Ciel, que la paix soit en la terre, & la bonne volonté aux hommes. C'est ce qui s'accomplira en vous d'une maniere tout à fait heureuse: car Dieu tirera sa gloire & l'exaltation de son saint Nom de la disposition sainte dans laquelle il vous trouvera: *Gloria in altissimis Deo*. La paix sera donnée à la terre, c'est-à-dire, à la terre de vôtre cœur, *in terra pax*, parce que la paix est l'effet de sa presence, & qu'il l'établit par tout où il est: *Factus est in pace locus ejus*; & pour la bonne volonté, qui n'est rien qu'une conformité sincere & fidele de nôtre volonté avec la sienne, elle est par une suite necessaire dans tous ceux dans lesquels il habite. *In hominibus bona voluntas*.

Luc 2. 14.

Ps. 75. 3.

Que si quelqu'un d'entre vous regardoit cette pensée comme une explication forcée ou violente, il faut qu'il ne fasse pas attention qu'il doit être dans une disposition toute semblable lorsqu'il approche de la sainte Table. Il faut que la charité soit dans son cœur lorsqu'il s'y presente ; il faut qu'il y ait formé Jesus-Christ par la vivacité & par la pureté de sa foi, avant qu'il le reçoive par l'efficace du Mystere. Que si cette disposition est necessaire dans tous ces temps, à plus forte raison dans ce grand jour si celebre, & si distingué entre les autres, & qui doit être consideré comme le jour de tous les biens, de toutes les graces, de toutes les faveurs, & de toutes les benedictions que Dieu a répandues, qu'il répand & qu'il répandra jusqu'à la fin des siecles dans son Eglise : & si quelque chose doit vous obliger à vous tenir prêts dans une si grande conjoncture, & à ne rien negliger de ce que Dieu demande de vous, c'est d'être persuadez, comme vous le devez être, que si vous le negligez, il vous negligera : que si par vôtre peu de soin & vôtre insensibilité, il n'a point dans vôtre cœur la place qui lui est düe, vous n'en aurez point dans son Royaume. Et en un mot, ceux qui ne se seront point mis en état de le recevoir dans ce temps si favorable, comme un liberateur, le reverront au jour de son Eternité, comme un juge impitoyable.

CONFERENCE POUR LE JOUR DE NOEL.

Qui custodierint justa, justè, justificabuntur. Sap. 6. 11.

Ceux qui s'acquitteront justement des actions de justice, auront la recompense des Justes.

IL n'y a rien que vous deviez aprehender davantage, mes Freres, que de ne pas faire tout ce que vous faites de la maniere dont vous êtes obligé de le faire. Dieu qui a prescrit à tous les Chrétiens le fond de leurs devoirs, ne manque pas de regler les moyens & les voyes qu'ils doivent suivre pour s'en acquitter. Tout tombe sous sa Providence, rien ne lui échape : *Sed & capilli capitis vestri omnes numerati sunt.* Luc. 12. 7. Les cheveux même de vôtre tête sont tous comptez ; & vous ne devez point douter que toutes les circonstances de vos actions, comme vos actions mêmes, n'ayent de sa part une destination particuliere. En un mot, faire le bien, c'est quelque chose; mais ce n'est pas assez si on ne s'applique à le faire en la maniere que Dieu veut qu'on le fasse. *Qui enim custodierint justa, justè, justificabuntur.*

Sap. 6. 11.

Ce qui trompe la plus grande partie des gens du monde dans tous les états & dans toutes les professions, c'est qu'ils vivent dans une entiere ignorance de cette verité; & quoiqu'il n'y en ait gueres de plus importante, elle est si peu connuë que vous diriez à voir agir les hommes, qu'ils sont les maîtres de leurs actions, & que dés-là qu'ils se proposent un bien, le choix des moyens & des conduites, dont ils doivent se servir pour y arriver, est uniquement dans leurs mains; & c'est ce qui fait souvent qu'une entreprise sainte en elle-même, perd aux yeux de Dieu par des incidens qui ne sont pas saints, toute sa bonté, son agrément & son merite.

Toute vôtre vie, mes Freres, est sainte, & pourvû que la sainteté n'en soit ni corrompuë, ni alterée, elle est capable de sauver tout un monde ; cependant il peut arriver que faute d'accompagner ce que vous faites des dispositions necessaires, j'entends celles qui sont destinées & reglées par la Providence, cette conversation, cet état, tout excellent qu'il est, vous deviendra inutile ; disons davantage, il vous attirera des punitions rigoureuses, au lieu de vous meriter des recompenses.

Il n'y a rien de plus saint que de passer sa vie dans les jeûnes, dans les veilles, dans la mortification des sens, dans les travaux corporels, dans le silence, dans la meditation de la Loi de Dieu, dans le chant des Pseaumes & des divins Cantiques. Tous ces exercices ont été dictez par le Saint-Esprit. Il en est le maître, & l'instituteur, & il n'a fait qu'employer la main des hommes pour les exprimer dans les regles qu'ils nous ont écrites, comme dans des Tables sacrées ; mais ne croyez pas que cela suffise : car depuis que Dieu a menacé de sa malediction ceux qui s'acquittent avec negligence des choses qu'il leur a commandées, tous les hommes doivent trembler, & parti-

Jer. 48. 10.

culierement ceux qui font employez dans les charges & dans les fonctions les plus faintes.

Cet homme, par exemple, qui fe croit en fureté, parce que l'œuvre auquel il est appliqué, a Dieu pour fon objet ; cet homme qui fe repofe fur ce que fon état n'a rien qui ne foit felon la verité ; fur ce que la gloire de JESUS-CHRIST est toute la fin de fon emploi, & fur ce que ceux qui l'ont établi, n'ont agi que par fon Efprit & par le mouvement de fa grace, fe mécompte groffierement s'il ne s'acquitte de fes devoirs dans l'ordre de Dieu, s'il ne demeure en tout dans fa dépendance, & s'il ne fuit avec attachement, & pas à pas, les voies qu'il lui a marquées pour l'accompliffement de fes volontez.

C'est ce qui m'oblige de vous dire fi fouvent, mes Freres, que vous devez dans ces actions differentes, qui forment comme le corps de vos journées, vous conduire precifément felon les deffeins de Dieu ; j'entends les animer, y joindre l'efprit, les faire avec cette pureté, cette ferveur, ce fentiment qu'il demande des perfonnes qui lui font confacrées,

POUR LE JOUR DE NOEL. 157
enforte que vous puissiez tout ensemble travailler pour sa gloire, & pour vôtre propre salut.

C'est une obligation qui vous est commune avec tous ceux qui appartiennent à JESUS-CHRIST, & vous devez l'inferer de tout ce que nous venons de vous dire : car comme il s'est donné pour modele & pour regle, il faut qu'ils le suivent ; & comme il n'a jamais rien fait de lui-même, & que dans tous les endroits de sa vie, il a été dans la main de son Pere, *Non possum à me ipso facere* Joan. 5. *quidquam*; Il faut aussi qu'ils dépendent en tout, & que leur soin soit d'étudier toutes ses intentions, afin de les executer au pied de la lettre, & d'apprendre de lui de quelle sorte, & de quels moyens ils doivent user pour s'acquitter des emplois dont il lui a plû de les charger. C'est ce que nous voyons dans l'exemple de JESUS-CHRIST, aussi-bien que dans sa parole, & ce que nous ne sçaurions ne pas pratiquer, à moins que de vouloir nous separer de la soumission que nous sommes obligez de lui rendre en qualité de ses serviteurs & de ses disciples.

Sçachez donc, mes Freres, que vous offensez Jesus-Christ comme Chrétiens, & que vous contrevenez à ses ordres, si vous ne faites pas tous vos efforts pour vous acquitter des devoirs de vôtre profession, avec toute la pieté & la perfection qu'elle renferme ; si vous faites avec negligence ce qu'il veut que vous fassiez avec ferveur ; si au lieu de marcher dans ses voies avec cette vigueur & cette promptitude, qui marque le zele que vous avez pour son service, on vous y voit avec une langueur qui témoigne que ce n'est que la necessité toute seule de vôtre engagement qui vous pousse & qui vous entraîne ; si au lieu de chanter les loüanges du sentiment & de la plenitude de vos cœurs, vous ne le faites que du bout de vos lévres ; Enfin si vous vous contentez de la lettre qui tuë, & qui donne la mort, au lieu d'animer vôtre conduite de l'Esprit qui donne la vie. Ce mal que vous faites comme Chrétiens, augmente de beaucoup, à cause de l'avantage que vous avez d'être attachez à Dieu par la consecration de vos vœux.

Premierement cette alliance étroite que vous avez contractée avec Jesus-Christ, vous oblige, sans comparaison, plus que le reste des hommes, à observer toutes ses volontez, & à ne laisser passer aucune occasion de lui plaire. La grace qu'il vous a faite de vous unir à lui par des liens si nobles & si pressans, veut que vous soyez remplis d'un desir ardent d'embrasser tous ses desseins; & vôtre ingratitude seroit d'autant plus noire, & vôtre infidelité d'autant moins pardonnable, que vous aurez eu plus de part à sa misericorde & à sa bonté; & s'il mesure comme il le fera sans doute, la punition à la qualité de la faute, & la faute à la grandeur des dons, il n'y a point de supplice que vôtre desobéïssance ne merite: *Effundens iram secundùm misericordiam suam.* Ecli. 16. 12. & 13.

Secondement vous ajoûtez au péché que vous commettez, le crime de l'hypocrisie. Le monde qui juge de vos dispositions interieures, par les actions qui frappent ses yeux, se persuade que Dieu occupe tout le sentiment de vôtre cœur; que vous meditez sa Loi sainte les jours & les nuits ; il croit, dis-je, que n'ayant plus de communication avec les hommes, vous avez un commerce continuel avec ses Anges. Il se figure qu'étant dans un dégagement actuel des choses d'ici-bas, vôtre conversation est toute dans le Ciel ; & qu'étant entierement morts à la terre, vous ne vivez plus que de JESUS-CHRIST & pour JESUS-CHRIST. Et pendant que l'on forme de vous des pensées si avantageuses, vous obéïssez à vos cupiditez ; elles vous separent secretement de Dieu, elles vous possedent, elles appesantissent vos ames, elles les tiennent liées, elles en dominent toutes les puissances, ensorte que vous servez Dieu, si cela s'appelle le servir, d'une maniere indigne de vous, indigne de lui, indigne de sa Majesté suprême, comme de la sainteté de vôtre état. Enfin vous portez la malediction de Dieu, lorsque les hommes abusez par vôtre conduite exterieure, vous considerent comme des gens de benediction, & vous mettent au nombre de

Ps. 117. 26. ceux dont il est dit : *Benedictus qui venit in nomine Domini* : Beni soit celui qui vient au nom du Seigneur.

Ô que les loüanges qui vous viennent de la part des hommes vous coûteront cher! Que de larmes ameres vous répandrez pour tous ces témoignages d'estime & de consideration que vous n'avez point meritées! Souvenez-vous de cette parole terrible: *Væ peccatori terram ingredienti duabus viis*: Malheur au pecheur qui marche sur la terre par deux voies. Le pécheur est maudit de Dieu, quand ses actions ont l'apparence d'être de Dieu, & qu'il ne tend qu'à plaire aux hommes.

Ecclef. 21. 14.

Pensez donc, mes Freres, & appliquez-vous ce que je vous dis dans le moment que je vous parle. Il est tres-possible qu'un Religieux qui s'est privé de toutes les consolations, & de tous les biens de ce monde, qui vit dans la pratique de ces exercices exterieurs, & de ces occupations regulieres, qui va droit devant les hommes, je veux dire qui ne fait pas de ces chûtes éclatantes, qui sont incompatibles avec la pieté, dont il fait profession, soit renversé par terre au jugement de Dieu, comme dit Saint Gregoire, rejetté & vomi de son cœur, pour parler selon l'expres-

Tome I. O

sion de l'Ecriture, comme une viande dégoûtante, qu'on ne peut plus regarder qu'avec horreur. Pensez, ce qui est bien davantage, qu'il n'est pas necessaire que cette viande soit entierement corrompuë pour être rejettée; mais qu'il suffit qu'elle soit fade, & qu'elle ait quelque qualité ou quelque malignité qui fasse que l'estomac ne la puisse supporter. Ce n'est point parce que tu es un scelerat, un homicide, un blasphemateur, dit le Saint-Esprit; parce que tu es un ennemi declaré de toutes mes volontez, que je t'abandonne; mais parce que tu es tiede, tu es indifferent à mon égard, que tu ne réponds pas à mes bontez, & que tu n'es pas touché comme tu le devrois être des marques que je t'ai données, & que je te donne tous les jours de l'amour que j'ai pour toi: *Quia tepidus es incipiam te evomere ex ore meo*: ce sont les paroles de la Verité éternelle.

Apoc. 3. 16.

Qu'un Religieux aprés cela juge bien de lui-même, parce qu'il est dans les mêmes exercices que ses freres; qu'il s'acquitte des mêmes pratiques, qu'il se trouve dans les mêmes travaux, & dans les mêmes occupations ; je n'ai rien à répondre, le Saint-Esprit le fait pour moi : *Ha-* *Ioan. 12.* *bet qui judicet eum, sermo quem locu-* 48. *tus sum.* Mais je vous dirai en un mot, que s'il fait toutes ses actions, quelques saintes qu'elles paroissent, avec negligence, avec lâcheté, & avec tiedeur, il faut qu'il sçache que cette disposition par ses suites & par ses consequences peut lui fermer pour jamais les portes du Royaume de JESUS-CHRIST.

JESUS-CHRIST, mes Freres, veut que ses épouses ayent des sentimens enflâmez ; il veut qu'elles courent à l'odeur de ses parfums ; c'est-à-dire, que sa beauté les attire, les charme, les ravisse, & que l'on apperçoive dans toutes leurs actions, des traits & des caracteres de ce feu divin qui les embrase, & qui les consume ; & dés-là qu'elles sont indifferentes, il ne les regarde que comme des infideles. J'en dis trop pour ceux qui ne considereront les choses que dans la surface, mais pour ceux qui les verront dans le fonds, dans le principe & dans la verité, il faut qu'ils conviennent que je n'avance rien qui ne soit plein de raison & de ju-

O ij

stice : car qui est-ce qui fait que ce Religieux s'acquitte de ses devoirs avec negligence ? On trouvera, si on en cherche la cause, que c'est qu'il s'abandonne à la paresse ; qu'il écoute la voix de la nature, qui est ennemie de tout assujettissement, qu'il se laisse aller à ses convoitises, qu'il souffre que ses passions soient ses maîtresses. On trouvera, dis-je, qu'il languit dans un assoupissement volontaire, qu'il vit dans la dissipation, qu'il se livre à ses pensées, à ses imaginations, qu'il conserve le souvenir des actions de ses freres qui lui auront déplû. On trouvera qu'il y a des creatures qui l'occupent au prejudice de ce qu'il doit à Dieu, qui le lient, qui le captivent, & que sa mollesse est si grande & si consommée, qu'il ne daigne point faire un pas, ni un effort pour sortir de cette malheureuse servitude. Et tout cela ne se passe en lui, que parce qu'il est vuide de cet amour & de cette charité qui doit remplir toute la capacité de son cœur. Et comme cette charité est la robe nuptiale, dans le sentiment de tous les Saints, sans laquelle on ne peut être reçû dans la chambre de l'époux, cette privation suffit pour le perdre ; elle le défigure aux yeux de Jesus-Christ, & elle le prive, & peut-être sans retour du bonheur de sa presence.

Comme on ne peut vous donner trop d'éloignement de cette conduite, on ne peut aussi se servir de trop de raisons & de trop d'exemples pour vous en faire connoître la difformité & l'injustice. Si par exemple, un Architecte avoit eu ordre d'un grand Prince de lui bâtir un Palais magnifique, qu'il lui eût donné pour executer ses ordres & ses intentions, des pierres & des materiaux d'un grand prix, comme du marbre, du porphyre, du jaspe ; & qu'au lieu de travailler avec toute l'étude, d'y employer tout l'Art & toute la finesse possible, de garder les mesures & les proportions qui en doivent faire la richesse, l'ornement & la beauté, il se contentât de les disposer & de les tailler d'une maniere brute & grossiere, qui n'eût aucun rapport à l'excellence & à la noblesse du dessein ; un ouvrage si mal entendu & si mal conduit, ne seroit pas seulement regardé du Prince, & l'Architecte qui l'auroit trompé ne trouveroit en lui que de l'indignation & de la colere, au lieu de la recompense qu'il en auroit attenduë.

Vous étes, mes Freres, cet Architecte; JESUS-CHRIST est le Prince; ce Palais c'est la maison de vôtre ame, que vous devez construire avec tant d'ordre, de disposition, & de magnificence, qu'elle soit digne d'être son temple & son sanctuaire. Les materiaux dont vous devez vous servir pour élever cet édifice, sont tous ces differends exercices de pieté, de Religion, de discipline, de mortification exterieure & interieure, dans lesquels vous passez vos jours. Mais si au lieu de vous acquitter de ces devoirs avec toute la vertu, la sainteté & la perfection que vous devez, vous n'y satisfaites qu'avec cette negligence, cette langueur, cette inapplication si contraires à toutes ses vûës & à toutes ses esperances, sçachez que vous n'avez rien à attendre de lui que des châtimens rigoureux, & que vous étes à son égard comme si en la place d'une demeure superbe & digne de sa grandeur, vous lui aviez bâti une maison de villageois ou une cabane de berger. Voilà, mes Freres, de quelle sorte ceux qui s'imaginent se sauver par le fonds de leur vie & de leur état, se mécomptent & se perdent malheureusement, par des manieres & per des circonstances qui n'ont pas le rapport qu'elles doivent avoir aux ordres de Dieu, & à la dignité de leur profession.

CONFERENCE
POUR LE JOUR
DE LA CIRCONCISION.

Quotidie morior. 1. Cor. 15. v. 16.

Je meurs tous les jours.

Vous m'avez entendu dire bien des fois, mes Freres, que rien ne me donnoit une idée plus vive de la fin de ma vie, que ce renouvellement d'années ; cette difference de compter, entre celle qui se termine, & celle qui lui succede ; & quoique cette succession se rencontre dans les jours, dans les semaines & dans les mois, elle est, ce me semble, plus sensible dans le changement des années, parce qu'elle nous marque l'écoulement d'une partie de nos jours, plus grande & plus considerable. Et dans la verité si les hommes pensoient avec quelle violence & quelle promptitude ils nous échappent, il n'y a personne qui ne

dit

dit du fond de son cœur, ce que disoit ce grand Apôtre : *Quotidie morior*, je meurs tous les jours : car à le bien prendre on commence à mourir, aussi-tôt que l'on commence à vivre. Le premier pas que l'on fait dans la vie, conduit & mene droit à la mort ; on y marche avec vitesse, on s'y avance sans interruption : *Transvolantibus momentis rapiuntur cuncta, torrens rerum fluit*. Tout passe avec une rapidité & une vitesse qu'on ne peut exprimer. On dit d'un homme malade, qu'il s'en va mourant ; pourquoi ne le pas dire d'un homme qui est en santé, puisqu'il porte dans son sein la cause & le principe de sa mort ; je veux-dire la défaillance & la mortalité de la nature ? Le premier s'apperçoit de son état, parce que la douleur qu'il ressent l'en avertit sans cesse ; l'autre n'y pense pas, & arrive peu à peu à l'extremité de sa course : C'est un homme qui a une ulcere caché, qui mange & qui devore une partie de lui-même, d'une maniere qui ne lui est pas sensible.

Si vous voyiez un Marchand faire voile au de-là de la ligne, la prouë

1. Cor. 15. 31.

Aug. in Ps. 38.

de son vaisseau tournée du côté de l'Orient, & que vous lui demandassiez où il va, il vous répondroit sans doute qu'il s'en va aux Indes, ou à la Chine. Demandez à un homme en ce monde, où il va, il vous répondra, s'il est sincere, qu'il va droit à la mort, qu'il suit l'ordre de Dieu qui l'y appelle, & qui l'y a destiné. Le premier n'a pas manqué de donner ordre à ses affaires, de prendre toutes ses mesures, & de se munir de tout ce qui lui est necessaire pour rendre sa navigation heureuse, dans le trafic, dans le commerce, & dans le gain qu'il s'est proposé : & celui-ci qui est engagé dans un voyage d'une consequence infiniment plus grande, n'a peut-être pas fait une action ni une démarche utile, pour le dessein qu'il a, ou qu'il doit avoir ; & on en voit des milliers qui finissent cette course, toute importante qu'elle est, sans y avoir pensé. Y eut-il jamais d'extravagance pareille à celle de n'être ici-bas que pour quelques momens, & d'y vivre & de s'y conduire, comme si on ne devoit jamais en sortir? Profitez, mes Freres, de la folie des mondains ; soyez sages à leurs dépens ; gemissez de ce qu'ils s'appliquent à faire des fortunes immenses, à accumuler des tresors, à construire des Palais & des maisons magnifiques, à se donner tout entiers, pour acquerir de l'honeur & de la gloire ; déplorez leur aveuglement, comme si vous les voyiez bâtir sur le sable & semer sur les épines & sur les rochers, puisque tous leurs soins & leurs travaux sont inutiles, & qu'il ne leur en reviendra qu'un regret, & qu'un repentir amer d'avoir si malheureusement, & si inutilement perdu & leur temps & leurs peines.

Si vous me demandez ce qu'il faut faire pour éviter le malheur dont je vous fais une peinture si triste, je vous dirai que vous le trouverez dans le mystere que nous celebrons aujourd'hui, je veux dire dans la Circoncision de Jesus-Christ ; & si vous la considerez avec esprit, avec attention & avec pieté, vous y verrez toutes les instructions qui sont necessaires pour profiter de cette revolution d'années dont je viens de vous parler, & pour vous disposer à la mort.

La premiere pensée qui m'est venuë sur ce Mystere, a été celle d'admirer la ponctualité avec laquelle JESUS-CHRIST obéit aux ordres de son Pere. Il sçait qu'il y a une loi établie, qui veut que les enfans soient circoncis le huitiéme jour aprés leur naissance. Il lui suffit que cela soit, & sans écouter les raisons par lesquelles il pouvoit s'en exempter, il s'y soumet & l'embrasse, nous donnant un grand exemple de la fidelité & de la promptitude avec laquelle nous devons obéir à toutes ses volontez.

De tous les preceptes le plus important, à ce qu'il me paroît, est celui que JESUS-CHRIST a prononcé de sa propre bouche : *Estote parati, quia qua hora non putatis, Filius hominis veniet* : Tenez-vous toûjours prêts, car le Fils de l'homme viendra à l'heure que vous ne pensez pas. Je vous dis que c'est le plus important ; parce que c'est celui auquel tous les autres se rapportent, & qu'il renferme tous ceux qui peuvent contribuer à nous donner les preparations necessaires à la mort, selon les états & les conditions differentes où nous nous trouvons,

C'est pour cela qu'on est chaste, c'est pour cela qu'on est temperant, que l'on est charitable, qu'on est patient, qu'on pardonne les injures, qu'on quitte le monde, que l'on se separe des hommes, que l'on se remplit de vertus & de qualitez saintes, & enfin que l'on évite tout ce qui ternit la pureté du cœur; en un mot si vous voulez vous mettre dans la preparation necessaire, soyez dés-à-present ce que vous voudriez être à l'instant de la mort. Ce que vous haïrez pour lors, haïssez-le dés-à-present: ce que vous condamnerez pour lors, condamnez-le; ce que vous voudrez avoir rejetté, rejettez-le: Au contraire aimez ce que vous aimerez, & embrassez ce que vous embrasserez dans ce dernier moment.

Quoique ce precepte soit pour tout le monde, & qu'il n'y ait personne qui ne soit obligé de le pratiquer, il n'y en a presque point qui le connoisse ni qui le considere pour tel qu'il est. On le regarde assez comme une exhortation, comme un avis salutaire (je ne parle point des libertins qui tournent en raillerie les choses de la Religion les plus saintes) mais de ceux mêmes qui vivent avec quelque regle, & qui disent qu'ils pensent à leur salut ; mais pour le prendre comme un commandement formel, comme une obligation presente, c'est ce qu'on ne viendra pas à bout de leur persuader. Ils veulent vivre, & ne songent pas à mourir ; ils sont tous pleins de choses sensibles & passageres ; mais pour l'Eternité, ce n'est pas ce qui les occupe.

Que faut-il donc faire, me direz-vous, en quel temps & comment est-ce qu'il faut s'acquitter de ce precepte ? Consultez, mes Freres, la Verité éternelle, elle éclaircira vôtre doute, elle vous apprendra que c'est toûjours & en tout temps : *Vigilate*, dit le Sauveur du monde, *quia nescitis diem, neque horam*. Puisque ni le jour, ni l'heure ne vous est point connüe, & qu'il n'y a point d'instant qui ne puisse être celui de vôtre mort, il ne faut point aussi qu'il y en ait un seul auquel vous ne soyez obligez de veiller, pour empêcher qu'elle ne vous surprenne, & l'incertitude suffit pour que l'œil de vôtre attention ne se ferme jamais sur un devoir si important & si necess-

Matt. 25. 13.

faire. *Vigilate*, dit le Fils de Dieu, c'est-à-dire, agissez & travaillez, parce que la vigilance seroit inutile, si elle étoit sans œuvres & sans actions.

Pour la maniere, mes Freres, si vous étes en peine de la sçavoir, je vous dirai que vous y satisferez lorsque vous aurez Dieu en vûë dans toute vôtre conduite; que vous vous proposerez en toutes choses de lui plaire ; que vous executerez ses ordres avec toute l'exactitude que vous pourrez ; que vous lui rapporterez toutes vos pensées & toutes vos actions. Enfin quand vôtre soin principal sera de connoître ses volontez & de les suivre, puisque ceux qui font sa volonté le craignent ; & qu'il écoute (comme il nous le declare par la bouche de son Prophete) ceux qui ont sa crainte, qu'il exauce leurs prieres, & qu'il les recevra dans son Royaume : *Voluntatem timentium se ficiet, & deprecationem eorum exaudiet, & salvos faciet illos.* Pf. 144. 20.

La seconde reflexion que j'ai faite, mes Freres, sur le même sujet, a été l'obligation dans laquelle nous sommes de nous dépoüiller de tout

P iiij

ce qui n'est pas capable de nous rendre heureux & de nous preparer à une mort sainte. La Circoncision exterieure de Jesus-Christ est la figure de ce retranchement intérieur, de cette division spirituelle, à laquelle ceux qui veulent lui plaire sont si étroitement obligez. Il faut qu'elle soit entiere, il faut ôter du champ de nôtre cœur, sans restriction & sans menagement, tout ce que nous y avons qui n'y doit point être, de crainte de tomber dans le malheur de ce Prince infortuné, qui, pour avoir conservé par une desobéïssance palliée d'un pretexte de Religion, ce que Dieu lui avoit commandé de détruire, s'attira sa malediction pour jamais.

1.Reg.15. 15.

Sçachez donc, mes Freres, afin de ne vous pas mécompter dans un devoir de cette nature & de cette importance, que vous ne devez pas borner ce dépoüillement dont je vous parle, aux vices, aux excés, aux crimes & aux cupiditez grossieres: *Non sufficit deponere vos secundùm pristinam conversationem veterem hominem qui corrumpitur secundùm desideria erroris.* Ce sont des desordres aus-

Ephes. 4. 22.

quels on ne peut penser sans horreur; mais il faut que vôtre renoncement se porte & s'étende jusqu'aux pensées, aux paroles & aux actions inutiles, ensorte qu'il ne se passe rien en vous qui ne vous serve & qui ne vous conduise à la fin à laquelle vous devez tendre. Et comment pourriez-vous croire qu'il vous fût permis d'avoir des pensées inutiles, sçachant que le Saint-Esprit donne sa malediction par son Prophete, à ceux qui s'en occupent, *Væ qui cogitatis inu-* Mich. 2: *tile*? Et la raison de cette declaration si severe, si vous la voulez sçavoir, c'est que l'homme est fait uniquement pour s'occuper de Dieu; sa raison ne lui a été donnée que pour mediter sa Loi sainte, afin de se remplir & de s'instruire des veritez qu'elle enseigne. Dés-là qu'il s'applique & qu'il se laisse aller à des objets qui ne lui servent de rien, il s'éloigne du dessein de Dieu, & fait de sa raison un usage contraire à celui qui lui a été prescrit; & cette pensée que l'on traite d'inutile, renferme en elle-même un défaut réel & effectif, puisqu'il se peut dire, qu'elle n'est pas conforme à ses intentions : Et puisqu'on passe presque toûjours d'une pensée inutile, à une pensée mauvaise ; ensorte que celui qui veut bien tenir son esprit dans l'inutilité, s'expose à faire des chûtes & à commettre des maux, qui souvent ne lui sont pas connus.

Pourriez-vous vous imaginer, mes Freres, qu'il n'y eût aucun mal de dire des paroles inutiles, n'ignorant pas qu'il ne vous en échappera pas une seule, dont JESUS-CHRIST ne vous fasse rendre un compte rigoureux : *Omne verbum otiosum, quod locuti fuerint homines, reddent rationem de eo in die judicii ?* Cette menace est toute pleine de justice. L'homme doit adorer Dieu, ou par son silence, ou par sa parole, c'est-à-dire, par le recueillement du cœur, lorsque le refusant aux choses interieures, il le donne uniquement à Dieu dans la meditation & dans la priere. Mais quand une necessité veritable le tire de cet état, il faut que la parole l'honore, & qu'il en use avec tant de regle, tant de justice & tant de verité, qu'il fasse precisément ce que dit l'Apôtre : *Si quis loquitur, quasi sermones Dei,*

Matt. 12. 36.

1. Pet. 4. 11.

POUR LE JOUR DE LA CIRCONCIS. 179
Si quelqu'un parle, qu'il paroisse que Dieu parle par sa bouche, c'est-à-dire, qu'il n'y ait rien qu'on puisse reprendre & qui ne donne de l'édification. C'est ce qu'il ne fait pas quand il se répand dans les choses vaines ; & croyez que si l'on n'a donné que le nom d'inutile, à ces sortes de conversations, ce n'est pas qu'elles n'ayent du dereglement, mais c'est qu'on les compare à celles qui sont plus vitieuses & plus criminelles.

Vous ne jugerez pas sans doute plus favorablement des actions inutiles, puisque Jesus-Christ s'explique contre elles d'une maniere si severe, lorsqu'il maudit ce figuier qu'il trouva veritablement chargé de feuilles, mais qui n'avoit point de fruit. L'inutilité lui déplaît, & il ne peut souffrir que le temps qui est si pretieux, qui, à proprement parler, est le prix avec lequel les hommes doivent acheter l'Eternité, soit employé à des choses vaines & frivoles ; qu'ils dissipent sans scrupule, ce qu'il a obtenu pour eux de la bonté de son Pere, par toutes ses souffrances, par la perte de sa Vie & par l'effusion de

Marc. 11. 14.

son Sang. Il faudroit, mes Freres, que l'on eût incessamment le fer dans la main pour abbattre, pour couper, pour déraciner & pour détruire, selon les paroles du Prophete : *Ut evellas & destruas, & disperdas & dissipes.* Mais s'il y a si peu de personnes qui ayent assez de zele pour la gloire de JESUS-CHRIST, & assez d'attachement à ses intentions, pour prendre le soin d'éviter les pensées, les paroles, les actions vaines & inutiles, au moins plût à Dieu qu'on eût assez de desir de lui plaire, pour entreprendre la destruction des déreglemens plus importans & plus remarquables, dont la plûpart du temps les ames sont toutes défigurées, & qu'on eût à cela une application sincere & fidele, on obtiendroit bien-tôt de Dieu la grace d'en faire davantage, & de passer aux choses qui ne paroissent rien, que parce qu'elles font moins de dommages, & que les effets en sont moins sensibles. Mais bien loin de cela s'il arrive que l'on fasse tant que de retrancher les vices scandaleux, & les habitudes honteuses & grossieres, dont parle JESUS-CHRIST,

Jerem. c. 1. 10.

lorsqu'il dit: *Ab intus enim de corde ho-* Marc. 7. *minum malæ procedunt cogitationes,* 21. *adulteria, fornicationes, homicidia, furta, avaritia, &c.* On se persuade que l'on en fait assez, & on se laisse aller sans scrupule à toutes les mauvaises inclinations de l'esprit, à l'orgueil, à la vanité, à la presomption, à l'impatience, à la colere, au chagrin. On desire de l'honneur, on veut de la gloire, on veut se concilier l'estime & l'opinion des hommes. Enfin cette terre que l'on avoit comme défrichée, en arrachant toutes les plantes veneneuses dont nous venons de parler, se recouvre tout de nouveau d'une abondance de mauvaises herbes, qui ne font ni moins nuisibles, ni moins dangereuses.

Vous voyez, mes Freres, comme quoi les hommes profitent peu des moyens que Dieu leur presente, & des instructions qu'il leur donne : vous voyez le peu de fruit qu'ils retirent de ces Mysteres ; ne faites pas comme eux, donnez-lui ce qu'il vous demande & ce qu'ils lui refusent, & ne retenez pas malgré lui les vieux vétemens, dont il vous ordonne de vous dépoüiller, & que vous ne pouvez conserver sans l'offenser & sans lui déplaire. Cette nudité est vôtre richesse & vôtre ornement, & il n'y a rien qui vous pare davantage, ni qui puisse vous rendre plus dignes de la couronne à laquelle vous aspirez.

Il m'est venu, mes Freres, deux autres considerations ; je les mets toutes deux ensemble, afin de n'être pas long : c'est sur la maniere dont Jesus-Christ s'est abandonné à l'ignominie attachée à la Loi, à laquelle il se soumet, & à la douleur qui en étoit inseparable. Jesus-Christ, comme je vous l'ai dit, embrasse l'une & l'autre, sans écouter aucune des raisons par lesquelles il pouvoit s'en dispenser. Car ne pouvoit-il pas dire qu'une Loi purement établie pour les pécheurs, ne regardoit pas le Saint des Saints ; que cet état auquel il se réduisoit lui-même, pouvoit affoiblir l'autorité qui lui étoit necessaire, pour s'acquitter de sa Mission ; & qu'il auroit plus de peine à persuader sa Divinité aux hommes, quand ils se souviendroient de l'humiliation dans laquelle ils l'auroient vû ? Que cette ceremonie convenoit mieux à celui qui avoit besoin d'être sauvé, que non pas à celui qui venoit sauver les autres. *Circumcisio magis salvandi quam salvatoris esse videtur?* Ne pouvoit-il pas être touché des interêts de sa Mere, étant malaisé qu'on le regardât comme un homme ordinaire, sans perdre la croyance que l'on devoit avoir de sa sainteté, & de ce qui s'étoit passé en elle par l'opération du Saint-Esprit ? Toutes ces pensées ne font aucune impression sur lui ; la gloire de son Pere, & la sanctification des hommes l'emporte & le détermine. Il sçait que plus son rabaissement sera profond, plus l'exaltation de son saint Nom sera grande. Et pour les hommes, comme ils sont également combattus par les passions de l'esprit, & par celles des sens, il ne pouvoit rien faire qui leur fût plus avantageux, que de leur apprendre par son exemple, à s'humilier & à souffrir, pour reprimer les mouvemens de l'orgueil, qui est le principe de tous les desordres du cœur, & reprimer tout ensemble les dereglemens des sens, si contraires à la pureté qu'il demande dans tous les Chrétiens, qui sont ses Disciples.

S. Bern. serm. de Circumcõ.

Ce sont des instructions que les gens du monde ne sçauroient ni goûter ni comprendre ; car, comme je vous l'ai dit bien des fois, ils ne veulent ni s'humilier, ni souffrir ; & l'obligation qu'ils ont d'imiter Jesus-Christ, ne les porte presque jamais à vouloir exprimer dans leur conduite, les moindres traits de ses humiliations & de ses souffrances. Ils l'imitent dans les choses qui ne coûtent rien ; mais quand il faut prendre sur eux-mêmes, aller jusqu'au vif, & se retrancher dans les choses sensibles, c'est à quoi ils ne sçauroient se resoudre. Cela s'appelle vouloir bien suivre Jesus-Christ sur le Thabor, & l'abandonner quand il va sur le Calvaire ; & aussi comme ils rejettent également les peines du corps & les afflictions de l'esprit, qui sont les veritables moyens par lesquels nos ames se purifient, & se rendent dignes d'une mort sainte, ils ne sont jamais disposez à mourir, à moins que Dieu ne les y prepare par des voies extraordinaires ; & ils sont bien éloignez de penser & de dire comme l'Apôtre : *Quotidie morior*, Je meurs tous les jours.

Que

Que vous êtes heureux, mes Freres, je dis vous & tous ceux qui sont engagez dans l'état où vous vous trouvez, de ce que Dieu a rempli vos cœurs des veritez que ceux qui vivent dans le siecle ne veulent pas seulement entendre, & de ce qu'il vous en a rendu la pratique si aisée. C'est un bonheur que Dieu vous a destiné dans ses conseils éternels : C'est le partage des Solitaires, c'est un avantage attaché à la vie penitente & retirée. Mais bien loin de vous élever au dessus de ceux que Jesus-Christ n'a pas traité avec le même amour, & avec la même preference, il doit vous tenir à ses yeux, comme à ceux des hommes, dans un sentiment profond & continuel de vôtre bassesse, n'y ayant que ce moyen-là de vous conserver les graces qu'il vous a faites, & de lui donner des marques de vôtre reconnoissance.

Il ne se peut que vous ne vous apperceviez, que sans aller plus loin, vous trouvez dans vôtre propre état, ce qui vous est necessaire pour vous acquitter de ces quatre obligations que je vous ai proposées. Car n'est-ce pas satisfaire à la premiere qui vous est marquée dans la ponctualité avec laquelle Jesus-Christ a obeï à son Pere, puisque toute vôtre vie n'est rien qu'une suite & qu'un enchaînement d'actions commandées & prescrites ? N'est-ce pas satisfaire à la seconde, je veux dire, à ce dépouillement interieur, puisque vous ne faites rien davantage que de renoncer à vos affections, à vos sentimens à toutes vos volontez, en vivant dans une perpetuelle dépendance, & en évitant les pensées, les paroles & les actions inutiles, par une distribution de vôtre temps, si précise, qu'il n'y en a pas un moment, pas une circonstance qui ne tombe sous l'obeïssance ? Enfin n'est-ce pas satisfaire à la troisiéme & à la quatriéme, je veux dire vous humilier & souffrir, en gardant avec exactitude ce que vôtre Regle vous ordonne sur ces deux devoirs, dont je vous ai fait voir si souvent l'importance, la necessité & l'étenduë ? Je suppose en tout cela, mes Freres, que vous ne vous contentiez pas de les observer à la lettre, & dans une soumission judaïque & materielle, mais avec cet esprit, cette pieté, & cette Religion, sans laquelle les pratiques les plus saintes ne font que causer la mort, au lieu de donner la vie qu'on en espere.

Voilà, mes Freres, le fruit & l'utilité que vous devez tirer de la Circoncision de JESUS-CHRIST: voilà de quelle sorte vous devez profiter de la pensée de la mort, de laquelle ce renouvellement d'années a dû vous rappeller la presence ; & ne doutez point que Dieu ne soit touché de la fidelité que vous aurez à suivre les instructions, & à vous conduire par les lumieres qu'il a renfermées dans ce Mystere ; qu'il ne vous comble de benedictions, non pas pour une année seulement, mais pour une vie toute entiere : & vous vous verrez avec joie à la fin de vôtre course, dans le nombre de ses serviteurs soigneux & fideles, desquels, selon la parole du Prophete, les journées se trouveront toutes remplies. *Dies pleni invenientur in eis.* Ps. 72. 10.

CONFERENCE POUR LE JOUR DES ROIS.

Apparuit gratia Dei Salvatoris noſtri omnibus hominibus erudiens nos, ut abnegantes impietatem & ſæcularia deſideria ſobriè, & juſtè & piè vivamus. *Ad Tit. 2. 12.*

La grace de Dieu nôtre Sauveur s'eſt fait voir à tous les hommes, pour nous apprendre à renoncer à l'impieté, aux affections terreſtres, & à vivre avec temperance, pieté, & juſtice.

CE ſont-là les paroles, mes Freres, que l'Egliſe nous a mis dans la bouche, le jour de la Circoncifion de JESUS-CHRIST; mais nous pouvons vous dire, qu'il n'y en a point qui conviennent davantage à cette grande Fête qui vient de nous être annoncée dans le Martyrologe.

JESUS-CHRIST eſt venu comme la foi nous l'apprend, pour ſauver tout le monde, & la redemption de tous les hommes a été la fin de sa Mission sur la terre. C'est pour cela qu'il est sorti du sein de son Pere ; c'est ce qu'il s'étoit proposé dans ses conseils éternels. Néanmoins il est certain que dans le jour de sa Naissance, c'est particulierement à son peuple qu'il a voulu se montrer, & lui faire sçavoir en la personne des Pasteurs, par le ministere de ses Anges, qu'il étoit descendu ici-bas pour la gloire du Ciel & pour la paix de la terre, *Gloria in altissimis Deo, & in terra pax hominibus.* Sa Circoncision se passa de même au milieu de tous ceux qui étoient soumis à la Loi. Mais aujourd'hui il paroît & se montre à tout le monde en la personne des Mages : Il les appelle des extremitez de la terre, *Apparuit omnibus hominibus.* C'est une vocation universelle ; toutes les nations du monde y ont part ; il leur donne les premiers avis & les premiers sentimens de lui venir rendre des témoignages de leur foi, de leur culte & de leur Religion ; & c'est precisément dans cette grande journée que l'on a vû l'accomplissement des paroles du Pro-

Luc. 2.
14.

phete: *Populus qui ambulabat in tenebris vidit lucem magnam: habitantibus in regione umbræ mortis, lux orta est eis.* Le peuple qui marchoit dans les tenebres a vû une grande lumiere, & ceux qui habitoient dans la region obscure de la mort, ont été frappez d'une clarté à laquelle ils ne s'attendoient pas. La dureté des Juifs n'empêchoit point que la lumiere ne fût parmi eux : car ils avoient la Loi, les instructions & les oracles des Prophetes ; mais pour le reste des hommes, quoiqu'ils eussent cette lumiere qu'ils reçoivent de Dieu avec la naissance, exprimée en ces termes par le Prophete : *Signatum est super nos lumen vultus tui Domine* : La lumiere de vôtre visage, Seigneur, est gravée sur nous ; ils avoient été jusqu'alors privez de ces avantages qui avoient été accordez aux Juifs, & la verité ne leur avoit point encore été particulierement annoncée.

C'est ce qui a fait que l'Eglise Grecque, c'est-à-dire, l'Eglise formée de la conversion des Payens & des Idolâtres, a toûjours regardé cette grande solemnité comme la premiere

Is. 9. 2.

Ps. 4. 7.

& la principale, parce qu'elle a été l'origine & la source de son bonheur. Quelle obligation n'avons-nous donc point, mes Freres, de reconnoître la bonté de Dieu en cette journée bienheureuse, & d'écouter dans l'esprit d'une soumission profonde, ces divines paroles : *Abne-* *gantes impietatem & sæcularia desideria* ; Renoncez à l'impieté & aux affections terrestres ; c'est-à-dire, de les recevoir & de les executer comme des commandemens & des preceptes (nous, dis-je, qui faisons partie de ces nations qui ont été appellées à la connoissance de la verité) & d'imiter la pieté & la Religion de ceux que nous devons considerer comme nos peres & nos premices, *Illi primitiæ gentium, nos populus gentium* ? Mais quel sujet n'a-t-on point, mes Freres, de s'étonner, ou plûtôt de déplorer l'ingratitude des hommes, qui, au lieu de profiter de la grace que JESUS-CHRIST leur fait & leur presente, qui ne cesse point depuis prés de dix-sept cens ans de les presser, de les solliciter & de les attendre avec une patience incomprehensible, ferment les yeux à la lumiere qui les éclaire, bouchent les oreilles à la voix qui les appelle, & quittent le chemin qu'il leur ouvre, pour s'engager par une opiniâtreté volontaire, dans des routes perdües ? C'est la disposition dans laquelle nous voyons aujourd'hui le monde presque tout entier, la corruption est quasi universelle : car il y en a tres-peu, je vous l'ai dit bien des fois, je vous le repete encore, qui n'ayent abandonné la voie de la verité & de la justice, pour suivre celle de l'iniquité & du mensonge.

Ne pensez pas que je parle avec excés ; ne croyez pas, mes Freres, que je me figure ici des monstres pour les combattre ; je vous ferai voir que je n'avance rien qui ne soit veritable, par ce crayon que je vais vous tracer de l'état du monde, ou plûtôt de sa décadence & de sa ruine. Sur tout qu'il ne vous vienne pas dans la pensée que j'aye envie d'insulter au malheur des hommes ; mon dessein n'est que de vous porter à les plaindre, & vous interesser devant Dieu pour leurs miseres, & éviter les pieges où ils sont tombez, & à faire tous vos efforts, pour ne pas
devenir

devenir comme eux les esclaves de vos cupiditez & de vos passions.

Mettons à part ces emportez qui vivent sans Religion & sans foi, & qui ayant oüi dire que la crainte avoit donné aux hommes les premiers sentimens & les premieres pensées de la Divinité, *Primus in orbe Deos fecit timor*, se font une gloire de ne rien craindre, & par consequent de ne rien croire. Ils vivent sans créance comme sans crainte ; au moins ils s'en piquent, & ils s'en vantent, recherchant une distinction & une espece d'honneur dans ce qui devroit les couvrir de confusion & de honte. Plût à Dieu que ces insensez fussent seulement semblables à ceux dont parle le Roi Prophete, lorsqu'il dit : *Dixit insipiens in corde* Ps. 13. 1¼ *suo non est Deus* : L'insensé a dit dans son cœur, il n'y a point de Dieu. Mais bien loin de cacher leurs dereglemens dans le fond de leur cœur, & de tenir leur impieté secrette, ils se parent de leur libertinage, ils publient leur iniquité, comme Sodome publioit ses horreurs : *Peccatum* Is. 3. 9 *suum quasi Sodoma prædicaverunt*. Ils prennent plaisir à faire connoître leur mal, soit par des discours empoisonnez, soit par des œuvres corrompuës, comme si leur dessein étoit de le répandre & de le communiquer à ceux qui les approchent & qui les écoutent.

Mais sans nous arrêter à ces impies de profession, nous ne nous mécompterons point quand nous partagerons le monde en sept ou huit conditions differentes. L'une est des gens qui tiennent les premiers rangs dans la Cour des Princes ; l'autre est des gens de guerre ; l'autre est des Ecclesiastiques : la quatriéme est des Magistrats & des gens de Justice ; la cinquiéme des Marchands & des artisans ; la sixiéme des païsans & des gens de campagne, & la septiéme enfin, est des Religieux & des Moines.

Peut-on douter, mes Freres, que les premiers ne soient precisément dans cet état d'impieté auquel Dieu leur commande de renoncer par la bouche de son Apôtre : *Abnegantes impietatem* ? Qu'est-ce qu'impieté, sinon mépriser les ordres de Dieu, agir contre ses desseins, resister à ses volontez ? JESUS-CHRIST nous défend d'aimer le monde, ni rien de ce qui appartient au monde. Cependant ils donnent au monde leur temps, leurs soins, leur cœur, leur esprit, & enfin leur personne toute entiere. Ils ne pensent qu'à acquerir des biens, des richesses, de l'honneur, à s'établir des fortunes. Ils aiment donc ce que Jesus-Christ leur commande de haïr, & ils l'aiment avec tant de passion, d'attachement (disons de fureur) qu'oubliant, ou méprisant ce qu'ils doivent aux preceptes de Jesus-Christ, ils passent souvent & finissent miserablement leur course, sans avoir formé une pensée, ni fait une seule action qui ait été capable de lui plaire, y a-t-il rien qui merite mieux le nom d'impieté, qu'un tel aveuglement.

La plûpart de ceux qui suivent le parti de la guerre ne vivent pas avec plus de regle, ni plus de Religion. Le desir d'acquerir de la reputation les possede; il n'y a rien qu'ils n'entreprennent pour se distinguer, & se donner l'estime qu'on peut s'attirer par les armes & par les actions de valeur. Ils se font une idole de leur épée, & un plaisir (ce qui fait hor-

Nolite diligere mundum neque ea quæ in mundo sunt. 1. Joan. 2. 15.

reur à penser) de vivre dans le carnage & dans le sang. Il n'y a point de violence qu'ils ne fassent pour contenter cette passion qui les domine, ni point de sacrileges qu'ils ne commettent ; ainsi ils passent leurs jours dans un oubli & dans une ignorance profonde de la Loi de Dieu, & toute leur vie n'est qu'une chaîne & une suite d'entreprises toutes plus injustes & plus cruelles les unes que les autres, soûtenant tous ces excès avec autant d'audace & d'intrepidité, que s'il n'y avoit point de puissance superieure, à qui ils dussent en rendre compte. Ceux-là sans doute ne songent à rien moins qu'à profiter de l'instruction de l'Apôtre: *Abnegantes impietatem, & sæcularia desideria.*

La vie des Ecclesiastiques n'est pour l'ordinaire ni plus juste ni moins reprehensible. Cet homme, par exemple, (je parle en general, & sans faire application à personne) cet homme, dis-je, que vous voyez revêtu d'une dignité éclatante, par combien de lâchetez, de complaisances, de bassesses, de flatteries honteuses a-t-il acheté cette distinction? *Illum*

Epr.

quem vides, dit un Pere des premiers

siecles, *fulgentem in purpura, quantis sordibus hoc emit, ut fulgeret ?* Si son entrée est si opposée à toutes les regles saintes, les suites n'en sont ni plus heureuses, ni plus innocentes; & sans entrer dans ce grand détail, ce qui seroit d'une discussion infinie : c'est assez de vous dire que les biens & les revenus qui sont attachez à son ministere, que la pieté des fideles a consacré au service de Jesus-Christ, pour la subsistance des pauvres, pour le soulagement des orphelins & des veuves, il les tire sans scrupule de leur usage naturel, & contre l'ordre de Dieu, contre la destination des fondateurs, il les employe à contenter sa vanité, à satisfaire son orgueil ; & pendant qu'il s'imagine s'attirer de l'estime & de la consideration par ses somptuositez & ses magnificences scandaleuses, il se couvre de mépris & de confusion. Il n'est pas necessaire de qualifier ce déreglement, car qui est-ce qui ne voit pas que ceux qui en usent de la sorte sont bien éloignez de faire ce que l'Apôtre leur prescrit par ces paroles : *Abnegantes impietatem, & sæcularia desideria,* Renoncez à l'impieté & aux affections terrestres?

La plus grande partie de ceux qui se trouvent dans des degrez & dans des places inferieures, n'ont les mœurs ni plus chrétiennes, ni plus reglées, ni plus canoniques. Ils considerent les benefices qu'ils se sont procurez, ou que la divine Providence leur a mis entre les mains, comme leur patrimoine ; ils s'en croyent les proprietaires, & non pas les dispensateurs ; ils ne se mettent point en peine des charges & des conditions ausquelles ils les possedent ; ils s'en servent comme de biens profanes pour leurs plaisirs, pour leurs affaires, pour l'établissement de leur famille, pour soûtenir leur qualité, leur naissance, la grandeur de leur maison. Enfin ils entrent dans toutes les inclinations des mondains, & on ne voit rien en eux qui se ressente des obligations qu'ont des personnes destinées au service des Autels. Je sçai que parmi cette iniquité répanduë, il y a des ames choisies qui conservent l'innocence, & qui tiennent ferme contre la violence & la rapidité du torrent ; mais je sçai aussi qu'il y en a beaucoup moins qu'on

POUR LE JOUR DES ROIS. 199
ne pense, & qu'entre celles qui paroissent garder à Dieu la fidelité qu'elles lui doivent, il s'en trouve qui n'ont que l'apparence d'une pieté qu'elles n'ont point en effet ; qui démentent par des conduites irregulieres, la profession qu'elles font de le servir, qui marchent par des voies qui ne sont pas les siennes, & qu'il n'a jamais ni connuës, ni approuvées. Ceux-là, non plus que les autres, ne se mettent gueres en peine du precepte de l'Apôtre : *Abnegantes impietatem, & sæcularia desideria.* AdTit.2. 12.

Vous ne voyez ni plus de justice, ni plus d'équité dans les Magistrats ; Ils decident de la vie & de la fortune des hommes, ou par des raisons d'interêts, ou par la sollicitation des personnes puissantes ; les uns sont dans une prostitution toute publique ; & les autres pour sauver les apparences d'une probité qu'ils n'ont point, font par des adresses, par des rafinemens, par des détours, par des longueurs, ce qu'ils ne veulent pas faire par des décisions promptes & sanglantes ; d'autres jugent par de simples vües & par des attentions superficielles, des affaires importan-

R iiij

tes, & dont on ne peut connoître la verité que par des informations & des applications profondes. Ce n'est pas là obéir au precepte de l'A-pôtre : *Abnegantes impietatem, & sæcularia desideria.*

<small>Ad Tit. 2. 12.</small>

De chercher de la bonne foi dans les gens de trafic & de negoce, ce seroit se tromper. Ils sont avares, interessez ; ils n'ont ni fidelitez, ni paroles ; ils surfont, ils mentent, ils exaggerent ; ils se servent d'expressions équivoques pour couvrir leur malignité, pour imposer, & pour surprendre ceux auxquels ils ont affaire ; & ils se persuadent faussement que ce qu'ils ont pû tirer par leur tromperie & par leur adresse, est un gain legitime.

Vous vous imaginez, sans doute, que vous trouverez plus d'innocence dans les gens de la campagne ; mais la verité est que Jesus-Christ n'est pas plus en eux que dans les gens qui vivent dans les villes, & dans le commerce du grand monde. Ils sont pour la plus grande partie dans une ignorance grossiere, de ce que tous les Chrétiens sont obligez de sçavoir ; dans une insensibilité, dans une entiere indifférence de leur salut. Ils sont remplis d'envie, des sentimens de vengeance ; ils ne pardonnent point depuis qu'ils ont une fois crû qu'on leur a donné sujet de se plaindre ; les travaux & les peines qu'ils endurent, ne leur sont d'aucun merite auprés de Dieu, parce qu'ils les souffrent malgré eux, ou sans sentiment, ou sans esprit ; & il se peut dire que ce païsan sort de sa chaumiere au point du jour, pour s'en aller à son travail par accoûtumance & par habitude, comme une bête sauvage sort du fond de la forêt pour se repaître au commencement de la nuit, par un instinct & par un mouvement naturel. Et ainsi quelle pieté y a-t-il dans un Chrétien qui passe sa vie dans de telles dispositions ? N'est-ce pas vivre sans connoissance, ou sans aucun sentiment de ce precepte : *Abnegantes impietatem, & sæcularia desideria ?* AdTit.2! 12.

Pour ce qui est des Religieux & des Moines, c'est une chose surprenante, quand on considere avec application ce qui se passe parmi eux. Vous y voyez des gens qui dans une même condition sont dans des états

& dans des dispositions toutes differentes. Les uns (il le faut dire) n'ont marque quelconque, ni exterieure, ni interieure de ce qu'ils sont, ou plûtôt de ce qu'ils doivent être; je dis exterieure, parce qu'ils ne portent ni l'habit de leur profession, ni la tonsure. On peut dire la même chose de l'interieur, puisque le cœur en est corrompu, & que bien loin qu'on y découvre aucun trait de cette Religion & de cette sainteté dont ils devroient avoir la plenitude, il n'y a qu'iniquité, que déreglement, & qu'il ne paroît dans toute leur conduite qu'un amour ardent pour toutes les choses dont ils devroient avoir de l'horreur. Ils vivent (je parle de ceux qui ne sont point dans des Congregations reformées) dans de grands Monasteres, qu'on ne peut mieux comparer qu'à ces villes fameuses qui se sont ruinées par la succession des temps : les fortifications en sont démolies, les murailles renversées; on n'y apperçoit plus que des mazures, au lieu de ces Palais superbes dont elles étoient remplies, & à peine y voit-on trente personnes, pour cette multitude d'hommes qui les ont habitées. C'est la figure de ces maisons qui ont été autrefois l'ornement & la sanctification de l'Eglise: au lieu de ce grand nombre de Saints qui y servoient Dieu dans une austerité rigoureuse & dans une pieté éminente; ces grands édifices que l'on ne pouvoit regarder sans reverence & sans respect, ces demeures sacrées sont toutes par terre, les bâtimens reguliers détruits; quatre hommes souvent tiennent les places qui étoient occupées par deux cens Religieux; & c'est-là que l'on voit l'accomplissement de cette prediction du Prophete: *Ibi pilosi saltabunt*; ces hom- *Is.34.14.* mes, dis-je, qui par le déreglement de leurs mœurs, sont plûtôt des satyres que des hommes, suivent les saillies & les impetuositez de leurs passions, & s'abandonnent sans regle, & sans mesure à tout ce qu'elles leur demandent; & s'ils ont quelquefois la temerité d'ouvrir leurs bouches impures pour chanter les loüanges du Seigneur, ils ne poussent que des voix funebres, & ce sont ces oiseaux de nuit qui dans le milieu d'une obscurité affreuse, crient, & se répondent les uns aux autres: *Et respon-* *Is.13.22.*

debunt ibi ululæ in ædibus ejus. Et sans aller plus loin, mes Freres, c'est ce que nous avons vû il n'y a pas quarante années dans ce Monastere, où l'iniquité regnoit d'une maniere si absoluë, avant que Dieu l'eût regardé des yeux de sa compassion.

Il y en a d'autres qui vivent dans des Observances qui ont à la verité les actions, les exercices & les occupations qui forment les Communautez Religieuses ; mais au lieu d'avoir Jesus-Christ uniquement devant les yeux, de se proposer sa gloire en toutes choses, & de mettre tout leur soin à remplir les devoirs ausquels leur profession les engage ; ils s'attachent à des interêts particuliers, ils recherchent des emplois, des charges, des Superioritez, des distinctions qui les élevent au dessus de leurs freres ; & afin de réüssir dans leurs desseins, & de rendre effectives toutes les peines qu'ils se donnent, ils font des partis, des cabales, des liaisons, au dépens de la charité commune, d'où naissent par des consequences necessaires, des divisions, des jalousies, des murmures & des inimitiez irreconciliables : & comme par toutes ces pratiques si peu chrétiennes, leur ambition s'échauffe, elle ne peut plus se contenir dans les limites étroites de leur Cloître, ils sortent de leurs spheres, ils cherchent à se répandre au dehors ; ils s'ingerent dans les fonctions publiques, ils prêchent pour s'attirer de l'estime & de la consideration devant les hommes, ils s'érigent des tribunaux de direction, ils font les maîtres & les Docteurs dans la vie spirituelle, & s'établissent sur les ames simples & credules, un empire si absolu, qu'elles aimeroient mieux manquer à JESUS-CHRIST que de leur déplaire. Ce ne sont pas ceux-là, non plus que les autres qui les precedent, qui suivent les ordres de Dieu, & qui se soumettent à ce precepte : *Abnegantes impietatem, & sæcularia desideria.* AdTit.ii 12.

Enfin il s'en trouve qui menent une vie plus pure & plus desinteressée, qui se renferment dans la verité & dans les bornes de leur état, qui pensent à suivre JESUS-CHRIST, à faire ce qu'ils connoissent qu'il peut attendre de leur foi & de leur Religion. Neanmoins il arrive que souvent ils se mécomptent dans l'accompliſſement de leurs devoirs, & qu'ils negligent de s'en acquitter avec toute la pieté & la fidelité qui leur eſt preſcrite. Car en un mot, eſt-ce là cette pieté dans laquelle leur profeſſion les oblige de vivre, lorſque dans le chant des Pſeaumes & des divins Cantiques, au lieu d'être en la preſence de Dieu dans un reſpect & dans une attention conſtante & immuable, l'eſprit eſt partagé par une infinité d'imaginations, de fantômes & de chimeres ? lorſqu'ils vont aux travaux auſquels la regularité & l'obéïſſance les applique, par habitude, ou avec des diſpoſitions toutes humaines ; & qu'au lieu de regarder cette occupation dans l'ordre de Dieu, & d'en conſerver le ſouvenir, ils le perdent de vûe cent fois dans l'eſpace d'une heure ſans s'en mettre en peine ? Eſt-ce là la pieté que Dieu demande d'eux, lorſqu'au lieu de s'employer à leur lecture, pour en devenir meilleurs & plus ſaints, ils y cherchent à contenter leur curioſité, & à devenir plus éclairez & plus habiles, & qu'ils preferent les Livres qui leur plaiſent, &

qui les élevent à ceux qui seroient plus propres pour les sanctifier ?

Est-ce là la pieté que Dieu demande d'eux lorsqu'au lieu de souffrir ce qui leur arrive d'humiliant, d'injurieux ou de desagreable de la part du monde, de leur Superieur ou de leurs freres, dans une patience & une tranquillité sainte, ils raisonnent sur ces sortes d'évenemens, ils les examinent, ils en considerent les circonstances, comme pour sçavoir ce qu'ils feront, ou ce qu'ils ne feront pas ?

Est-ce là la pieté que Dieu demande d'eux, lorsqu'au lieu d'acquiescer avec plaisir aux volontez de leurs freres, de leur témoigner en toutes occasions une déference charitable, & de supporter leurs imperfections & leurs défauts dans une charité parfaite, ils ressentent à leur égard des oppositions secrettes, de certains dégoûts, de certaines froideurs ; qu'ils ne font point de scrupule de s'acommoder, de se donner ce qui leur convient, à l'exclusion de leurs freres ?

Enfin est-ce là la pieté que Dieu demande d'eux, lorsqu'au lieu de lui offrir des Oraisons ferventes & de les accompagner de leurs gemissemens & de leurs larmes, ils s'acquittent de cette action d'une maniere seche, distraite & languissante?

Voilà, mes Freres, une peinture qui n'est qu'ébauchée, mais qui ne laisse pas de vous marquer quel est l'état & la situation presente de l'Eglise. Vous y voyez la profondeur de ses playes, & de quelle sorte l'iniquité, comme un deluge universel, couvre la surface de la terre; vous y voyez que la cause & l'origine de tous ces maux, est que la voix de Dieu n'est point entenduë dans nos cœurs, & que celle de la nature y est écoutée à son prejudice: vous y voyez que ceux-mêmes, qui, selon la parole de JESUS-CHRIST, se retirent sur les Montagnes, *Fugite in montes*, comme les Moines, les Religieux & les Solitaires, ne laissent pas de se ressentir souvent de ces malheurs, & qu'ainsi les uns comme les autres, ne font aucun cas du commandement de l'Apôtre: *Abnegantes impietatem, & sæcularia desideria.*

Vous me direz, peut-être, que les maux des derniers ne sont pas considerables,

---

Matt. 24. 16.

AdTit. 2. 12.

siderables, que ce ne sont que des défauts legers, ou des foiblesses remissibles, qui ne sont pas capables de les priver de la charité de Dieu, ni de les rendre ses ennemis. Je demeure d'accord que chacune de ces imperfections en particulier, cette faute étant prise separément, pourvû qu'il n'y ait ni malignité, ni mépris, ne cause pas la perte de celui qui la commet; mais je vous dis qu'à moins qu'il ne redresse ses voies, & qu'il ne travaille à acquerir une rectitude & une integrité qu'il n'a point, à moins qu'il ne cesse de negliger ce que Dieu veut qu'il corrige, il perdra dans la suite, ce qui ne lui est pas ôté tout d'un coup. Dieu, dont la bonté est infinie, l'avertit & le presse de rectifier sa conduite; il le sollicite, il attend qu'il céde à ses inspirations ; mais enfin il se lasse lorsqu'il voit que sa patience ne sert qu'à autoriser ce Religieux negligent, & à lui donner lieu de se confirmer dans sa paresse ; & dés-là qu'il persevere dans l'amour de son iniquité, il le regarde avec froideur, il ne jette plus sur lui ses yeux de benediction comme à l'ordinaire; & le Demon qui s'apperçoit qu'il n'est plus soûtenu de sa main, l'entreprend, le tente avec hardiesse, il l'attaque avec opiniâtreté, il rend ses tentations plus vives & plus frequentes ; & ce miserable se trouvant destitué d'un secours & d'une protection dont il s'est rendu indigne, tombe dans les pieges qu'il ne sçauroit éviter par ses propres forces.

Dieu est semblable à un Roi qui commande à ses serviteurs de lui construire un Palais superbe, digne de sa grandeur & de sa magnificence. Il leur donne des sommes immenses, pour les employer à l'execution de ce dessein. Mais si au lieu de suivre ses intentions, & de se servir pour cela de pierres rares, comme sont le marbre, le jaspe, & le porphyre, ils ne se servoient que de materiaux communs, & se contentoient d'édifier une maison plus propre pour un païsan ou pour un bourgeois, que pour un grand Prince ; il ne faut point douter qu'ils ne s'attirassent sa colere, qu'il ne leur fît rendre un compte rigoureux de l'argent qu'il leur auroit mis entre les mains, & qu'il ne les punît avec la derniere severité, du mépris qu'ils auroient fait de ses ordres. C'est ainsi que Dieu traitera ce Religieux qui ne se sera pas mis en peine de rendre ses mœurs conformes à ses volontez ; & qui au lieu de composer l'état de sa vie, d'œuvres & d'actions toutes pures & toutes saintes, d'enrichir & de parer son cœur de vertus rares & de qualitez éminentes, de faire valoir tant de moyens qu'il a reçûs de sa bonté, comme les jeûnes, les veilles, les travaux, la solitude, le silence, la mortification des sens & de l'esprit ; enfin tous les exercices & toutes les regularitez qui sont établies dans son Observance, demeure dans une mediocrité indigne de la sainteté de son état, & de la perfection à laquelle il le destine.

Vous me demandez, sans doute, mes Freres, ce qu'il faut donc que vous fassiez, afin que vous soyez ce que l'Apôtre vous dit que vous devez être, par ces paroles, *Ut sobrie, & juste, & pie vivamus*, pour vivre avec temperance, pieté & justice, puisque la misericorde de JESUS-CHRIST vous a tirez de cet état malheureux, exprimé par ces paroles: *Impietatem, & sæcularia desideria,*

Je vous réponds que vôtre Regle vous l'enseigne, & qu'elle vous donne en même temps les moyens de le mettre en pratique. C'est ce qu'elle fait quand elle vous ordonne de rendre une obéissance entiere à celui que Dieu a mis sur vos têtes, & qui doit vous diriger en son nom, & sous son autorité. Vous n'avez qu'à l'écouter, à suivre ses avis, à vous regler par ses conseils & executer ses ordres, à étudier jusqu'aux moindres de ses intentions, pour vous y attacher (je suppose que ce conducteur ait l'esprit de Dieu, qu'il ait l'amour de ses veritez) ne doutez pas qu'il ne vous soûtienne, & que vous n'obteniez par son secours une disposition si sainte, qu'il ne vous empêche de faire ou plus ou moins que vous ne devez, que par une inspection assiduë & charitable, il ne vous preserve de tout excés, & qu'il ne vous établisse dans une moderation exacte & constante, c'est-à-dire, dans une observation précise & inviolable de toutes les choses qui vous sont prescrites, & que Dieu & vôtre profession demande de vous. C'est ce qui s'appelle vivre *sobriè*; Pourriez-vous avoir une voie plus assurée & qui vous soit plus naturelle pour acquerir cette vertu, & pour la pratiquer?

Pour ce qui est de la pieté, il ne faut pas la chercher ailleurs que dans vôtre Regle. Cette pieté consiste à regarder Dieu dans tout ce que l'on fait, à desirer de lui plaire, & à l'avoir pour principe & pour fin dans toutes ses actions. N'est-ce pas ce que vous faites, mes Freres, si vous vous acquittez fidelement à la lettre de cette obligation qui vous est imposée, de vous adresser à Dieu par des prieres trés-instantes, dans tout le bien que vous entreprendrez, c'est-à-dire, dans toutes vos actions (puisqu'elles sont toutes bonnes, n'y en ayant une seule qui ne vous soit commandée) afin qu'il les dirige & qu'il leur donne la consommation & la perfection qui leur est necessaire. *In primis ut quidquid agendum inchoas bonum ab illo perfici, instantissima oratione deposcas.* Ce devoir est d'une necessité & d'une utilité qui ne se peut comprendre; & si on s'en acquittoit avec plus de Religion & de fidelité qu'on ne fait pas, il y auroit dans les Cloîtres plus de sainteté

Ex Prol. S. Benedi.

qu'il n'y en a, & la plus grande partie des Religieux n'y passeroient pas leur vie inutilement, & sans en devenir ni meilleurs, ni plus parfaits. Car ce qui fait que tous ces exercices, qui sont saints dans leur institution, toutes ces regularitez qui sont établies pour les élever à une vertu éminente, ne le font pas, c'est qu'ils n'ont pas soin d'y joindre l'esprit & le sentiment. Dieu seul qui peut les animer & les vivifier, ne s'y rencontre pas: on ne fait pas les diligences qu'il faudroit faire, afin qu'il y ait toute la part qu'il y doit avoir. Comme on manque d'invoquer son saint Nom, & de lui demander par des sollicitations pressantes, qu'il donne sa benediction à ce que l'on entreprend & que l'on ne doit entreprendre que pour sa gloire. Enfin comme on n'agit que pour soi-même, & qu'en se rapportant toutes choses, on lui ôte ce qui est à lui, & qui n'appartient qu'à lui, il ne faut pas s'étonner si la pieté est si rare dans les Monasteres, & s'il y a si peu de gens qui vivent de maniere que l'on puisse qualifier leur conduite de ces termes, *Pie vivere.*

Vous trouverez, mes Freres, des facilitez & des ouvertures toutes semblables dans vôtre Regle, pour garder la justice, *sobriè, pie & justè.* Cette justice n'est rien que de rendre ce que l'on doit, & s'acquitter des dettes & des obligations dont on est chargé. Vous devez à Dieu, vous devez à vos Superieurs, vous devez à vos freres. Vous vous acquittez à l'égard de Dieu, si vous l'aimez par dessus toutes choses, comme l'Evangile, aussi-bien que vôtre Regle vous le prescrit ; & si vous observez tout ce qu'elle contient d'ordonnances & de Preceptes differens, qui n'étant rien que ses volontez mêmes, sont des marques évidentes de l'amour que vous lui portez. Vous vous acquittez à l'égard de vos Superieurs, lorsqu'ainsi que vôtre Regle vous l'ordonne, vous leur obéissez comme à JESUS-CHRIST-même, & que vous ayez pour eux une charité humble & sincere, c'est-à-dire, accompagnée de respect & de tendresse. *Abbatem* *suum humili ac sincera charitate diligant.* Enfin vous vous acquittez à l'égard de vos freres, lorsque vous vous empressez à l'envi les uns des autres,

Ex Reg. S. Ben. c. 72.

de vous rendre des témoignages de vôtre charité, de vôtre soûmission & de vôtre déference, *Obedientiam sibi certatim impendant.*

Ibidem.

Voilà les biens qui se trouvent dans les Monasteres ; voilà les avantages que Dieu a renfermé dans les Solitudes. Avantages qui nous doivent être d'autant plus precieux, que le monde ne les connoît point, & que nous les avons reçûs de sa bonté toute pure, par une destinction & par une preference dont nous n'étions pas dignes ; & ne doutez pas, mes Freres, que la reconnoissance qu'il en attend, ne soit la fidelité que vous aurez à user, selon ses desseins, de tant de dons & de graces dont il vous a favorisez.

Imitez pour cela, mes Freres, l'exemple de ces trois grands Saints, dont l'Eglise fait aujourd'hui la memoire ; je veux dire, de ces trois illustres Confesseurs du nom de JESUS-CHRIST ; offrez-lui ce qu'ils lui ont offert, *Obtulerunt ei aurum thus & myrrham.* Vous me direz que vous n'avez plus d'or à lui donner, vous étant dépoüillez de tous les biens que vous pouviez avoir dans le monde,

Matt. 2. 11.

POUR LE JOUR DES ROIS.

de ; mais je vous réponds que tant que vous avez un cœur, vous avez de l'or ; vôtre cœur est vôtre or, vôtre tresor, vôtre richesse ; puisque c'est proprement le prix auquel Dieu veut que vous achetiez l'Eternité qu'il vous a promise ; il ne vous demande que cela, parce qu'en le lui donnant, vous lui donnez tout ; & que quand vous lui donneriez toutes choses sans celle-là, vous ne lui donneriez rien. *Deus cor quærit, cor inspicit..... sufficit ut offeras voluntatem.* Aug. in Pf. 134.

Pour l'encens, vous le lui offrirez quand vous lui adresserez vos prieres pour lui demander qu'il vous donne une protection si étenduë & si abondante, qu'il ne vous échape ni action, ni parole, ni pensée qui ne soit dans son ordre, dans sa vûë & dans les sentimens de lui plaire ; & qu'il ordonne tout l'état de vôtre vie, de sorte qu'il n'y en ait pas, s'il est possible, une seule circonstance qui ne soit selon son cœur. Faites pour cela que vôtre priere soit ardente, & qu'étant enflâmée par le feu de vôtre charité, comme l'encens que l'on jette dans le brazier,

Tome I. T

rien ne l'empêche de s'élever jusqu'à son trône : *Dirigatur oratio mea, sicut incensum in conspectu tuo.*

La myrrhe est la figure de la mortification interieure & exterieure dans laquelle vous devez vivre. Par l'exterieure, qui consiste dans toutes les pratiques de penitence, qui sont établies parmi nous, vous réduisez vos sens en servitude, vous les tenez captifs, vous les empéchez de se revolter contre l'esprit ; & pour l'interieure, vous domptez l'esprit même, vous assujettissez vôtre cœur, vôtre volonté, & vous réduisez vôtre homme tout entier dans la main de JESUS-CHRIST, qui fera en lui, & par l'operation de sa grace, toutes les impressions qu'il y voudra faire ; c'est ainsi que vous obéirez au precepte de l'Apôtre, & que vous bannirez de chez vous toute impieté & tout ce qui en a l'apparence; que vous vous affranchirez de toutes les inclinations terrestres, qui ont si peu de rapport à cette integrité dans laquelle vous devez vivre, & que vous vous établirez dans cette triple disposition, dans ce sacré ternaire, dont parle l'Apôtre ; je veux dire, dans la sobrieté, la pieté & la justice. Ce sont ces trois vertus qui renferment tout ce que vôtre état a de plus excellent & de plus parfait, *Abnegantes impietatem, & sæcularia desideria, sobriè, & juste, & pie vivamus in hoc sæculo.* AdTit.1. 12.

Que si vous trouviez quelque peine, ou quelque difficulté dans l'accomplissement de ce precepte, quelle force & quelle protection n'avez-vous pas dans ces paroles qui suivent : *Expectantes beatam spem, & adventum gloriæ magni Dei & Salvatoris nostri Jesu Christi,* en attendant l'accomplissement heureux de nos esperances, & l'avenement de ce grand Dieu nôtre Sauveur? Car quel obstacle n'est point renversé par la presence d'un si grand bonheur? & qu'y a-t-il ici-bas qui puisse nous paroître, ou dur, ou difficile quand on a devant les yeux une aussi grande recompense que celle qui nous est preparée? Recompense, dis-je, que JESUS-CHRIST nous a meritée par ses souffrances ; lui, qui au lieu de la vie tranquille & bienheureuse dont il pouvoit joüir sur la terre, a souffert le supplice de la Croix, en AdTit.2. 13.

T ij

méprisant la honte, l'ignominie & la malediction qui y étoit attachée, *Qui proposito sibi gaudio sustinuit crucem, confusione contempta.* Ad Heb. 12. 2.

Je n'ai plus qu'un avis à vous donner, mes Freres, avant que de finir, qui est de prendre garde de ne pas negliger celui qui vous parle, c'est-à-dire, JESUS-CHRIST, par son Apôtre : car si ceux, comme dit le même Apôtre, qui ont méprisé le Prophete qui leur parloit sur la terre, n'ont pû éviter le châtiment dont ils étoient dignes, nous serons punis avec d'autant plus de rigueur, si nous n'avons aucun égard aux instructions de celui qui nous parle du haut du Ciel : *Videte ne recusetis loquentem ; si enim illi non effugerunt recusantes eum, qui super terram loquebatur ; multo magis nos, qui de cœlis loquentem nobis avertimus.* Heb. 12: 25.

Tous nos maux ne viennent, mes Freres, je vous le redis encore, que de ce que la voix de Dieu n'est point entenduë : de ce que ses avis si importans & si salutaires qu'il nous donne incessamment, sont negligez: & c'est ce qui est cause que sa parole, qu'il ne nous adreſſe que pour nôtre ſalut, ne fait ſouvent que nous rendre plus coupables, & nous attirer une condamnation plus rigoureuſe. Hâtons-nous donc, mes Freres, de nous jetter entre ſes bras, pendant que le ſein de ſa miſericorde nous eſt ouvert; pendant que ſa bonté nous invite; & qu'il nous crie encore en ce jour par ſon Prophete : Venez à moi, écoutez-moi, vôtre ame vivra, & je contracterai avec vous une alliance éternelle. *Venite ad me : audite, & vivet anima veſtra, & feriam vobiſcum pactum ſempiternum.* Iſ. 55. 3. Servons-nous de tant de conjonctures ſi favorables qu'il nous fait naître dans tous les momens; répondons par nos œuvres, à cette voix de miſericorde qui ne ceſſe point de nous appeller, de crainte que cette bouche divine qui s'eſt ouverte tant de fois & ſi inutilement, ne ſe referme pour jamais, & qu'il ne garde avec vous un éternel ſilence, ce qui ſeroit le dernier & le plus grand de tous les malheurs; j'eſpere qu'il le détournera de deſſus nos têtes, & que le ſoin

T iij

que nous aurons de lui obéir, & de respecter toutes ses volontez, l'obligera de nous donner une destinée plus heureuse.

II. CONFERENCE
POUR
LE JOUR DES ROIS.

Populus, qui ambulabat in tenebris, vidit lucem magnam ; habitantibus in regione umbræ mortis, lux orta est eis. Is. 9. 2.

Le peuple qui marchoit dans les tenebres a vû une grande clarté, & la lumiere s'est levée sur ceux qui habitoient dans les ombres de la mort.

IL n'y a point de Mystere dans lequel nous puissions nous reconnoître davantage, & dont nous devions nous faire une application plus particuliere que celui que nous celebrons aujourd'hui, non point pour contenter nos esprits par une speculation vaine & infructueuse ; mais pour remplir nos cœurs des graces & des benedictions qu'il contient, & pratiquer les veritez saintes qui y sont renfermées.

II. CONFERENCE

Ce Cantique divin que nous avons chanté à l'Office de la nuit, nous est si propre, & nous dépeint avec des couleurs si vives, ce que nous avons été, & ce que nous sommes, qu'il n'est pas possible de ne pas remarquer ces deux états si différens.

Is. 9. 2. *Populus qui ambulabat in tenebris, vidit lucem magnam ; habitantibus in regione umbra mortis lux orta est eis.* Car qui sont ceux qui marchoient dans les tenebres, qui se reposoient à l'ombre de la mort, & sur lesquels enfin le Soleil s'est levé, sinon vous, mes Freres, qui languissiez dans les obscuritez funestes du vice & du péché ; qui de cet état tout déplorable qu'il est, vous faisiez un repos, une paix fausse & trompeuse, & que Dieu, par une bonté dont vous n'étiez pas dignes, a éclairé de la lumiere de sa verité.

Il est vrai que ce Mystere regarde toute l'Eglise, & que tous les Chrétiens y doivent trouver leur sanctification ; mais on peut dire avec beaucoup de fondement & de justice, qu'il vous touche bien plus que les autres. Car veritablement qui est celui d'entre nous qui n'étoit pas dans des obscuritez mortelles, lorsque cette inspiration du Saint-Esprit, ce mouvement de la grace, cette clarté celeste a frappé les yeux de son cœur, semblable à cette étoile brillante qui apparut aux Mages; & qui n'ait eû sujet de s'écrier comme eux: *Vidimus stellam ejus & venimus adorare eum*: Nous avons vû l'étoile du Dieu tout puissant, & nous avons quitté toutes choses pour le venir adorer?

C'est ce qui vous est arrivé, & ce qui s'est passé dans vos personnes, lorsque Dieu vous est allé chercher dans le milieu du monde, qu'il vous a inspiré le desir de la retraite, & qu'il vous a appellé dans la solitude, pour vous y engager à son service. La premiere vûë de cette profession si sainte, cette premiere resolution de servir Dieu dans la separation des hommes, ne peut-elle pas être comparée à cette impression toute divine qui apprit aux Mages la Naissance de Jesus-Christ, & leur donna tout ensemble ce desir si ardent de l'aller trouver & de lui rendre leurs hommages?

Enfin, mes Freres, pour vous faire une application qui soit juste de ce grand Mystere, & vous y faire trouver une instruction solide, il faut en considerer toutes les convenances & les rapports qui peuvent regarder vôtre état. Premierement les Mages viennent d'un païs éloigné, du milieu des nations où Dieu n'étoit ni connu, ni adoré ; c'est ce que font tous ceux qui ont quitté la vie du monde, qui mettoit entre Dieu & eux, des distances infinies ; la maniere dont on s'y conduit est si contraire à celle que JESUS-CHRIST nous a prescrite : les regles & les maximes si opposées aux principes qu'il a établis dans son Evangile, aux instructions qu'il y a renfermées, qu'il se peut dire que ceux qui abandonnent le monde pour embrasser son service, viennent à lui des païs & des regions les plus reculées ; & que selon les paroles du Prophete, l'Orient n'est pas plus éloigné de l'Occident, que le sont ceux qui servent Dieu, de ceux qui servent le monde; & les grands pécheurs, des personnes qui sont veritablement penitentes : *Quantum distat Ortus ab Occidente longe fecit à nobis iniquitates nostras.*

Ps. 102. 11.

Secondement les Mages s'exposent à des dangers & à des fatigues extrèmes, dans un voyage si long & si penible. Qu'est-ce que n'ont point à souffrir ceux qui s'engagent dans la vie solitaire ? quelles tentations ne trouvent-ils point dans leur chemin ? De quelle peines & de quelles difficultez leur vie n'est-elle point traversée ? Leurs passions les combattent, les Demons les attaquent, les hommes amis, ou ennemis s'opposent à l'execution de leur dessein : *Foris pugna, intus timores.* Et c'est 2. Cor. 7. pour lors que l'on reconnoît par une experience qui n'est que trop ordinaire, la verité de ces paroles du Saint-Esprit, que ceux qui se consacrent au service de Dieu, doivent demeurer fermes dans la justice & dans la crainte, & se preparer aux tentations : *Fili accedens ad servitu-* Eccl. 2. 1. *tem Dei, sta in justitia & timore, & præpara animam tuam ad tentationem.* Le Royaume de JESUS-CHRIST coûte cher à ceux qui le veulent acquerir ; & que les hommes disent ce qu'il leur plaira, ils n'y arriveront jamais que par les tribulations & par les souffrances.

II. CONFERENCE

Dites moi, mes Freres, de quelle raison les gens du siecle, & même ceux qui n'en sont plus, ne se sont-ils pas servis pour détruire vos resolutions, lorsque le sentiment vous a été donné de travailler à vôtre salut dans la retraite & dans le silence ? Les uns vous ont allegué les infirmitez qui sont frequentes, à ce qu'ils disent, dans cette maison ; les autres ont essayé de vous effrayer par le nombre de ceux qui y sont morts en peu de temps ; les uns vous ont exaggeré les austeritez, & vous les ont figurées comme des excés insupportables ; les autres vous ont representé que ce silence si rigoureux qui s'y observe, accabloit les ames & les corps, & causoit des ennuis & des tristesses mortelles ; les autres que c'étoit une temerité de se promettre de perseverer dans des exercices qui surpassoient les forces de la nature, car c'est ainsi que l'on parle ; en un mot, on a voulu vous faire passer l'œuvre de Dieu, de sa main, & de sa misericorde, pour une invention humaine, une imagination violente ; & on a essayé de vous décrier cette inspiration, ce mouvement interieur que vous reſſentiez & que vous vouliez ſuivre, comme vôtre étoile, ſous le nom d'une fantaiſie & d'une illuſion.

Troiſiémement aprés avoir ſurmonté toutes les difficultez qu'ils purent rencontrer dans leur marche, ſe rendent dans Bethleem (ce terme ſignifie une maiſon de pain) A quoi eſt-ce qu'on peut mieux donner ce nom, qu'à un Monaſtere, quand on y conſerve les ſentimens des Saints, & que l'on y vit dans les veritables Regles ? C'eſt une demeure de benedict.on : on y eſt nourri de la participation des ſaints Myſteres, de ce pain des Anges qui garantit de la mort, & qui donne la vie ; on y eſt ſoûtenu par cette viande ſpirituelle, j'entens la connoiſſance, l'obſervation & la pratique de la parole de Dieu. On l'a inceſſamment devant les yeux, dans la main, dans la bouche, dans le cœur ; & tous les exercices differens qui forment & qui compoſent la vie que l'on mene dans les Communautez ſaintes, ne ſont à proprement parler, qu'une nourriture celeſte pour ceux qui les obſervent avec l'eſprit d'une Religion, & d'une pieté veritable & ſincere.

Quatriémement les Mages trouvent JESUS-CHRIST dans la mazure qui lui servoit de retraite. Cette habitation si vile & si pauvre, n'est-elle pas parfaitement exprimée par ce Monastere, qui n'est rien que la retraite des pauvres, qu'un hôpital où les malades se retirent pour recouvrer la santé de leurs ames? Tout y est simple, soit dans la qualité des viandes, soit dans la maniere de les preparer, dans les vétemens, dans l'ornement des Cellules, dans la disposition des édifices, dans la nature des travaux, dans la profession que l'on y fait d'une vie humiliée, tout y respire la bassesse & l'abjection ; & nous pouvons dire dans cette vûë & dans ce sentiment avec Saint Bernard : *Ordo noster abjectio est, humilitas est, voluntaria paupertas est.*

Ep. 142.

En cinquiéme lieu, les Mages entreprennent & font ce grand voyage sous la conduite de Dieu ; ils suivent cet astre miraculeux aussi-tôt qu'ils l'apperçoivent, comme le flambeau qui doit leur montrer le chemin, & ils ne le perdent de vûë, ni d'un pas, ni d'un instant, que lorsque par une Providence particuliere, Dieu la retira de devant leurs yeux en entrant dans Jerusalem. C'est ainsi que de veritables Chrétiens au moment que le Saint-Esprit a touché leur cœur, que la lumiere les a éclairez, & que la volonté de Dieu leur est connuë, s'attachent à elle inseparablement, & l'ont incessamment devant les yeux, comme le Pilote regarde sans relâche son pole & son étoile, pour la sureté de la navigation, cette volonté les conduit, les dirige, elle les console, elle les encourage, ils n'apprehendent rien davantage, sinon qu'il se rencontre quelque incident dans leur course qui les en separe.

Enfin les Mages offrent leurs presens à JESUS-CHRIST, sçavoir de l'or, de l'encens & de la myrrhe. Les saints Peres expliquent ce qui nous est figuré par ces noms mysterieux ; mais pour ne vous parler que de ce qui touche nôtre état, disons, mes Freres, qu'à l'imitation des Mages, nous offrons à Dieu de l'or le plus precieux de tous les metaux, quand nous renonçons pour l'amour de lui, à tous les biens & à toutes les richesses de la terre, à tout ce que nous pourrions y avoir d'établissemens & de fortunes, à tout ce qui est capable de flatter nôtre cupidité & nôtre ambition, & que par le vœu de la pauvreté, il ne nous reste aucune pretention sur les choses d'ici-bas, ni aucune liberté legitime d'en joüir & de les posseder.

Nous lui offrons de l'encens par le vœu de nôtre obéissance. Remarquez, mes Freres, que comme c'est par l'oblation de l'encens que l'on reconnoît la souveraineté de Dieu, & qu'on lui donne des marques exterieures du culte & de l'adoration qu'on rend à sa Majesté suprême; c'est aussi par le vœu de l'obéissance, par l'assujettissement, par la destruction & par l'immolation de la volonté, plus que par tout autre renoncement, qu'on lui fait connoître qu'on le prend pour son Dieu: c'est le plus grand effet d'une adoration sincere, l'Ecriture le regarde comme le plus grand de tous les sacrifices; parce que c'est l'ame, c'est le cœur, c'est l'esprit qu'on détruit par la dépendance dans laquelle on s'engage; & parce qu'il n'y a point de de moment dans la vie auquel un Religieux fidele n'obéiſſe, puiſque toutes ſes actions ſont commandées, il ſe peut dire que ſon ſacrifice eſt continuel.

Nous offrons de la myrrhe par le vœu de la chaſteté, qui comprend préciſément une mortification parfaite des ſens, un crucifiement de la chair, un renoncement à tout plaiſir & à toute volupté ſenſuelle ; & nous ne dirons rien de trop grand quand nous aſſurerons qu'un Religieux, s'il eſt tel qu'il eſt obligé d'être, ne doit pas être moins mort à toutes les actions deſquelles Dieu n'eſt point le principe & la fin, qu'un corps mort eſt incapable des fonctions de la vie qu'il a perduë. *Aurum offerimus, opes omnes pro Chriſto calcando thus, ea quæ ſurſum ſunt ſapiendo myrrham, membra paſſioneſque mortificando.* Ber.ſer.3. de Epiph.

Voilà, mes Freres, une repréſentation fidelle de vôtre état. Vous voyez dans ces principales circonſtances de la conduite des Mages, ce qu'il faut que vous ſoyez. Il faut qu'un Solitaire cherche uniquement Jesus-Christ, qu'il vienne pour le trouver des extremitez de la terre, c'est-à-dire, des égaremens d'une vie mondaine ; il faut qu'il renonce au monde, & qu'il le quitte, parce qu'il sçait que Dieu n'y est pas connu, & qu'il se lasse de vivre, ou comme ceux, ou parmi ceux qui font une profession toute publique d'ignorer Dieu ; il faut qu'il dise comme le Prophete : *Ecce elongavi fugiens, & mansi in solitudine*, qu'il fuie les hommes pour passer les jours avec les Anges, c'est-à-dire, avec d'autres hommes qui fassent sur la terre ce que les Anges font dans le Ciel, afin de joüir du repos sacré de la solitude, & de cette paix sainte, qu'on ne rencontre point dans le tumulte des villes : *Non in commotione Dominus.*

Ps. 54.8.

3. Reg. 19. 11.

Il faut qu'un Solitaire se trouve & se retire dans cette Bethleem si vile, & si méprisable, que le Prophete appelle : *Parvulus in millibus Juda.* Petite entre les villes de Juda : c'est le lieu que la divine Providence lui a indiqué pour sa retraite ; il faut qu'il l'aime & qu'il la cherisse, & qu'il dise avec des dispositions toutes cordiales, toutes sincéres & tou-

Mich. 5. 12.

tes animées, ces paroles du Prophete Royal : *Elegi abjectus esse in* Pf. 83. 11. *domo Dei mei, magis quam habitare in tabernaculis peccatorum.* Je fais mille fois plus de cas de me voir humilié dans cette demeure, telle qu'elle est, puisque c'est Dieu qui me l'a marquée, que d'habiter dans les édifices superbes & les Palais magnifiques des gens du monde. C'est ici ma demeure, c'est la place que j'ai choisie par l'ordre de Dieu, j'y persevererai, j'y joüirai d'une tranquillité sainte, jusqu'à ce qu'il lui plaise de m'appeller dans son Eternité, de m'en ouvrir les portes, & de me rendre participant de la gloire de ses Saints. *Hæc requies mea in* Pf. 131. *sæculum sæculi, hic habitabo quoniam* 14. *elegi eam.*

Il faut enfin qu'il offre de l'or, de l'encens & de la myrrhe, comme nous venons de le marquer par ce triple engagement, & par ce triple vœu de pauvreté, d'obéïssance & de chasteté, & qu'il se separe pour jamais de tout ce qui n'est point Dieu, & qui est incapable de lui en donner la joüissance.

Nous avons jusqu'ici suivi les Mages dans ce grand voyage que l'ordre de Dieu, & le desir de voir & d'adorer celui qui étoit venu pour sauver le monde, leur avoit fait entreprendre ; mais il est temps de les quitter, ils retournent dans leur païs. *Reversi sunt per aliam viam in regionem suam.* Vous devez les suivre jusques-là ; mais vous ne devez pas aller plus loin, vous qui avez pris à la lettre ce precepte du Seigneur : *Egredere de terra tua, & de cognatione tua, & de domo patris tui,* & qui ayant abandonné vos proches, & le lieu de vôtre naissance, vous en êtes interdit le retour pour jamais, vous avez choisi un état qui vous fixé pour toûjours. Tout ce que vous avez quitté doit être à vôtre égard comme s'il n'avoit jamais été, ou comme s'il n'étoit plus, il ne vous est permis de le voir qu'en Dieu seul, & des yeux de l'esprit, de la foi & de la grace, & non plus de ceux de la nature, du sang & de la chair.

Les Mages retournent en leur païs où l'ordre de Dieu les rappelle pour y prêcher JESUS-CHRIST, & pour y annoncer les veritez dont ils

Matth. 12.

Gen. 11. 1.

avoient été les témoins ; mais pour vous, mes Freres, vous préchez Jesus-Christ par vôtre silence, dans le lieu où sa Providence vous a conduits ; vous en parlez par vôtre retraite ; vous ne communiquez jamais davantage aux hommes les dons & les graces que vous en avez reçûës, que lorsque vous en avez moins de commerce avec eux ; & vôtre penitence, si elle est exacte, fidele & perseverante, est un moyen d'une efficace incomprehensible pour établir le nom de Jesus-Christ; puisque dans le sentiment des Saints, vôtre vie est un veritable martyre : & vous ne pouvez douter, aprés ce que Saint Jerôme, Saint Bernard, & tant d'autres nous en ont dit, que par toutes les pratiques saintes que vous observez, vous ne confessiez la la Foi de Jesus-Christ, & que vous n'annonciez sa Mort, jusqu'à ce que selon sa promesse, il revienne dans le monde pour y exercer ses derniers jugemens : *Mortem Domini an-* *nuntiabitis donec veniat.*

1. Cor. 11. 26.

Le seul avis qui me reste à vous donner, mes Freres, est qu'un Religieux retourne souvent dans le monde sans y penser, & sans s'en appercevoir. Il n'est pas necessaire qu'il reprenne ni les vétemens, ni les biens, ni les richesses dont il s'étoit dépoüillé, ni qu'il rentre dans les emplois, dans les affaires, dans les plaisirs & dans les occupations qu'il avoit abandonnées, ce seroit une desertion grossiere, une apostasie scandaleuse ; mais il suffit pour commettre cette infidelité qu'il suive son amour propre, qu'il écoute les suggestions de sa cupidité, qu'il fasse, & qu'il execute ce qu'elle lui inspire, parce que quand il agit de la sorte, il se retrouve dans les inclinations, dans les sentimens & dans les conduites du monde ; ses actions en ont le principe, puisqu'elles partent de sa cupidité, elles en ont la fin, puisqu'il ne s'en peut proposer d'autre dans son dereglement, que sa gloire, son plaisir, son interêt, & sa propre utilité.

Un Religieux, par exemple, qui suit ses lumieres & ses sentimens, au lieu de se conduire par ceux de de ses Superieurs, retourne dans le monde ; il se prefere à ses freres, il n'a pas pour eux ni cette déference ni cette charité qu'il est obligé d'avoir, il retourne dans le monde; il recherche ses satisfactions dans la nourriture, dans sa liberté, dans ses lectures, dans ses travaux, & se fait, autant qu'il peut, comme un état de plaisir dans un état d'austerité & de penitence, il retourne dans le monde; enfin il s'étudie à se faire une vie douce, molle & languissante dans une vie de Croix & de mortification, il ne faut pas douter qu'il ne retourne dans le monde, & il est proprement du nombre de ceux, (comme dit Saint Benoît) *Qui adhuc operibus servantes saeculo fidem, mentiri Deo per tonsuram noscuntur*, qui paroissent Religieux par leur habit, & par quelques pratiques exterieures; mais comme leur cœur est tout rempli de l'esprit du monde, ils appartiennent au monde, & doivent être mis parmi ceux qui le servent & qu'ils lui gardent la foi qu'ils lui avoient promise : *Cor saeculare gerentes, sub habitu Religionis.*

Je finis, mes Freres, en vous disant que je souhaite que cette peinture toute divine, que Dieu vous a tracée de vos principaux devoirs dans

Reg. S. Ben. c. 1.

Bern.

la personne des Mages, fasse sur vous toutes les impressions qu'elle y doit faire ; qu'elle ranime vôtre foi, qu'elle excite vôtre Religion, qu'elle augmente vôtre fidelité, & qu'elle vous porte à vous acquitter avec plus d'exactitude & de zele que vous n'avez fait jusqu'à present des obligations d'un état qu'il a sanctifié par tant de graces & de benedictions ; & que vous vous estimiez heureux d'avoir trouvé JESUS-CHRIST dans Bethleem, que vous préferiez ce bonheur à toutes choses, que vous en joüissiez dans le repos & dans la paix, & qu'il n'y ait rien qui puisse ni vous en separer, ni vous en distraire.

CONFERENCE
POUR
LE I. DIMANCHE
APRE'S LES ROIS.

Invenerunt illum in templo. *Luc.* 2.46.

Ils le trouverent dans le Temple.

NOus avons, mes Freres, dans l'Evangile de ce jour une figure, ou plûtôt une instruction qui nous apprend ce que c'est que votre état, & qui nous en donne (au moins à ce qu'il m'a paru) une veritable idée. Jesus-Christ laisse aller la Sainte Vierge & Saint Joseph, & demeure dans Jerusalem sans qu'ils s'en apperçoivent, & aprés l'avoir perdu durant trois jours, ils le retrouvent dans le Temple assis au milieu des Docteurs, qui les entendoit parler, & qui les interrogeoit touchant les interêts & les affaires qui regardoient l'honneur & la gloire de son Pere.

C'est ainsi que les Moines & les veritables Solitaires quittent leurs freres & leurs parens, & par consequent ceux avec lesquels ils ont des liaisons moins étroites & moins intimes, & se retirent dans les Monasteres, qui sont des Temples consacrez au service de Dieu, pour y entendre, pour y interroger, non pas des Docteurs, mais le maître & le Docteur des Docteurs ; c'est-à-dire, qu'ils laissent les hommes pour s'occuper uniquement de Dieu, & qu'ils abandonnent les creatures, pour ne plus penser qu'à celui qui les a créez.

Vous remarquerez, mes Freres, qu'on ne trouve pas Jesus-Christ dans les places publiques, dans les Tribunaux, où l'on forme, & où l'on soûtient des contestations, ni dans des assemblées de divertissement & de plaisir : car il y avoit long-temps qu'il avoit dit par la bouche de son Prophete, qu'il haïssoit la societé des méchans, & qu'il n'avoit point de part avec eux : *Odivi Ecclesiam malignantium ; & cum impiis non sedebo.* Mais on le rencon-

Ps. 25. 5.

tre dans le Temple, traitant de ce qui concernoit la gloire de son Pere, suivant le cours de sa Mission, & s'acquittant en cela des fonctions de son ministere. C'est ainsi que les Moines doivent quitter le monde, sans rien porter avec eux de ce qui le regarde, dans le lieu de leur retraite, sans conserver les moindres soins, les moindres sentimens, ni même le moindre souvenir des choses qu'ils ont quittées ; au contraire il faut qu'ils donnent au Ciel ce qu'ils ont ôté à la terre, je veux dire leurs personnes, leur temps, leurs occupations, leurs travaux, leurs volontez, leur cœur, & qu'ils rendent JESUS-CHRIST le maître de toutes les places que les creatures y avoient usurpées. Ils sont à lui, ils ne doivent plus penser qu'à lui ; l'Eternité toute seule doit être l'objet de leurs meditations & de leurs desirs ; & s'il leur arrive de descendre de cet état superieur, & de s'arréter sur des objets sensibles & perissables, il faut qu'ils sçachent qu'ils sortent des bornes de leur devoir, & qu'ils se tirent en cela de la main de Dieu & de son ordre.

Cette verité, mes Freres, est constante, vous ne pouvez l'ignorer, vous l'avez luë dans tous les Livres des Saints Peres : cependant elle ne laisse pas d'être combattuë ; il y a des gens qui la contestent, qui ne sçauroient regarder les veritez quand elles sont pures & sans mélange, que comme des excés, & qui ne font point de scrupule de les nommer des opinions outrées. Ainsi il ne sera point inutile d'appuyer par de nouvelles raisons ce que nous pensons sur cette matiere ; car vous ne pouvez avoir trop de remparts pour vous défendre contre ceux qui voudroient l'attaquer.

Je vous dirai donc, mes Freres, (posé ce qui est un fondement incontestable, que Dieu veut que l'on fasse valoir ses dons, que l'on profite des talens que l'on reçoit de sa bonté & de sa largesse infinie,) qu'on ne peut mieux juger de ce qu'il demande des hommes, que par les qualitez & les dispositions differentes qu'il leur a données. Il éleve un Prince sur le Trône, il reçoit de sa main la magnanimité, la valeur, la sagesse, l'amour de la justice, le zele de la gloire de Dieu, & toutes les autres vertus Royales; peut-on douter que son intention ne soit, qu'il gouverne les Royaumes & les Monarchies comme les Constantins & les Theodoses les ont gouvernées? Il en établit un autre dans les premieres places de l'Eglise, il le remplit de lumieres, de prudence, de charité, de force, de vigilance, & de toutes les autres graces Episcopales; n'est-il pas évident qu'il veut qu'il soit à la tête des Peuples, qu'il les éclaire, qu'il les dirige, qu'il les console, qu'il les soûtienne, qu'il les fortifie, & qu'il les conduise dans la voie de leur salut, & en la maniere que l'ont fait autrefois les Basiles, les Chrysostomes, les Augustins & les Ambroises?

Si on vous disoit, mes Freres, (& que vous fussiez encore engagez dans le siecle) qu'il y a des hommes qui suivant le precepte de Jesus Christ ne sont plus du monde, & vivent dans des Solitudes, ou dans des Monasteres, qui aprés avoir renoncé à tous les biens, toutes les richesses, toutes les voluptez de la terre, ont fait vœu d'une pauvreté, d'une chasteté & d'une obéissance exacte; qui gardent une temperance severe & rigoureuse; qui observent un silence qu'ils n'interrompent jamais; non seulement envers les personnes étrangeres, mais à l'égard de ceux dans la societé desquels ils passent leurs jours; que Dieu a pris un si grand soin de ce qui les regarde, qu'il a partagé leurs journées par des occupations & des exercices dont il est l'objet & la fin; qui chantent chaque jour des Pseaumes & des Cantiques pendant huit heures; qui en passent trois ou quatre dans des lectures saintes, trois autres dans le travail des mains; qui se proposent dans toute leur conduite d'imiter les Patriarches & les Apôtres, de mortifier leurs sens, & de se garantir du plus dangereux des vices, qui est la paresse; & qui n'ayant qu'une heure de reste, qui est celle du repas, dans la crainte d'y commettre quelque excés, l'ont reglé de telle sorte, qu'il est toûjours precedé & suivi de longues prieres, & accompagné d'une lecture sainte.

Si on vous demandoit, dis-je, ce que vous pensez de ces hommes si dégagez de toutes les choses d'ici-bas, & à quoi vous croyez que Dieu les destine, vous répondriez sans doute, & tout ce qu'il y a de gens de bon sens avec vous, que ces hommes ne font sur la terre que pour la fouler aux pieds ; qu'ils doivent être incessamment dans le Ciel par toutes les actions de leur esprit & de leur cœur ; que Dieu ne les a desappliquez des creatures, que pour se les appliquer uniquement, & qu'ils doivent vivre, non pas comme des hommes, mais comme des Anges. Il faut que tout le monde demeure d'accord que Dieu ayant pris soin d'ordonner toutes leurs occupations, de déterminer tous les mouvemens de leur conduite, & de regler jusqu'aux moindres de leurs exercices, ils doivent faire toutes choses dans sa vûë, pour l'amour de lui, & agir uniquement dans le desir de lui plaire, à moins que d'abandonner temerairement les voies qu'il leur a marquées, à moins que de mépriser l'application avec laquelle il est entré dans le détail de leur vie, & de vouloir bien qu'un mépris si injurieux, qu'une ingratitude si noire ne le contraigne de changer cette charité paternelle dont il leur a donné des témoignages si sensibles, en un sentiment d'une vengeance & d'une justice rigoureuse.

Un maître a des serviteurs, il leur donne un état selon lequel il veut qu'ils se conduisent, & comme il ne veut point qu'ils perdent un moment de temps, il dispose leurs emplois, leurs travaux & leurs occupations avec tant de regle & de mesure, qu'il n'y a circonstance quelconque qui n'ait une destination qui lui soit propre. Enfin son intention est qu'ils remplissent les journées, selon le partage & la distribution qu'il leur en a faite. N'est-il pas vrai, mes Freres, que ces serviteurs sont obligez d'executer les intentions de leur maître, de suivre en tout l'ordre qu'il leur a donné avec une ponctualité qui le contente ; & que s'ils contreviennent à ses volontez, & qu'ils manquent à la fidelité qu'il en attend, il ne manquera pas de les regarder comme de méchans serviteurs, & de punir leur negligence, leur malignité, ou le peu de soin qu'ils ont eu de le servir, & d'obéir à ses ordres?

Tous les Saints qui ont parlé sur ce sujet, n'ont point eu d'autre sentiment que le mien, ou plûtôt je n'ai point de pensées que celles qu'ils m'ont enseignées. Et en effet quand ils ont dit que les Religieux & les Moines étoient des Martyrs, ont-ils voulu dire autre chose, sinon qu'ils devoient être dans un dégagement des choses de la terre, semblable à celui dans lequel pouvoient être ces hommes tous divins, qui étoient tous prêts d'être reçûs dans le Ciel ? Que pouvoient-ils penser quand ils les ont comparez aux Apôtres, sinon qu'ils avoient renoncé comme eux, selon le precepte de JESUS-CHRIST, à tous les biens & à toutes les richesses d'ici-bas, pour porter sa Croix, & pour le suivre ? Que vouloient-ils dire quand ils les ont appellez des Anges, sinon qu'ils devoient imiter ces Esprits bienheureux, negliger comme eux tout ce qui passe, s'attacher uniquement à Dieu, & contempler invariablement les choses éternelles ? Enfin quel a pû être leur sentiment, lorsqu'ils les ont regardez comme des Prophetes, sinon qu'ils devoient effacer de leurs cœurs & de leur memoire les choses presentes, & ne vivre que dans la vûë & dans l'attente de l'avenir. Les Moines peuvent cacher tant qu'il leur plaira leur propre gloire, afin d'éviter les privations & les assujettissemens auſquels il faut qu'ils se réduisent pour en soûtenir l'éclat, & s'acquitter en cela de leurs obligations ; mais ils n'empêcheront pas que ces veritez qu'ils desavoüent, & qu'ils ne veulent pas reconnoître, ne nous ayent été enseignées par les Basiles, les Gregoires, les Chrysostomes, les Bernards, & une infinité d'autres ; ou, pour mieux dire, que JESUS-CHRIST lui-même ne nous les ait declarez par leur bouche ; & que comme elles seront la sanctification de ceux qui auront assez de fidelité & de Religion pour les suivre, elles seront aussi la perte & la condamnation de ceux qui les auront méprisées. Enfin, mes Freres, les Moines ont été choisis pour être dans la Maison de Dieu, comme des vases d'honneur & d'élection ; ils en sont la beauté, la richesse & l'ornement; ce sont des lampes ardentes qui doivent brûler en sa presence, & ne s'éteindre jamais; ce sont des glaces pures & sans tache, qui doivent incessamment recevoir les rayons de ses splendeurs immortelles, pour les répandre dans le monde & en chasser les ombres & les tenebres du péché.

Le principal avis que j'ai à vous donner, mes Freres, est de faire ce que le Saint-Esprit nous commande par ces paroles de son Evangeliste: *Attendite vobis ne forte graventur corda vestra in crapula & ebrietate, & curis hujus vitæ.* Luc. 21. 34. Ne souffrez point que les affections terrestres & sensuelles, & les soins des choses de cette vie appesantissent vos cœurs, & étouffent cette vivacité sainte qui vous est si necessaire, pour rendre à Dieu les services ausquels vôtre profession vous engage, & comptez entre ces soins tout ce qui peut vous separer de Dieu, ou vous rendre languissans dans ses voies.

La premiere tentation de laquelle vous devez vous garentir comme d'un piege tres-dangereux, ce sont ces pensées vaines, ces imaginations frivoles qui naissent & s'élevent dans la tête de ceux qui sont à Dieu, comme de ceux, qui n'y font pas; avec cette difference que les premiers les craignent, & font ce qu'ils peuvent pour s'en défendre, les autres s'y laissent aller & les negligent. Cependant comme elles attaquent la pieté, & que souvent elles l'éteignent par la dissipation qu'elles causent dans les ames, par le dégoût qu'elles leur donnent des choses de Dieu, par l'inapplication dans laquelle elles les mettent dans les temps ausquels elles lui devroient être le plus intimement unies, il faut que vous soyez incessamment sur vos gardes, & que vous usiez, s'il est possible, d'une vigilance si exacte, que vous vous preserviez en cela d'un inconvenient si universel & si ordinaire. On s'y accoûtume, parce qu'on n'en sçait pas le danger ; mais pour vous le faire connoître tout d'un coup, je vous dirai qu'on peut comparer ces sortes de pensées ou de distractions, à ces herbes qui naissent dans les étangs & dans les rivieres ; ceux qui s'y baignent, quand ils les rencontrent, à moins qu'ils ne les connoissent par experience, n'y trouvant nulle resistance, mais au contraire, de la mollesse & de la flexibilité, ils les negligent, & ne pensent ni à les éviter, ni à s'en tirer : Cependant elles entrelassent les membres insensiblement, elles embarrassent le corps, elles lient les pieds, les mains, de sorte qu'elles leur ôtent tout mouvement ; enfin elles les abîment dans le fond de l'eau, comme s'ils étoient chargez d'un fardeau d'une pesanteur infinie.

La seconde, est la paresse, qui n'est que trop ordinaire aux personnes de nôtre profession. Elle se trouve parmi les gens qui vivent dans les Cloîtres, comme dans ceux qui vivent dans le monde ; c'est par elle que le Demon vient à bout de détruire le merite des exercices & des occupations les plus saintes. Dés-là qu'il fait tant que d'inspirer le dégoût & la langueur, ensorte que l'on s'acquitte avec tiedeur & negligence des choses dont on doit s'acquitter avec zele & avec ardeur, on fait ce que l'on fait sans aucun fruit ; & non seulement on n'en a aucun agrément du côté de Dieu, mais on s'attire, si on n'y prend garde, & si on ne rend sa conduite plus vive &

plus animée, l'effet de cette menace terrible : *Maledictus qui facit opus Domini negligenter* ; Maudit celui qui fait l'œuvre de Dieu avec negligence : Et s'il y a rien qui puisse vous donner de l'horreur d'un tel état, c'est de penser que Jesus-Christ nous declare qu'il rejette les ames tiedes de la bouche de son cœur : *Quia tepidus es, & nec calidus, nec frigidus, incipiam te evomere ex ore meo.*

Jer. 48. 10.

Apoc. 3. 16.

La troisiéme tentation est la maniere de s'appliquer aux occupations qui sont commandées ; elles sanctifient quand on les regarde du côté de l'obéïssance, mais elles font un effet tout contraire par les circonstances qu'on y joint. Un Religieux reçoit l'emploi auquel on le destine ; mais s'il arrive qu'en suivant le mouvement de sa cupidité, il s'y donne avec trop d'ardeur, trop d'activité, trop d'attachement, cet emploi le remplit, l'occupe & le possede tout entier, & par une suite necessaire, il desseche son cœur, il le rend sterile pour le bien, il éteint ce qu'il pouvoit avoir acquis de pieté ; desorte que quand il est obligé de se presenter devant Dieu, il ne sçait plus ce que c'est que de le trouver, il le cherche foiblement, il ne fait point pour cela les diligences necessaires ; & si quelquefois Jesus-Christ, dont les bontez sont infinies, vient à lui, l'embarras dans lequel il le voit, l'arrête comme s'il lui fermoit les portes de la maison. Il n'a garde d'entrer dans un lieu qui n'est pas digne de lui, où il ne se peut plaire, & où tout est dans l'agitation, dans le trouble & dans le tumulte : *Non in commotione Dominus.* Et ce qui est plus déplorable, & qu'on n'oseroit presque penser, c'est qu'une bagatelle, un atome, une chose qui ne merite pas un regard, ni un coup d'œil, à laquelle cependant on donne la preference, tient toutes les places dans le cœur de ce miserable, & peut en exclure Jesus-Christ pour jamais.

3. Reg. 19. 11.

Je ne vous parle point des affaires qui ont rapport au monde, parce que je sçai qu'elles sont tellement décriées auprès de vous, & que vous en connoissez si parfaitement la malignité, qu'il n'est pas possible qu'il vous en vienne des tentations. Mais il y en a une quatriéme, & qui n'est pas moins à craindre, je veux dire celle qui vous peut arriver du côté des lectures: car quoiqu'elles vous soient commandées, & qu'elles soient tres-saintes & tres-utiles par elles-mêmes; cependant elles ne le sont plus, quand on manque de les faire selon l'ordre & les veritables regles; je veux dire, si on s'en acquitte avec empressement, avec curiosité, avec dessein de se contenter & de se satisfaire, plûtôt que de s'éclairer, de s'échauffer & de s'instruire; & les mêmes veritez qui étant traitées & reçûës avec les preparations necessaires, produiroient dans les ames des biens infinis, n'y causent que des maux par les mauvaises circonstances dont on les accompagne.

Quelque excellente que soit la nourriture que vous donnez à un malade, quelque convenable qu'elle puisse être à son temperament, à sa foiblesse & à l'état dans lequel il se trouve, si elle est prise avec trop d'avidité, s'il l'avalle sans la mâcher, & sans la preparer dans sa bouche, ensorte qu'il s'y fasse comme me une premiere digestion; s'il entasse morceaux sur morceaux, sans se mettre en peine que de rassasier sa faim, il ne met dans son estomach que des pierres & des cailloux, & cette viande, toute délicate qu'elle est, ne servira qu'à le rendre plus malade qu'il n'étoit pas.

Il en est de même des veritez qui sont contenües dans les Livres ; si vous les y lisez avec rapidité, sans les mediter, sans reflexion, sans les goûter, comme si vous n'aviez d'autre dessein que d'en remplir vos cahiers, ou d'en charger vôtre memoire, bien loin de mettre dans vos ames des dispositions plus saintes, de les rendre meilleures & plus capables de se conduire selon les intentions & les maximes que vous avez lües avec tant de promptitude, elles ne feront que les jetter dans la dissipation ; elles n'en seront que plus languissantes, plus seches, plus affamées, plus alterées, parce qu'elles n'auront pas eu le temps d'en tirer le suc, la substance, & de s'en nourrir. Et on ne dira rien qui ne soit vrai, quand on assurera que la maniere toute humaine avec laquelle les personnes dissipées se conduisent en ces sortes de rencontres, est regardée de Dieu comme une véritable profanation. On donne à un malade qui tombe en foiblesse, & que l'on croit dans la dernière extremité, une goutte de quelque essence, dont la force & la vertu peut le retirer de l'état où il est; mais si au lieu de cette goutte, vous lui en versiez avec trop d'abondance, au lieu de la vie que vous prétendez lui procurer, vous lui donnez la mort. C'est ce que font les veritez les plus saintes, quand elles ne sont pas mesurées, & qu'on n'en use pas avec la moderation necessaire.

Enfin, mes Freres, je finis en vous disant que le grand mal vient de ce qu'on n'interroge point & de ce qu'on n'écoute point ce Docteur des Docteurs dont je vous ai parlé. *Invenerunt illum in templo sedentem in medio Doctorum, audientem illos, & interrogantem eos.* On me dira qu'on s'adresse à lui, qu'on l'interroge & qu'on lui demande ; mais je vous réponds que ce n'est pas veritablement demander, si vous ne lui demandez ce que vous devez lui demander. Ouvrez-lui vôtre cœur, exprimez-lui vos besoins, faites-lui connoître vos necessitez. Dites-lui: Je suis superbe, Seigneur, donnez-moi l'humilité; faites que je sois charitable, patient, doux, traitable, obéissant, soumis; que je sois éloigné de toute envie, de juger ou de soupçonner ou mes Superieurs, ou mes freres; faites que je profite des corrections & des avis qu'on me donne; ôtez de mon cœur cette opiniâtreté qui m'est si naturelle; enfin delivrez-moi de tous ces vices & de toutes ces passions ausquelles je me vois si malheureusement assujetti. C'est-là interroger Dieu, mes Freres, c'est-là parler à JESUS-CHRIST; mais il faut se connoître & se condamner pour le faire, & tant que nous nous croirons innocens, que nous fermerons nos yeux sur nos propres miseres, & que nous prendrons autant de soin de nous justifier, que nous devrions en avoir de nous condamner, nous n'interrogerons point JESUS-CHRIST: ainsi il ne nous parlera point, & nous n'aurons garde de l'écouter, ni de l'entendre: car ceux-là seulement l'entendent, qui ont le cœur soumis & disposé à profiter de ses instructions ; mais tous tant que nous sommes nous l'écoutons, & nous ne l'écoutons pas. Le Seigneur dit à son peuple par la bouche d'Isaïe : Vous qui m'écoutez, écoutez-moi ; mais pourquoi dire, écoutez-moi à ceux qui écoutent ? Et n'est-ce pas une chose inutile de leur dire qu'ils fassent ce qu'ils font ? Non, ce n'est pas une chose inutile : car la plûpart des gens, comme je viens de vous le dire, écoutent sans écouter ; & souvent entre dix mille qui écoutent un Predicateur de la verité, il n'y en a pas dix qui l'écoutent, c'est-à-dire, qui soient dans la preparation veritable pour profiter de ses avis & des choses qu'il enseigne : & Dieu veuille, mes Freres, qu'au moment que je vous parle, *Is. 55. 2.* je n'aye pas sujet de vous dire : *Audite audientes me* : Ecoutez-moi avec attention ; & que vous soyez en cela dans la situation où vous devez être, c'est-à-dire, que vous receviez ma parole, comme la parole de celui au nom duquel je vous parle, & que vous puissiez dire avec sentiment *Ps. 107. 2.* & sincerité : *Paratum cor meum, Deus,*

Paratum cor meum : Mon cœur est preparé, mon Dieu, mon cœur est preparé. Je prie Dieu, mes Freres, qu'il fasse par sa misericorde que vôtre attention soit si fidele & si sainte, que cette semence divine ne soit point jettée à faux dans vos cœurs; mais que vous l'y receviez d'une maniere qu'elle soit la semence de ce bonheur, & le germe de cette vie immortelle aprés laquelle vous soûpirez.

II. CONFERENCE
POUR
LE I. DIMANCHE
APRE'S LES ROIS.

A LA DEMANDE D'UN NOVICE.

In silentio & quiete, proficit anima Deo devota. *De Imit. l. 1. c. 20.*

L'ame qui est attachée à Dieu fait du progrés & s'avance dans ses voies par le moyen du repos & du silence.

LA misericorde que vous demandez à Dieu, mon Frere, n'est autre chose, sinon qu'il vous fasse heureusement achever l'ouvrage que vous avez commencé par le mouvement de sa grace ; & afin de vous seconder dans une si sainte entreprise, je vous dirai quelques paroles qui ont été, sans doute, dictées par le Saint-Esprit, & dans lesquels vous trouverez des instructions importantés pour l'execution & pour la suite de vôtre dessein. Nous lisons dans l'Imitation de JESUS-CHRIST que l'ame qui est attachée à Dieu, fait du progrés & s'avance dans ses voies par le moyen du repos & du silence : *In silentio & quiete, proficit anima Deo devota*. Ainsi, mon Frere, si vous voulez marcher à grands pas dans le chemin de la perfection, c'est-à-dire, dans l'état que Dieu vous a choisi, & que vous avez embrassé, usez de ces deux moyens, & servez-vous avec application de ces deux pratiques, comme étant les plus assurées, & sans lesquelles vous devez être persuadé que vous travaillerez inutilement, & que vous ne rencontrerez rien moins dans la profession à laquelle vous voulez vous consacrer, que le bonheur & la consolation que vous vous y êtes proposée.

Vous me demandez, sans doute, que je vous explique ce que j'entends par ce silence dont je vous parle, & ce qu'il faut que vous fassiez pour vous acquitter en ce point de l'obligation que vous aurez contractée. Je vous réponds que ce silence auquel l'ordre de Dieu vous oblige, n'exige pas moins de vous qu'une cessation de tout commerce & de toute communication, non seulement avec le monde & les personnes étrangeres, mais avec vos freres & avec vous-même. Vous me direz, sans doute, pourquoi faut-il que je me prive de toutes sortes d'entretiens, & pourquoi m'interdire des communications innocentes ? C'est, mon Frere, que le Saint-Esprit nous apprend qu'il n'y en a point qui ne soit dangereuse ; qu'elles attaquent l'innocence de nos cœurs ; qu'il est presque impossible de parler aux hommes, sans qu'il nous échape quelques fautes, & que la pureté de nos ames n'en reçoive quelque atteinte. La langue est un feu, c'est un monde d'iniquité : *Lingua ignis est, universitas iniquitatis.* Nul homme ne peut s'en rendre le maître (c'est-à-dire, quand il parle) C'est un mal inquiet & intraitable, & elle est pleine d'un venin qui donne la mort : *Linguam autem nullus hominum domare potest, inquietum malum, plenā veneno mortifero.*

Ep. Jac. 3. 6.

Ibid. 8.

En effet, ces discours & ces entretiens

tretiens se tiendront sur des choses ou bonnes, ou inutiles, ou mauvaises. Personne n'ignore que les mauvaises ne soient interdites en tous temps & à toutes personnes; les inutiles ne sont pas plus permises; & ceux qui sçavent que le Saint-Esprit donne sa malediction, je ne dis pas seulement aux Moines, mais à tous ceux qui ont des pensées vaines ou inutiles; à plus forte raison cette malediction tombe-t'elle sur ceux qui les expriment par la parole, & qui ne se contentant point de conserver la vanité dans leur tête, la font passer dans celle des autres: *Væ* *Mich. 2. 1.* *qui cogitatis inutile.*

Vous ne serez gueres plus en sureté, mon Frere, ni moins exposé, lorsque vous pretendrez que la matiere de vos conversations sera des choses bonnes & utiles. Le Prophete s'est abstenu d'en dire, comme il le declare lui-même: *Obmutui & silui* *Ps. 38. 3.* *à bonis.* Et quoique l'on trouve souvent des utilitez considerables dans ces sortes d'entretiens, ils ne sont pas neanmoins exempts de beaucoup d'inconveniens & de dangers.

Lorsque Dieu nous y applique pour

l'interêt de sa gloire, ou pour le salut du prochain ; nous pouvons esperer que nous n'en recevrons aucun dommage : car comme c'est lui qui nous y porte & qui nous y destine, il ne manquera pas de nous soûtenir & d'empêcher que nous ne commettions de ces fautes, qui sont comme des suites presque necessaires de la parole, pourvû que nous imitions le Prophete, & que nous nous observions avec un soin & une vigilance toute particuliere, de crainte qu'en voulant procurer le bien des autres, nous ne nous nuisions à nous-mêmes.: *Dixi custodiam vias meas, ut non delinquam in lingua mea.*

Ibid. 2.

Sçachez, mes Freres, qu'il ne s'ensuit pas que ce soit assez de parler par l'ordre de Dieu pour ne lui point déplaire ; & qu'il arrive souvent que ceux qui ont reçû sa mission, en usent si mal, qu'ils se rendent indignes qu'il les protege, & qu'une circonstance qui échape inconsiderément dans une conversation commencée par le mouvement de son esprit, le contraint de se retirer, & se termine par des manieres qui ne sont plus de lui, & qui n'ont plus que de l'homme. Saint Augustin dit excellemment que ceux qui écoutent sont bien plus heureux que ceux qui parlent ; que les premiers apprennent à devenir humbles, & que les autres ont beaucoup de peine à s'empêcher de devenir presomptueux & superbes. *Feliciores sunt qui audiunt quam qui loquuntur : qui enim discit humilis est, qui autem docet laborat ut non sit superbus.*

Si ceux qui se trouvent engagez par l'ordre de Dieu dans cette fonction en reçoivent des secours qui les soûtiennent, ceux qui s'y ingerent & qui s'y rencontrent par leur propre choix & par leur propre inclination, n'en reçoivent pas les mêmes graces, ni les mêmes assistances : car comme ils s'y sont engagez d'eux-mêmes, ou par presomption, ou par legereté, par imprudence, ou par une charité fausse & mal reglée, Dieu qui ne leur doit point la protection qu'il leur auroit donnée s'ils avoient reçû sa Mission, les considere & les abandonne comme des gens qui se sont tirez de son ordre & de sa main ; qui ont prevenu les dispositions de sa Providence ; qui contentent leurs inclinations, & qui agissent par leur propre esprit.

C'est ce qui arrive aux Moines & aux Solitaires, qui étant uniquement destinez pour le silence, pour la solitude & pour vivre dans la separation des hommes, les recherchent inconsiderément, comme s'ils avoient encore quelque chose de commun avec eux ; qui oublient toutes les raisons qui les obligent à se taire, & qui ne voyent pas qu'ils sont nez pour être instruits, & non pas pour instruire : *Tacere & audire discipulo convenit.* Ils auroient, sans doute, une conduite toute contraire, s'ils faisoient reflexion qu'ils portent trois qualitez qui leur imposent un rigoureux silence. Ils sont penitens, ils sont Moines, ils doivent se mettre au rang des personnes qui ne sont ni doctes, ni sçavantes. Comme penitens, selon Saint Bernard, ils ne doivent pas avoir l'envie d'instruire; comme Moines, ils n'en doivent pas avoir la hardiesse, & comme ignorans, si vous voulez, ils doivent croire qu'il ne leur convient pas, & qu'ils n'ont pas pour cela la capaci-

Regul. S. Ben. c. 6.

té necessaire : *Docere nec indocto est* Bern. ep.
in promptu ; nec Monacho in ausu, nec 89.
pœnitenti in affectu.

Et en effet, mes Freres, je vous demande à tous qui m'écoutez, s'il y a rien de moins pardonnable à ceux que Dieu a retirez du monde pour les sanctifier dans la retraite, pour passer leurs jours dans la meditation de sa Loi sainte, & n'avoir plus de communication qu'avec lui, que de s'engager tout de nouveau avec ce monde auquel ils ont renoncé si solemnellement, & de s'exposer à se priver pour jamais de toutes les graces & de tous les avantages que Dieu avoit resolu de leur faire dans la retraite, en renoüant des habitudes anciennes, qui ne peuvent subsister avec les engagemens qu'ils ont pris à son service. Dieu veut, mon Frere, que vous vous taisiez, & vous voulez parler contre son ordre ; il vous cache, vous voulez vous montrer ; il vous délivre en vous retirant dans le secret de la solitude, de mille inconveniens dont vous êtes menacé, & vous voulez paroître malgré qu'il en ait ? Hé ! pouvez-vous croire qu'il ne reprouve pas une conduite si opposée à tous les desseins, & qu'il ne vous livre pas à tous les maux que vous ne vous souciez pas d'éviter, je veux dire, à la vanité, à l'orgueil, à la presomption, à l'amour de la gloire? Ce sont des vices dont on ne peut se garentir lorsqu'on parle, si ce n'est par une misericorde de Dieu toute particuliere, dont vous n'étes plus digne dés-là que vous vous tirez de ces desseins.

Je conviens, me direz-vous, que je ne dois pas avoir de commerce avec les gens du monde ; mais pourquoi n'en pas avoir avec mes freres, avec ceux avec qui je me trouve uni dans un même état ? Je vous réponds que cela ne vous est pas permis ; premierement parce que vôtre Regle vous le défend, & qu'elle vous assujettit à un perpetuel silence, c'est-à-dire, dans tous les temps & avec toutes sortes de personnes : *Omni tempore silentio debent studere Monachi.* Elle veut même que s'il y a quelque raison qui porte le Superieur à accorder la liberté de parler, il ne le permette que rarement, & aux Religieux d'une pieté consommée, quand

Regul. S. Ben. c. 42.

même ce ne seroit que pour s'entretenir de choses & de matieres qui pourroient contribuer à leur salut & à leur édification, & comme il ne doit point vous venir dans l'esprit que vous soyez de ce nombre, & qu'une telle pensée & une telle imagination, seroit une preuve convaincante que vous n'en êtes pas, il est aisé de conclure que vous ne pouvez prétendre que ces entretiens & ces communications vous soient permises.

Secondement, vous tireriez peu d'utilité du silence que vous gardez avec le monde, si vous aviez la liberté de parler avec vos freres. Vous feriez bien-tôt rentrer dans le Cloître la corruption du siecle ; vous ne seriez pas long-temps sans reprendre ses airs & ses maximes, ses vûës & ses sentimens, ses passions & ses conduites ; vous parleriez pour plaire, & vous voudriez être applaudi ; vous gagneriez l'amitié des uns, & vous feriez des inimitiez avec les autres ; vous vous lieriez avec ceux-ci, & vous vous éloigneriez de ceux-là. Ce qui se passe dans le monde seroit le sujet de vos entretiens ; toutes vos communications seroient irreguliéres ; & la fragilité du cœur humain est si grande (je ne crains point de vous le dire) qu'il n'y a rien dont vous parlassiez moins, que de ce qui pourroit vous être utile ; & c'est ce qui a fait que Saint Benoît qui étoit plein de l'esprit de Dieu, a établi parmi ses freres & ses disciples, un silence si profond, & une separation si entiere. Que l'on tourne ce que je vais vous dire comme on voudra, il est tres-rare qu'un homme parle à un autre homme, sans qu'il se nuise à luimême : *Quoties inter homines fui, minor homo redii.*

Imit. lib.
2. 5. 20.

Troisiémement, il vous serviroit de peu, mon Frere, de demeurer dans le silence à l'égard du monde & de vos propres freres, si vous manquiez de le garder avec vous-même, c'està-dire, si vous vous entreteniez avec vos pensées & vos imaginations, en vous laissant aller à vos connoissances & à vos propres lumieres, en suivant vos conseils, vos opinions, vous attachant à vos vûës, à vos raisons ; enfin en cherchant dans vôtre propre fond ce qui n'y est point, ce que vous n'y trouverez pas non plus que dans le reste des creatures, mais que vous ne sçauriez recevoir que de Dieu seul. Vous vous separeriez des hommes pour éviter ce que vous rencontreriez en vous-même, je veux dire, la dissipation, la secheresse, l'aridité du cœur, la langueur, le dégoût des choses du Ciel, vôtre amour propre. Vous vous tiendriez à vous-même la place d'une assemblée nombreuse ; & vos cupiditez ne seroient pas moins fortes, ni moins vivantes, que si vous étiez encore dans des commerces ausquels vous auriez renoncé. Souvenez-vous, mon F. je vous le dis, & ne l'oubliez jamais, si Dieu vous fait la grace de consommer vôtre sacrifice ; un Moine s'est retiré pour fuir les creatures, parce qu'elles lui sont prejudiciables, & qu'elles s'opposent à sa perfection ; & il n'y en a point dont il doive plus se separer que de lui-même, parce qu'il n'y en a point dont le commerce lui soit plus dangereux ; Et en effet il n'aime les autres que pour lui & pour sa propre satisfaction, & il n'y en a pas une seule de celles ausquelles il peut s'attacher, qu'il ne se rapporte, & dont il ne soit la fin.

Il faut, mes Freres, que tous les

Moines soient persuadez que Dieu ne leur inspire pas de renoncer aux creatures pour s'attacher à eux-mêmes, mais pour s'appliquer uniquement à lui. Il veut qu'ils lui donnent tout ce qu'il leur refuse, ce n'est pas pour joüir d'eux-mêmes qu'ils les quittent, mais pour joüir de Dieu, pour posseder Dieu & pour en être possedez. *Sola esto anima christiana*, dit Saint Bernard, *ut illi soli te serves, cui te unice consecrasti.* Vivez seules & separées, Ames religieuses, afin de vous conserver pour celui seul auquel vous vous êtes uniquement consacrées. Il faut qu'un parfait Religieux, ou qui a envie de l'être, s'adresse incessamment ces

Ps. 44. 12. paroles du Saint-Esprit: *Audi filia & vide, & inclina aurem tuam & obliviscere populum tuum & domum Patris tui*: Ecoutez, ma fille, c'est-à-dire, ame fideile, oûvrez les yeux de vôtre esprit : *Inclina aurem tuam*: Prêtez l'oreille de vôtre cœur, & oubliez jusqu'à la maison de vôtre Pere. Comme Dieu lui parle sans cesse, soit par les inspirations secrettes, soit par les divines Ecritures, soit par la lecture des Livres saints, soit par les instructions de ses Superieurs, soit par l'exemple de ses freres, il doit lui donner toute l'attention qu'il lui demande, de crainte qu'il ne lui échappe une seule de ses paroles ; & afin qu'il soit toûjours en état de l'entendre & de lui répondre ; il faut, dis-je, qu'il lui crie incessamment comme ce saint Prophete : *Loquere Domine quia audit servus tuus* : Parlez, Seigneur, parce que vôtre serviteur vous écoute. Cela suppose une desoccupation toute entiere de lui-même, comme des choses du dehors ; & n'est-il pas trop heureux de se trouver dans un état qui ne lui permette plus d'avoir de commerce & de communication qu'avec Dieu ? Il est vrai qu'il s'interdit tout entretien avec les hommes ; mais il en retrouve un infiniment plus noble & plus excellent, & s'il est dans l'obligation de se taire avec eux, ce n'est que pour s'entretenir avec lui dans le secret & dans le silence. Quel partage ! C'est bien retrouver au centuple dés ce monde même, ce qu'il a pû quitter pour suivre Jesu-Christ. Ne vous étonnez pas de la perfection que je vous propose ; elle est grande, elle passe les forces humaines, j'en conviens ; mais Dieu qui est au dessus

1. Reg. 3. 10.

de la nature, tient dans sa main le cœur des hommes ; il en fait tout ce qu'il lui plaît, & il n'y a rien qui ne soit dans sa puissance. *Cor Regis in manu Domini quocumque voluerit inclinabit illud.*

Prov. 21. 1.

Pour la seconde disposition par laquelle nous vous avons dit qu'un Religieux s'avance & s'éleve à la perfection de son état, c'est le repos ou la paix : *In silentio & quiete proficit anima Deo devota.* Elle est une suite de la premiere ; & il ne se peut que ceux qui gardent à l'égard de toutes les creatures un silence tel que nous l'avons exprimé, & qui par consequent n'ont plus rien de commun avec elles, ne soient unis à Dieu d'une maniere toute intime ; & qu'ainsi ils ne se trouvent dans une tranquillité parfaite, puisque JESUS-CHRIST la communique à toutes les ames dans lesquelles il habite. Quand celui qui a les armes à la main garde la maison, tout y est en paix, *Cum fortis armatus custodit atrium suum, in pace sunt ea quæ possidet.* JESUS-CHRIST est ce fort armé ; rendez-le le maître de vôtre cœur : tout y sera dans le repos, & il n'y aura plus ni agitation,

Lib. 1. de Imit. cap. 20.

Luc. 11. 21.

ni division, ni trouble ; tout lui sera soumis, ses volontez & ses ordres y seront executées, ses loix inviolablement gardées ; & pour user des termes de l'Ecriture, la paix y sera profonde comme les gouffres de la mer. *Facta fuisset sicut flumen pax tua,* Is. 48, 18. *& justitia tua, sicut gurgites maris.*

Si vous êtes en peine de sçavoir ce qu'il faut faire pour lui mettre ce cœur entre les mains, imitez ceux qui veulent assurer une place à un Prince de la terre, & la retenir sous sa puissance. Ils en chassent les ennemis, ils y font entrer des soldats & des troupes fideles. Faites de même, mon Frere ; chassez les ennemis de chez vous, c'est-à-dire, vos passions, vos vices, vos habitudes déreglées, vôtre amour propre, vos cupiditez ; & mettez en leur place les vertus contraires, la docilité, l'obéissance, la charité, l'humilité, la crainte de Dieu, & toutes les autres qualitez saintes qui peuvent vous servir de défense, & contribuer à vôtre seureté ; & souvenez-vous que c'est un bonheur que rien ne vous peut procurer davantage, je vous le repete encore, que de garder pour jamais un silence rigoureux avec toutes les creatures, en la maniere que nous l'avons expliqué.

Vous me direz qu'il y a toûjours des tentations & des passions qui se font sentir, même dans les retraites les plus profondes ; & qu'ainsi on est incessamment dans la guerre. Il est vrai ; mais comme les ennemis n'empêchent pas qu'on ne vive dans la paix, quand ils sont dans les fers & chargez de chaînes, & que le vainqueur les tient abbatus sous ses pieds; de même nos passions ne troublent point nôtre repos quand elles sont domtées & assujetties par la grace de Jesus-Christ : car pour lors elles sont sans force, & elles ne sçauroient plus nous nuire.

Voilà, mon Frere, des regles toutes certaines pour vous rendre digne de la misericorde de Dieu. Voilà des moyens indubitables pour arriver à ce bonheur aprés lequel vous soupirez. C'est par cette conduite que vous consommerez l'ouvrage que vous avez entrepris, & que vous avancerez comme à pas de geant dans la perfection que vous vous êtes proposée : *In silentio & quiete proficit anima*

Lib. 1. de Imit. cap. 20.

Deo devota. Travaillez fidelement, mon Frere, à acquerir ce triple silence: travaillez à vous établir dans cette paix sainte, qui en est un effet & une suite necessaire: *Factus est in pace locus ejus.* Pf. 75. 3. Jesus-Christ qui est le Roi de la paix habitera en vous comme dans son trône & dans le siege de la gloire, & son Esprit saint qui s'y reposera pour jamais, vous comblera d'une joie éternelle: *In æternum exultabunt & habitabit in eis.* Pf. 5. 12.

CONFERENCE
POUR
LE II. DIMANCHE
APRE'S LES ROIS.

Les Religieux étant assemblez pour la Conference à l'ordinaire, le Pere Abbé fit venir les Freres Convers pour y assister, contre la coûtume. Il dit d'abord qu'on ne pouvoit prendre trop de soin d'exciter sa pieté & son zele, & de veiller incessamment sur soi-même, de crainte de s'écarter de la voie que l'on avoit embrassée ; que la fragilité du cœur humain étoit si grande, qu'à moins qu'on ne l'animât, & qu'on ne le soûtînt avec une application continuelle, il étoit impossible qu'il ne tombât dans des affoiblissemens, & qu'il ne s'échappât à lui-même ; que l'experience que nous en avions, devoit nous obliger de nous defier de nôtre mobilité & de nôtre inconstance, & de recourir dans tous les temps à celui qui est toute nôtre force,

& sans lequel nous ne pouvions rien.

C'est Jesus-Christ, dit-il, mes Freres, dont je vous parle : c'est lui qui nous a tous assemblez de tant de differens endroits de la terre, de tant de differentes conditions, pour le servir d'une même ame, d'un même esprit, & d'une même volonté. Il nous a donné des Instituteurs & des Peres : il nous a instruit par leurs bouches : il nous a parlé par leur ministere ; il nous a donné des Regles & des pratiques saintes pour former & pour diriger l'état de nos vies. Ce sont ses ordres, ce sont ses volontez qu'ils nous ont expliquées ; & il n'y a rien que nous devions apprehender davantage que de nous en separer.

Que si quelque chose, mes Freres, peut nous y attacher avec une fermeté invincible, c'est de considerer, ou plûtôt d'être persuadez que toutes ces pratiques, toutes ces Regles, ces exercices, ces actions prescrites, & instituées, sont autant de moyens que Dieu nous a donnez pour travailler à nôtre sanctification ; que ce sont autant de talens qu'il nous a confiez, desquels il nous demandera un jour un compte rigoureux.

Il faut que vous croyiez, mes Freres, qu'il tient des Regiſtres exacts de tous ſes dons, qu'il veut qu'ils ſoient employez ſelon ſes deſtinations, & qu'il redemandera avec uſure ce qu'il a donné avec une liberalité infinie. Un Magiſtrat comptera avec lui de ſa charge; un Prelat de ſon emploi & des graces qu'il y a attachées. Saint Gregoire nous apprend que ceux qui ſont engagez dans les profeſſions ſeculieres, les plus viles & les plus baſſes (il parle de celles qui n'ont rien de contraires aux bonnes mœurs) rendront raiſon au Jugement de Dieu de la maniere dont ils s'y ſeront conduits. Et des Religieux pourroient-ils croire qu'ils ne fuſſent pas obligez de faire un ſaint uſage de tant de graces qu'il leur a faites; de tant de benedictions dont il les a comblez; & de tant de moyens qu'il leur a donnez pour le ſervir, pour ſe ſanctifier, & pour ſe rendre éternellement heureux?

Cela vous marque, mes Freres, avec quelle fidelité vous devez vous conduire, & avec quelle Religion vous devez obſerver toutes ces pratiques de mortification interieure &

extérieure, de penitence, d'austeritez, de discipline sur lesquelles toutes vos esperances sont fondées.

Il y a quelques années qu'une personne considerable par son rang, par la grandeur de sa pieté, comme par sa profonde érudition, me manda qu'il croyoit que je devois diminuer quelque chose de l'austerité qui se pratique dans nôtre Monastere; que le grand nombre de nos freres qui étoient morts, & les maladies frequentes, devoient être regardées comme des marques de la volonté de Dieu. Le respect que j'avois pour sa personne, le sentiment & la persuasion de l'amitié qu'il avoit pour moi, & de l'interêt qu'il prenoit en tout ce qui nous regarde, m'obligea de faire beaucoup d'attention sur son avis. Mais enfin je me sentis pressé & déterminé de lui écrire: Qu'il sçavoit que le peu de bien qu'il avoit plû à Dieu d'établir dans nôtre Maison, s'étoit répandu par tout le monde; que le bruit s'en étoit porté dans l'Italie, à Rome, dans les Païs-Bas, dans l'Allemagne, & chez les peuples Protestans, comme chez les autres, & qu'il n'étoit pas possible de

A a ij

rien changer à la conduite que nous avions tenüe jusqu'à present, qu'on ne nous regardât comme des gens qui auroient tourné la tête en arriere, & manqué de fidelité & de confiance à l'égard de Dieu ; & que cet affoiblissement causeroit plus de scandale que nôtre premiere conduite n'auroit donné d'édification ; & que la maniere dont Nôtre-Seigneur s'expliquoit contre ceux qui scandalisoient son Eglise, me faisoit trembler. Qu'au reste ceux de nos freres que Dieu avoit retirez de ce monde, étoient morts dans des dispositions qui ne nous permettoient pas de douter que Dieu n'eût eu leur sacrifice agreable, & ne les eût jugez dans sa misericorde ; & que pour ce qui regardoit les malades, les Saints avoient regardé comme une benediction d'en avoir dans les Communautez consacrées à la penitence, pourvû que les freres demeurassent dans l'ordre de Dieu, & qu'ils endurassent leurs maux dans une resignation parfaite à ses volontez.

J'y joignis une autre raison à laquelle il n'y a point de replique, qui est que la penitence & la pauvreté dans laquelle nous vivions, nous donnoit les moyens de remplir nôtre Monastere de personnes qui y servoient Dieu les jours & les nuits, & de subvenir aux necessitez de milliers de pauvres qui mourroient de faim, sans le secours que nous leur donnons, & même que les hôtes qui venoient ici en si grand nombre pour y chercher de l'édification, n'y pouvoient pas être reçûs.

Toutes ces considerations le persuaderent que je n'avois rien fait jusqu'à present que de suivre les intentions de la divine Providence, & que d'entrer dans le parti qu'il m'avoit proposé, c'étoit m'en separer.

Tout cela regardoit purement les Religieux de chœur; mais depuis peu on s'est avisé de me parler des Convers, & de me representer que l'assujettissement & l'austerité dans laquelle ils vivoient, étoit si grande ; que la privation de tout soulagement étoit si entiére, qu'il étoit à craindre que la nature ne se trouvât trop pressée ; que ce silence extréme (car on l'appelle ainsi) dans lequel ils vivent, pouvoit avoir des suites fâcheuses, & qu'il n'étoit gueres possible qu'une violence si grande & si continuelle, n'exposât les gens à des mécontentemens & à des murmures; & qu'ainsi ils ne se privassent malheureusement du merite qu'ils auroient pû trouver dans une vie un peu plus moderée.

Comme je sçai, ajoûta-t-il, qu'il faut que l'offrande, pour plaire à Dieu, soit volontaire, & qu'elle parte d'une disposition du cœur qui soit pure, je ne voudrois pour rien du monde, desirer quelque chose de vous qui excedât ou vos forces, ou vos intentions, ce qui seroit vous obliger à des peines & à des travaux qui vous nuiroient beaucoup plus qu'ils ne vous seroient utiles. Ainsi, mes Freres, continua le Pere Abbé, en s'adressant aux Freres Convers, je vous ai fait appeller, afin d'apprendre vos sentimens de vos propres bouches; je vous exhorte seulement de dire & d'exprimer vos dispositions presentes avec sincerité: car vous parlez devant Dieu, & vous ne sçauriez, sans l'offenser & sans lui déplaire, après l'ordre que je vous en donne, nous dire autre chose que ce que vous pensez.

Dites-nous donc franchement, mon Frere, dit le Pere Abbé, adreſſant ſa parole au premier & plus ancien des Convers, ſi la vie que vous menez n'eſt point trop forte, & ſi vous ſeriez bien aiſe qu'on l'adoucît en quelque choſe, & que l'on y apportât quelque temperament. Ce Frere répondit à peu prés dans ces termes.

F. Malc

Il y a plus de vingt ans, répondit-il, mon Pere, que je ſuis dans cette Maiſon, & je vous confeſſe ſincerement que je n'ai rien trouvé que de doux & de facile, dans la vie que j'y ai menée. Quant à ma conduite particuliere, je me ſuis regardé dans vos mains comme de la cire, à laquelle vous pouviez donner telle figure qu'il vous plairoit ; & nous devons nous tenir heureux d'être retenus ſous une diſcipline exacte ; & pour moi je me regarde comme un cheval qui ſe laiſſeroit emporter à la fougue, ſi on lui lâchoit la bride. Ainſi s'il y a quelque choſe à changer dans l'état où nous ſommes, ce doit être pour le reſſerrer, & non pas pour le diminuer. Dieu ſçait, mon Reverend Pere, dit-il, en parlant au Pere Abbé, que j'ai toûjours apprehendé de vous déplaire comme à lui-même, parce que je sçai que Nôtre Seigneur a dit: Qui vous écoute, m'écoute, qui vous méprise, me méprise. Il se jetta à genoux dans le moment même, en lui disant qu'il étoit comme un mouchoir dans sa main, dont il pouvoit faire tout ce qu'il lui plairoit, & que sa consolation étoit de lui rendre en toutes choses une obéissance entiere.

Le Pere Abbé lui répondit : Que cette disposition toute seule étoit suffisante pour le rendre éternellement heureux, & qu'il n'y avoit que l'obéissance qui sauvoit les hommes.

F. Pacome.

Le second dit : Je vous declare, mon Pere, & à toute la Communauté, que je regarde ma vie passée, non seulement comme inutile, mais comme remplie de lâchetez & de miseres, & comme je n'y ai rien vû que je puisse compter pour quelque chose, & dont je puisse esperer la moindre recompense, toute mon attente est dans l'avenir : Bien loin d'avoir la pensée qu'on en diminuât, au contraire il seroit bien plus à propos de l'augmenter. Les gens du monde se donnent tant de peines pour gagner des biens qui ne meritent pas d'être considerez;

POUR LE II. DIM. APRE'S LES ROIS. 289
considerez ; & comment pourrions-nous ne pas faire ce qu'on desire de nous pour gagner le Paradis ? Je n'ai pas encore satisfait pour les péchez de ma vie passée ; & comment est-ce que je pourrois desirer qu'on diminuât de la penitence que nous faisons, puisque j'ai par dessus, les péchez que j'ai commis depuis que je suis Religieux ?

Le troisiéme dit : Que Dieu prede- *F. Hilarion.* stinoit les hommes de toute éternité, & les appelloit à de differens états, & qu'il leur donnoit les moyens necessaires pour s'en acquiter. Et comme Dieu m'a engagé, dit-il, dans la profession où je suis, les moyens qu'il m'a donnez pour m'en acquitter, sont les austeritez & la penitence qui se pratique ici. Que deviendroient les couronnes & les recompenses, si on venoit à s'en separer ? Les anciens Solitaires nos saints Peres, nous ont appris que plus on étoit resserré, & plus on plaisoit à Dieu ; & ainsi si vous aviez envie de changer quelque chose, mon Reverend Pere, à la vie que nous menons, il faudroit que ce fût pour l'augmenter, & non pour l'affoiblir : car si l'on n'assujettit la nature & les sentimens de la chair à ceux de l'esprit, on se porteroit sans cesse à chercher ses commoditez, & à se mettre à son aise, & les recompenses que Dieu nous a destinées seroient pour d'autres que pour nous.

Perseverez, mon Frere, lui dit le Pere Abbé, dans la resolution où vous étes de faire un bon usage des moyens que Dieu vous a mis entre les mains : car par-là vous parviendrez au bonheur auquel vous aspirez, & vôtre couronne ne sera point donnée à un autre.

F. Firmin. Le quatriéme dit en s'adressant au Pere Abbé : Il y a long-temps que je vous ai demandé, mon R. Pere, de m'enfermer dans une prison, afin de faire penitence ; & quand je fais reflexion à tous mes déreglemens passez, je suis bien éloigné de demander du relâchement. Vous me connoissez tous, ajoûta-t-il, & vous pouvez aisément juger par ma conduite ce que je suis. On parle de nous relâcher ? Helas ! si je n'étois retenu de court, on verroit en moi un beau Religieux. Je serois, mon Reverend Pere, oüi je serois avant qu'il fut quinze jours l'homme le plus abandonné & le plus perdu qu'il se pût voir. Je vous demande, dit-il, en se mettant à genoux, mais de bon cœur, & encore une fois, que vous m'accordiez la grace de me mettre en prison le reste de ma vie, car je le merite ; oüi, je le dis en presence de tous mes Peres & de tous mes Freres, si vous sçaviez ma vie, vous ne me refuseriez pas cette grace, & je vous proteste que j'aurois plus de joie d'y être enfermé, que n'en ont pas d'en sortir, ceux qui y ont demeuré long-temps. Dieu sçait combien il y a que j'ai cette volonté pour faire penitence de mes péchez, & pour obtenir misericorde. Il ajoûta que pour lui, il ne voyoit rien tant commandé que les souffrances & la Croix, & que si on vouloit l'abandonner à la penitence & aux travaux qu'il souhaiteroit embrasser, il trouveroit bien-tôt la fin de ses jours.

Le cinquiéme : Je ne me suis retiré à la Trappe que pour y mourir dans la penitence ; je n'ai garde d'en trouver l'austerité trop grande, ni de souhaiter qu'on la diminuë ; au contraire, j'aurois bien plus d'envie qu'on

F. François.

l'augmentât. Ce n'est point la penitence qui tuë les hommes, mais c'est Dieu qui veut qu'ils meurent quand ils sont à la fin de leur vie ; & on en a tant vû qui n'ont pas laissé de mourir quoiqu'ils fissent tout ce qu'ils pouvoient pour vivre : & ainsi, mon Reverend Pere, il faut continuer au moins comme on a commencé.

Le Pere Abbé lui repliqua : Vous avez raison, mon Frere, il serviroit de peu d'avoir bien commencé, si on n'alloit jusqu'à la fin de la course, & il n'y a que la perseverance qui soit couronnée. On a vû des Chrétiens dans le temps des persecutions, qui dans le milieu du supplice qu'ils enduroient pour la confession du Nom de JESUS-CHRIST, succombant à l'excés des tourmens, ont demandé qu'on cessât de les faire souffrir, & qui ayant été déliez par l'ordre de leurs persecuteurs, & mis dans le bain, pour adoucir par ce soulagement la grandeur de leurs souffrances, ont expiré dans ce moment même, & perdu tout-à-la fois la vie & la couronne qu'ils auroient meritée, s'ils avoient consommé leur martyre. Ainsi, mon Frere, pour éviter un malheur semblable ; il faut persister jusqu'à la fin dans la voie que l'on a embrassée, sans écouter nulle des raisons dont on voudroit se servir pour vous en separer ; & il faut trouver nôtre salut dans nôtre fidelité, dans nôtre constance, & dans la fermeté avec laquelle nous executerons les volontez de Jesus-Christ, & je vous réponds de sa part, & en son nom, que si vous conservez ce sentiment, & que vous ayez soin de l'exprimer dans vos œuvres, vous ne serez point trompé dans vôtre attente, & vous trouverez dans sa misericorde toute la consolation que vous en esperez.

Le sixiéme dit : Dieu connoît, *F. Roche* mon Reverend Peré, & vous le sçavez aussi, que j'ai toûjours desiré d'augmenter la penitence ; mais comme vous m'avez toûjours dit que ce qui a été établi par nos saints Peres, & ce qui se pratique dans ce Monastere, nous devoit suffire, pourvû que cela se fît avec l'esprit de nos saints Legislateurs, & que Dieu ne demande pas tant le dehors, que la bonne disposition du cœur, que c'est la bonne intention qu'il regarde, &

qu'il recompense ; j'ai obéi à vos volontez, & j'ai fait tous mes efforts pour me retenir, comme vous me l'avez dit : car vous me connoissez mieux que je ne me connois moi-même. Si vous me demandiez ce que je pense de mon état, je vous dirois que je me considere comme n'ayant pas encore commencé. J'ai entendu rapporter dans nos Conferences, que Saint Antoine exhortoit ses Religieux à passer chaque jour & chaque action, comme si elle devoit être la derniere de leur vie. Ainsi il n'y a point d'apparence de chercher des soulagemens en ce monde ; Et pour ce qui est du silence que l'on dit que nous observons trop exactement, Saint Arsene disoit qu'il étoit bien difficile de parler à Dieu & au monde ; & j'ai lû que depuis sa conversion il ne pouvoit frequenter personne. C'est une verité que nous n'éprouvons que trop, mon Reverend Pere, quand nous sommes obligés de travailler avec des seculiers & des gens de dehors : car nous nous sentons tout vuides & tous distraits ; c'est pourquoi nous aurions grand besoin d'être plus retenus & plus reserrez que nos autres freres qui ne sont pas si exposez à la dissipation que nous.

Le septiéme : Quoique je sois bien misérable & bien foible, & que je n'éprouve que trop que la nature demande toûjours des soulagemens; neanmoins j'espere de la misericorde de Dieu, & par le secours de mes Freres, de vaincre toutes les difficultez, & de ne point cesser de faire comme eux & de les suivre. Une goute d'eau qui n'iroit pas bien loin quand elle est seule, lorsqu'elle est mêlée dans le torrent, est emportée dans le sein de la mer; c'est pourquoi j'espere que Dieu me fera misericorde. *F. Serapion.*

Le huitiéme : Le Fils de Dieu nous a dit dans l'Evangile que son joug est doux, & son fardeau leger pour ceux qui aiment à le porter ; & ainsi je crois que si nous, qui avons le bonheur de le porter, venions à y retrancher, ou à y diminuer quelque chose, nous témoignerions contre le sentiment du Fils de Dieu, que nous le trouverions trop rude & trop pesant ; c'est pourquoi on n'en doit rien diminuer, à moins que ce ne fût ab- *F. Jacquis.*

solument par vôtre volonté, que nous devons suivre en toutes choses.

Je n'ai garde, mon Frere, répondit le Pere Abbé, de vous rabaisser, ni de détruire en vous les dispositions que Jesus-Christ y a mises pour vôtre sanctification, dans le temps, comme dans l'éternité.

F. Theodose. Le neuviéme dit : Si ceux qui vous écrivent, mon R. Pere, de diminuer quelque chose à la vie que nous menons, avoient vû mourir ceux de nos Freres que Dieu a appellez à lui, ils changeroient bien de sentiment en voyant la paix dans laquelle ils meurent. J'ai lû qu'un saint Pape qui avoit été de nôtre Ordre, venant à Clairvaux, & passant par le lieu où les Religieux avoient été enterrez, s'écrioit : O élûs de Dieu, priez pour moi! De même lorsque je passe devant le cimetiere, je prends grand plaisir à regarder les Croix qui sont sur les tombes de nos Freres, & je m'écrie : O serviteurs de Dieu, priez pour moi! Je ne doute point que leurs prieres ne soient tres-puissantes; ils sont sortis de ce monde avec tant de benediction, qu'on ne sçauroit douter qu'ils ne soient agreables à Dieu, & qu'ils ne joüissent de sa presence : leur passage a été si doux & si tranquile, qu'on ne peut pas l'appeller une mort. Les anciens Moines nos Peres, ne disoient pas quand quelqu'un avoit fini sa vie : un tel est mort, mais un tel a achevé sa course, & a passé de cette vie à une meilleure. On doit dire la même chose de nos Freres, puisque leur passage ne sçauroit être plus doux & plus paisible qu'il a été. Pour moi, j'ai bien vû mourir des gens dans le monde, mais je n'en ai jamais vû mourir un seul qui ne m'ait rempli de frayeur, soit par ses grimaces, soit par ses convulsions ; au lieu que je ne vois jamais mourir aucun de nos Freres qui ne me donne de la joie & de la consolation, & le plus grand bonheur que l'on puisse desirer, est de finir comme eux. Je crois que le meilleur moyen que nous puissions prendre pour l'obtenir de Dieu, est de suivre leur exemple, & de ne nous relâcher en rien du monde, non plus qu'eux, de ce que nous avons pratiqué jusqu'à present.

Vous dites bien, mon Frere, répondit le Pere Abbé, car Dieu ne manque jamais de se rendre aux desirs de ceux qui le craignent & qui lui gardent la fidelité qu'ils lui doivent.

F. Jean. Le dixiéme dit : Nous apprenons de Saint Arsene, que l'on ne peut converser en même temps avec Dieu, & avec les hommes ; ainsi, mon R. Pere, je crois que si on venoit à se relâcher dans le silence & dans la solitude, & à souffrir que nous eussions quelque commerce & quelque communication avec les seculiers, nous perdrions bien-tôt tout nôtre recueillement, & nous ne serions pas long-temps sans devenir tout seculiers. Je ne suis qu'un pauvre étique & un miserable, cependant si j'avois quelque chose à vous demander, ce seroit d'augmenter mon fardeau & mes peines.

F. Gerasime. Le douziéme : Je me souviens qu'on lisoit ces jours passez sous les Cloitres, dans les Instructions Chrétiennes, que toute la pieté consiste à s'instruire de la volonté de Dieu, & ensuite à la pratiquer exactement aprés l'avoir connuë ; il y a deux ou trois jours que je lui demandai la grace de me la faire connoître, & je ne doute point qu'il ne me l'accorde &

qu'il ne me declare maintenant par le sentiment de mes Freres, & que sa volonté ne soit que nous demeurions fermes & constans dans la pratique de la penitence & des austeritez que nous avons entreprises.

Le treiziéme dit : Pour moi, mon R. Pere, bien loin de trouver que la vie que nous menions soit trop rude ou trop austere, je crains lorsqu'il me faudra paroître au Jugement de Dieu, que je ne sois condamné pour n'en avoir pas assez fait. Quand je considere que j'ai été un grand pécheur, & que j'ai commis une infinité de crimes dans le monde, & que neanmoins bien loin de faire penitence, je me trouve ici beaucoup mieux que je n'étois pas dans le siecle ; Je n'étois qu'un miserable esclave, je me trouve ici parmi quantité de personnes, qui eu égard à ce qu'ils étoient, & aux commoditez qu'ils avoient dans le monde, font penitence ; mais pour moi qui suis traité comme eux, il n'en est pas de même ; c'est pourquoi je vous conjure de tout mon cœur, & tous mes Freres qui sont ici, de vouloir demander à Dieu qu'il me fasse misericorde, & qu'il

F. Pierre

me pardonne tous les maux que j'ai commis, qui nonobstant ma jeunesse, vont au de-là de ce qu'on peut dire.

Le Pere Abbé lui répondit : Ayez confiance, mon Frere, Dieu est si bon qu'il veut bien oublier les offenses mêmes qu'on a commises contre lui, quand on cesse de les commettre, quand on les deteste, qu'on en a un repentir profond, & qu'on en fait penitence.

F. Paphnuce. Le quatorziéme dit simplement : Que pour lui il ne croyoit pas qu'il fallût rien relâcher de la vie qu'on avoit embrassée, mais qu'il falloit perseverer comme on avoit commencé.

F. Alain. Le quinziéme dit : Mon Reverend Pere, si nous étions assurez tous tant que nous sommes d'une longue vie, & que nous eussions encore cent années à vivre, quoique ce fût peu de chose auprés de l'éternité, neanmoins nous pourrions dire : Vivons plus doucement, & donnons-nous un peu de repos pendant nonante-neuf années, nous nous convertirions à la centiéme, & nous ferions penitence ; mais comme tous les momens sont incertains, & que peut-être nous n'irons pas jusqu'à la fin de la journée, & que le dernier pas que nous ferons en sortant de cette chambre, sera possible le dernier de nôtre vie, & que cependant il s'agit de gagner le Ciel, ou de le perdre, je crois, mon Pere, qu'il n'y a rien à menager, qu'il faut tenir ferme dans la vie que nous avons commencée. Si nous venions à nous relâcher, le Monastere qui donne de l'édification aux hommes, en deviendroit le mépris & la risée ; & si on avoit seulement vû deux Convers parler ensemble, ceux qui trouvent nôtre vie trop austere, seroient peut-être les premiers à s'en scandaliser. D'ailleurs nous avons une nature si corrompuë, qu'elle est comme ces chevaux fougueux, qui pour peu qu'on leur lâche la bride, n'ont plus rien qui les retiene, & ne manquent point de se jetter dans les précipices, & d'y precipiter avec eux, ceux qui les montent & qui les conduisent. C'est pourquoi nous ne sçaurions être trop vigilans & trop exacts à nous maintenir dans la discipline, pour avoir le bonheur de mourir dans la discipline que nous avons embrassée. Je ne me suis proposé quand je suis venu ici, que d'y vivre & d'y mourir dans la penitence. Je me suis mis entre vos mains, afin que vous fissiez de moi tout ce qu'il vous plairoit, & je m'y mets encore, & vous promets de vous obéir sans aucune reserve ; & se mettant à genoux, il dit : Il y a une grace que j'ai à vous demander, qui est d'interceder pour moi auprés de Dieu, afin qu'il m'accorde de mourir devant vous, & entre vos mains.

Je lui demanderai, mon Frere, repartit le Pere Abbé, qu'il vous accorde ce qui vous est necessaire pour vôtre sanctification ; & même de mourir devant moi, comme vous le souhaitez, pourvû que cela vous soit autant utile, & contribuë autant à vôtre salut que vous le pensez.

Comme il y avoit quatre Novices Convers qui assistoient à la Conference, le Pere Abbé leur demanda leur sentiment, & leur dit : Vous voyez, mes Freres, vous qui êtes encore libres, qui n'étant pas encore engagez, pouvez prendre le parti qu'il vous plaira, & qui sçavez quelles sont les dispositions de ceux dans la société desquels vous voulez entrer, il est bien juste que vous disiez avec autant de sincerité qu'ils ont fait, quelles sont vos pensées sur l'état, & sur le genre de vie que voulez embrasser pour le reste de vos jours.

Le premier dit: Quoique je sois venu de bien loin sur la connoissance que j'ai eûë de ce qui se pratiquoit dans ce Monastere, je m'en serois retourné, si je n'y avois pas trouvé autant de discipline, d'exactitude & de penitence qu'il y en a. *F. Nil.*

Le second: Je ne fais que commencer; mais j'avois crû trouver dans ce lieu-ci encore plus de penitence & d'austerité qu'il ne s'y en pratique. *F. Euloge.*

Le troisième dit: Auparavant que de venir ici, j'ai consideré deux hommes qui me disoient deux choses bien opposées. L'un ne me proposoit que le plaisir, la joie, les biens, les honneurs & les satisfactions de ce monde; & l'autre ne me montroit que la pauvreté, les humiliations & les souffrances. Je dis en moi-même, voilà deux voies bien contraires; il faut necessairement que l'un ou l'autre se trompe, c'est-à-dire, ou le monde, ou JESUS-CHRIST. Or ce *F. Coonlaa.*

ne peut être JESUS-CHRIST, il faut donc que ce soit le monde. Là dessus, mon Reverend Pere, je suis venu ici, où cette voie par laquelle JESUS-CHRIST a marché est plus suivie & mieux gardée que dans aucun autre lieu, & je n'ai point été trompé dans ma pensée ; c'est pourquoi mon dessein est d'y perseverer, & je regarderois comme le plus grand malheur qui me pût arriver, si j'étois obligé d'en sortir.

Le quatriéme dit : On ne peut rien ajoûter à tout ce que mes Freres viennent de dire ; je suis entierement de leur sentiment, & je suis tellement persuadé que la vie douce est contraire à celle de JESUS-CHRIST, & qu'elle nous mene à la mort, au lieu de nous mener à la vie, que je me sens bien plus de penchant pour l'augmentation, que pour la diminution de l'austerité, & j'espere que Dieu me fera la grace de perseverer dans la disposition qu'il m'a donnée.

Le Pere Abbé, aprés avoir entendu & vû la conformité des sentimens de tous les Freres, leur dit : Vous étes bien obligez, mes Freres, à la misericorde

misericorde de Dieu: car vous devez être persuadez que c'est lui qui a formé dans vos cœurs tout ce que vos bouches viennent de nous exprimer; & que s'il ne vous avoit soûtenus jusqu'à present, par un bonté toute particuliere, vous tiendriez un langage tout opposé à la declaration que vous venez de nous faire. Mais afin que vôtre reconnoissance ait quelque proportion avec les graces qu'il vous a faites, il faut qu'elle soit effective, & qu'elle passe dans vos œuvres, & que l'on connoisse par la fidelité de vôtre vie, que vos paroles sont sinceres.

Dieu qui aime les ames fideles, & qui se communique à nous selon la gratitude dans laquelle il nous voit, répandra de plus en plus ses benedictions sur vôtre personne & sur vôtre conduite, si vous perseverez constamment dans les resolutions dans lesquelles il vous a mis; mais si au lieu d'y persister, il vous arrivoit de tourner la tête en arriere, il n'y a point de châtiment dont vôtre ingratitude ne meritât d'être punie. J'espere que JESUS-CHRIST continuera de vous regarder des yeux de sa compassion ; qu'il vous confirmera dans l'éloignement que vous avez du monde, dans l'amour de la solitude, du silence & de l'austerité dans laquelle vous confessez que vous trouvez de si grands avantages. Armez-vous donc d'une volonté ferme, pour ne quitter jamais la voie dans laquelle vous étes entrez, & souffrir plûtôt la mort que de vous départir en rien de ces pratiques si saintes, que nous tenons des exemples & des instructions de nos Peres, ou plûtôt de la main de Dieu, qui nous les a données par leurs entremises. Pour moi, je contribuërai de tout mon pouvoir pour empêcher que rien n'ébranle, ou ne donne la moindre atteinte aux sentimens dans lesquels vous vois ; & il n'y a point de soin, point d'application & point de vigilance que je n'apporte pour vous faire trouver dans vôtre état tout le repos & la consolation que vous y avez cherchée, jusqu'à ce qu'il plaise à Dieu de recompenser la fidelité avec laquelle vous l'aurez servi.

On a passé l'onziéme des Freres, & l'on n'a pas crû le devoir mettre en son rang, parce que s'étant separé

F. Bernard. Il fut envoyé quelque

POUR LE II. DIM. APRÊS LES ROIS. 307
lui-même par son sentiment de celui de ses Freres, on a jugé plus à
propos de le mettre à part.

Voilà ce qu'il dit : Je suis surpris
& édifié de tout ce que je viens d'entendre ; mais je me trouve dans un
sentiment tout contraire à celui de
mes Freres : car je ne respire, & ne
recherche en toutes choses que des
adoucissemens ; cependant il ne seroit pas juste de suivre le sentiment
d'un seul contre celui de tous.

Le Pere Abbé qui voulut couvrir l'égarement de ce pauvre Frere,
repartit tout aussi-tôt : Hé bien !
mon Frere, si vous ressentez encore
de la pente & de l'inclination pour
une vie douce, & que neanmoins vôtre volonté ne s'y laisse pas aller,
Dieu qui nous juge sur la disposition
de nôtre cœur, ne vous imputera
pas celle dans laquelle vous venez de
nous figurer que vous étes, pourvû
que vous ayez un desir veritable &
sincere d'obtenir de lui ce que vous
reconnoissez qui vous manque, &
qui est si essentiel à vôtre profession.

On sera sans doute étonné que ce
pauvre Frere ait tenu un discours si
peu conforme à celui de tous ses

que temps aprés, à cause de son inquietude dans un autre Monastere.

Cc ij

Freres; mais quelque intention que l'on eût de cacher sa pensée en la déguisant, & en lui faisant dire autre chose que ce qu'il a dit, & ce qu'il a voulu dire; il vaut mieux demeurer d'accord que Dieu a permis qu'il ait parlé de la sorte pour plusieurs raisons.

La premiere, pour humilier les Superieurs, qui s'imaginent former les ames, & les élever à la pieté, par leurs instructions, par leur application, par leur vigilance; pour leur apprendre que leurs travaux, leurs soins, leurs peines sont inutiles, si Dieu n'y joint une force, une vertu, une efficace & une benediction qu'elles n'ont point par elles-mêmes, que ce n'est ni celui qui plante, ni celui qui arrose, mais Dieu seul qui donne & l'être & l'accroissement aux plantes spirituelles: *Neque qui plantat, neque qui rigat, sed qui incrementum dat Deus.*

1. Cor. 3. 7.

La seconde, afin que les Freres ressentent leur foiblesse, qu'ils se défient d'eux-mêmes, qu'ils reconnoissent leur puissance dans celle de leur frere, & que se croyant toûjours prêts de tomber dans les inconveniens & dans les mêmes maux dans lesquels ils l'ont vû de leurs yeux, ils ayent recours à la protection de Dieu, qui seul peut les soûtenir contre les tentations qui les menacent.

La troisiéme, pour affermir ceux qui furent les témoins de la disposition de ce pauvre Frere, à laquelle on devoit si peu s'attendre, & leur faire connoître par cet exemple, avec quelle fidelité on doit s'attacher au service de JESUS-CHRIST, demeurer dans sa main, accomplir tout ce que l'on connoît être selon ses volontez, avec toute l'exactitude & la Religion dont on est capable, de crainte que si on venoit à lui déplaire, on ne se trouvât par une punition qu'on auroit meritée, abandonné à sa propre fragilité, & livré, par consequent, à tous les maux qu'on ne peut éviter que par le secours de sa grace. C'est ainsi que Nôtre-Seigneur aprés sa Resurrection, laissa tomber un de ses Disciples dans le doute & dans l'infidelité, afin de confirmer la foi des autres, & de les rendre incapables pour jamais, comme tous ceux qui aprendroient cet évenement, d'hésiter le moins du monde, sur une verité si constante & si averée.

La quatriéme, pour faire voir la sincerité avec laquelle ces Freres se sont expliquez, par la liberté que chacun a eû en particulier, de dire ce qu'il pensoit sans concert, sans étude & sans preparation. C'est de quoi tout le monde sera persuadé, quand on sçaura qu'on les appella à la Conference des Religieux, comme nous l'avons dit, contre la coûtume, & sans en avoir été avertis un moment auparavant.

Le Pere Abbé termina la Conference en leur disant ces paroles : Je vois bien, mes Freres, que vous n'auriez pas peine à souscrire tout ce que nous venons d'avancer, & à renouveller devant Dieu les promesses que vous lui avez faites, qui sont grandes, puisque vous avez promis d'obéir ; que l'obéïssance est la vertu de Jesus-Christ, & qu'elle enferme toute la perfection de l'Evangile. Ils se leverent tous, & témoignerent sur cela toute l'ardeur qu'on en pouvoit attendre ; & le Pere Abbé leur promit de leur faire faire un renouvellement le jour de la Purification de la Sainte Vierge, qui devoit arriver peu de jours aprés ; ce qui s'executa en la maniere suivante, & conformément à l'écrit dreffé ci-deffous, qui fut prononcé par le Pere Abbé dans le Chapitre, en la prefence de tous les Religieux & de tous les Convers affemblez.

RENOUVELLEMENT.

SEIGNEUR, qui par l'excés d'une bonté dont nous n'étions pas dignes, nous avez retirez du monde, comme du milieu du naufrage, pour nous mettre dans un port, ou comme dans un refuge facré, nous fuffions à couvert de ce nombre infini de dangers qui environne, ou qui menace les gens qui vivent dans le tumulte du fiecle : Nous vous conjurons aujourd'hui de remplir & d'échauffer nos cœurs, d'ouvrir nos bouches, & de donner le mouvement à nos langues ; afin que dans la crainte que nous avons de quitter la voie dans laquelle vôtre main nous a conduits, & de ne pas perfeverer dans le chemin que vous nous avez ouvert, nous renouvellions les promeffes que nous vous avons déja faites, & que nous puissions obtenir par cette nouvelle protestation, un esprit, un cœur, & une fidelité toute nouvelle.

Nous vous promettons donc, Seigneur, dans la rencontre de la Purification de vôtre sainte Mere, que nous avons toûjours regardée comme nôtre protectrice, d'observer avec plus de Religion que nous n'avons fait jusqu'à present, le vœu d'obéissance que nous vous avons promise dans nôtre engagement, qui comprend toute la perfection de la vie Evangelique, & toutes les pratiques de mortification exterieure & interieure, si saintement établies dans ce Monastere, dont les principales sont: Le travail des mains, qui est comme l'essence, la distinction & le caractere de nôtre état dans la vie Religieuse: la fuite des gens du siecle: le silence perpetuel, l'abstinence de la viande, les jeûnes, les veilles, la qualité de la nourriture, & toutes les autres austeritez qui se gardent dans cette Communauté; cette pauvreté, cette desappropriation si entiere, qui fait qu'il n'y a rien de nous-mêmes pour l'esprit, comme pour le corps,

qui

qui soit en nôtre puissance. Nous vous promettons aussi de nous rendre plus fideles dans l'usage des proclamations si saintes & si salutaires, dans l'exercice d'une charité inviolable, dans cette douceur & cette déference qui nous oblige d'être toûjours prêts de quitter nôtre propre satisfaction & nôtre propre utilité pour celle du moindre de nos Freres; dans cette soumission profonde & cordiale que nous devons, & que nous avons voüée à celui auquel il vous a plû, & il vous plaira à l'avenir de confier la conduite & la sanctification de nos ames; dans l'amour des abbaissemens & des humiliations, dont vous nous avez donné des exemples si touchans pendant vôtre vie mortelle; enfin dans la meditation de la mort, & dans l'attente de vos Jugemens. Nous esperons, Seigneur, que vous regarderez dans vôtre bonté accoûtumée, nôtre bassesse, que de ces demeures éternelles où vous habitez, vous répandrez sur nous des benedictions encore plus fecondes & plus abondantes, que vous confirmerez par l'effusion de vôtre Saint-Esprit, les resolutions que nous prenons dans vôtre préfence, & que vous nous envoyerez plûtôt la mort, que de permettre que nous nous en feparions jamais, Nous efperons encore que vous vous rendrez tellement le maître de nos cœurs, que vous en formerez à l'avenir jufqu'aux moindres fentimens, & aux moindres penfées ; enforte que n'y en ayant une feule dont vous ne foyez & le principe & la fin, vous vivrez en nous, plus que nous n'y vivons nous-mêmes. Ainfi par l'affiftance perpetuelle que vous nous donnerez, nôtre vie ne fera rien que l'obfervation de toutes vos volontez, & nous recevrons un jour de vôtre mifericorde, la recompenfe que vous n'avez jamais refufée à ceux qui n'ont rien defiré davantage en ce monde que de vous plaire & de vous fervir.

Cette Conference a été tenuë en l'année 1687.

CONFERENCE POUR LE III. DIMANCHE APRE'S LES ROIS.

A la demande de quelques Novices.

Custodiat se omni horâ à peccatis & vitiis, idest cogitationum, linguæ, oculorum, manuum, pedum. *Regul. S. Bened. c. 7.*

Qu'il se preserve à toute heure de tout peché & de tout vice, soit de la pensée, soit de la langue, des yeux, des mains, des pieds.

NE vous étonnez pas, mes Freres, si Saint Benoît veut que ceux qui ont envie d'être de ses disciples, qui ne font que commencer, ou même desirer d'embrasser sa Regle, gardent leurs sens avec une attention si particuliere, & qu'ils s'observent de si prés, & avec une vigilance si étenduë. Ne vous étonnez pas, dis-je, s'il ordonne à ceux que Dieu appelle dans cette voie si étroite, cette profession si sainte, d'avoir les yeux incessamment ouverts sur toute leur conduite, en sorte qu'en nulle rencontre, il ne leur échappe ni pensée, ni action, ni parole, ni geste, ni mouvement qu'on puisse reprendre.

Quoique l'autorité de ce grand Saint doive par elle-même emporter la soûmission de vôtre esprit, & que vous deviez croire qu'ayant autant de lumiere, de sagesse & de discernement qu'il en avoit, il n'a rien établi que par des motifs & des considerations solides & importantes, je ne laisserai pas de vous dire quelques pensées qui me sont venuës sur ce sujet, afin que vous n'agissiez pas seulement en cela comme par un sentiment de foi, en soûmettant vôtre créance à l'aveugle, mais par une conviction réelle, des utilitez & des avantages que cette exactitude vous peut produire.

L'intention de Saint Benoît, mes Freres, est de ramener dans la main de Dieu, ceux qui avoient eû le malheur de s'en souftraire, & de les ranger sous cette autorité suprême, contre laquelle ils avoient eû la temerité de s'élever, & de les y rengager d'une maniere si entiere & si absoluë, que l'attachement & la fidelité qu'ils auroient deformais à son service, donnât & l'édification & l'exemple au reste des hommes. Il a crû qu'il devoit prendre les voies les plus certaines & les moyens les plus assurez pour faire réüssir son dessein; & il n'a rien oublié de ce qui pouvoit servir à l'execution de ce grand œuvre. Comme il ne pouvoit ignorer que rien ne contribuoit davantage à la corruption du cœur, que le dereglement des sens ; qu'il sçavoit que le péché est entré dans le monde par cette porte malheureuse, & que l'on peut assurer que c'est par-là qu'il se nourrit & qu'il se multiplie, il a aussi estimé qu'il ne pouvoit mieux commencer que par fermer cette entrée, par arrêter les mouvemens de ces organes d'iniquité, qui, comme des torrens bourbeux, se débordent dans le champ de nos ames, les innondent & les remplissent de toutes sortes d'ordures & d'impuretez.

Qui pourroit, mes Freres, ne pas appercevoir cette vérité, pour peu qu'il fasse d'attention sur ce qui se passe dans le monde? Car qu'y voit-on autre chose que ce ravage & cette desolation effroyable, qu'y cause & qu'y a toûjours causé le mauvais usage de nos sens? Le plus noble & le plus élevé de tous, qui est celui de la vûë, n'est-il pas la source d'un nombre de maux presque infini? Car qu'est-ce que nos yeux font d'ordinaire par la liberté que nous leur accordons, sinon d'irriter nos cupiditez, de faire naître en nous des passions qui souvent ne nous étoient point connûës, & d'en reveiller d'autres qui étoient entierement assoupies? Un coup d'œil donne la mort, & excite en un moment une flâme impudique, dans les ames les plus chastes & les plus innocentes, & les engage dans toutes les suites que peut avoir un dereglement si funeste. Ce grand Roi, qui étoit si fort selon le cœur de Dieu, devint adultere & homicide, parce qu'il usa mal de ses yeux, & qu'il vit ce qu'il ne devoit point voir.

Les yeux ne font pas seulement

des impudiques ; mais ils font des avares, des intemperans, des ambitieux : Car combien y a-t-il de gens qui ont conçû des desirs pour des biens, des honneurs & des dignitez ausquels ils n'auroient jamais pensé, s'ils ne s'étoient point laissé éblouïr par la vûë de cet éclat exterieur qui les accompagne ? Combien d'autres sont tombez dans l'amour ou dans l'excés des plaisirs de la bouche, en regardant inconsiderément ce qui étoit capable de les tenter & de les séduire ? Enfin le monde est plein de personnes qui vivent dans la servitude de leurs passions, parce que leurs yeux les ont trahis, en s'arrétant sur ce qui ne leur étoit ni possible d'avoir, ni permis de desirer.

Mais quand nos yeux ne nous tendroient pas ces sortes de pieges, il y a un inconvenient qui renferme tous les autres, & qui seul est capable de nous convaincre de l'obligation qu'il y a de les contenir dans des bornes resserrées ; c'est la dissipation dont on ne sçauroit se preserver, quand on leur donne la liberté de joüir, ou de se repaître, pour ainsi dire, des objets qui se presentent. Je veux bien qu'on ne desire pas tout ce que l'on rencontre en son chemin ; que l'insatiabilité ne soit pas telle, que l'on souhaite indifferemment tout ce que l'on voit ; on se garentira, si vous voulez, des envies ; mais est-il juste que l'on compte pour rien cette multitude de pensées qui s'élevent malgré que l'on en ait, qui remplissent l'imagination de fantômes & de chimeres, qui causent dans l'esprit des mouvemens & des revolutions continuelles, & qui aprés avoir jetté le trouble & la confusion dans la tête, attaquent le cœur, le dessechent, le rendent aride & incapable de produire aucun sentiment qui lui soit utile ; c'est-à-dire, qui étouffent la pieté, en empêchant ce recueillement, cette paix, cette tranquillité interieure, dans laquelle elle prend sa naissance, & trouve sa conservation? Cette consideration toute seule devroit pour jamais fermer les yeux de ceux qui ont une volonté sincere de plaire à Dieu, & qui par consequent doivent éviter tout ce qui peut les priver d'un avantage si considerable.

Ne vous imaginez pas, mes Freres,

que la langue ait moins de malignité que les yeux. Il n'y a presque point de mal où elle n'ait part ; elle sert à les commettre tous ; & il n'y a rien dont ceux qui veulent la ménager pour l'execution de leurs mauvais desseins, ne viennent à bout. Elle lie des amitiez illegitimes ; elle forme des haines implacables ; elle ravage des Empires & des Monarchies, par des conspirations sanglantes ; elle divise, par des calomnies & des médisances noires, les personnes les plus unies ; elle met le feu, le desordre & la confusion par tout : *Lingua ig-* Jac. 3. 6. *nis est universitas iniquitatis.* C'est une malignité inquiete & toûjours agissante, dit un Apôtre, de laquelle il n'est pas possible d'arrêter la violence, *Linguam nullus hominum* v. 8. *domare potest.* Et les blessures qu'elle fait portent avec elles un venin qui donne la mort : *Inquietum ma-* Ibid. *lum plena veneno mortifero.* C'est par la langue, a dit autrefois un grand Solitaire, que la vaine gloire s'étale & se fait voir avec ostentation & avec pompe. Elle est, dit-il, l'ouvriere du mensonge, l'introductrice de l'ennui & de la langueur, la dissipatrice de la meditation, l'aneantissement de la garde de soi-même, le refroidissement de la ferveur spirituelle ; enfin l'obscurcissement de la lumiere de l'esprit, dans l'oraison.

C'est assez de sçavoir que le mauvais usage des yeux & de la langue, puisse causer tous ces desordres & ces excés, pour se convaincre qu'il n'y a rien de plus necessaire à ceux qui veulent s'engager dans la carriere sainte de la vie Religieuse, que de veiller à la garde de l'un & de l'autre, avec une application exacte, & de regarder cette obligation, comme une regularité principale.

Pour ce qui est de regler le mouvement des pieds & des mains, peut-on se dispenser de le faire & de s'y appliquer, lorsqu'on entre dans une condition qui demande autant de pieté exterieure & interieure, que l'état que vous voulez embrasser ? Quoi ! voudriez-vous, mes Freres, que l'on fît voir au monde, en vos personnes, une espece de monstre, ou de chimere, en alliant deux choses aussi differentes & aussi contraires, que la difformité d'une contenance mal reglée, & la profession d'une penitence severe ? Quel rapport y auroit-il entre ce sac qui vous couvre la tête, cette chappe qui vous envelope comme un drap mortuaire, & qui vous figure la disposition où vous vous trouverez, lorsque l'on vous mettra dans le tombeau, & cet air de dissolution dans vôtre démarche, soit que vous marchassiez, ou comme des superbes, ou comme des éventez, imitant dans l'une & dans l'autre, ou la licence, ou la vanité des mondains ? Qu'est-ce que cette action de la main mal concertée, qui ne peut être que l'effet de la legereté, ou de la suffisance, a de commun avec cette humilité dont vous donnez des marques sensibles par l'habit que vous portez ? Y a-t-il de folie pareille à celle d'être si dissemblable à soi-même ? Et pourroit-on s'imaginer qu'il y eût rien de solide dans une figure aussi bizare & aussi extraordinaire.

Dites-moi, mes Freres, si une vierge qui se prepare pour se consacrer à Jesus-Christ, qui porte un voile sur son front, paroissoit avec une contenance immodeste, évaporée dans ses regards, dans ses actions, dans ses paroles, ne surprendroit-elle pas tous ceux qui la verroient dans ce desordre, & ne diroit-on pas qu'elle seroit plus propre pour le Theatre que pour l'état qu'elle prétendroit embrasser? Il en est de même d'un homme qui sous des habits de mortification & de penitence, seroit inconsideré dans ses paroles, dereglé dans l'usage de ses yeux, dissolu dans ses gestes & dans toutes ses manieres; ce qui est inévitable, lorsque l'on manque de veiller sur la conduite de ses sens.

Cet homme, dis-je, ne feroit que causer du scandale à tous ceux qui seroient témoins de ses extravagances, on ne se persuaderoit jamais qu'il eût aucune vocation pour la profession à laquelle il se croiroit destiné.

Enfin ce qui fait voir sans replique, combien les personnes que Dieu appelle à son service, doivent avoir d'aversion & d'éloignement de cette dissolution dans les regards, dans les discours, dans les gestes, dans la démarche & dans le reste de la contenance, c'est la maniere dont le Saint-Esprit en a parlé, lorsqu'il dit par la bouche du Sage, qu'un Apostat est un homme inutile à tout; qu'il n'y a rien d'ordonné dans ses discours, qu'il parle à tort & à travers, qu'il remüe incessamment les yeux, qu'il frappe du pied, qu'il parle & qu'il s'explique par le mouvement de ses doigts : *Homo Apostata vir inutilis graditur ore perverso, annuit oculis, terit pede, digito loquitur.* Mais ce qu'on ne sçauroit trop remarquer, c'est que vous lisez dans Isaïe, lorsqu'il attribüe tous les maux qui arriverent aux Filles de Sion, à leur déreglement, & qu'il le fait consister en ce qu'elles se sont élevées; qu'elles ont marché la tête haute, en faisant des signes des yeux, & des gestes des mains, & qu'elles ont composé avec une affectation vaine, tous leurs pas, & leurs démarches, ce qui étoit des effets de leur effronterie, & des déreglemens de leur cœur. Ce sont ces dispositions que Saint Benoît ne peut souffrir dans ses disciples, & ausquelles il veut qu'ils renoncent dés le moment qu'ils pensent à se donner à Jesus-Christ, sous la direction de la Regle qu'il leur a prescrite.

Prov. 6.
12. 13.

On me dira, sans doute, qu'il n'y a pas d'apparence de desirer de ceux qui n'ont fait que les premiers pas, & qui ne sont point encore engagez dans cette Regle, des pratiques de vertu, dont l'observation est si difficile, de leur imposer un joug si disproportionné à leur foiblesse; & qu'au cas qu'ils vinssent à bout de s'acquitter de ces devoirs dont on les charge, cette exactitude seroit la marque d'une pieté qu'ils n'auroient point encore acquise; & qu'ainsi on ne pourroit la regarder que comme une dissimulation & une espece d'hypocrisie; mais il est aisé de répondre à ces difficultez, & de faire voir qu'elles n'ont rien de solide, & qu'elles ne meritent pas d'être écoutées.

Saint Benoit, mes Freres, qui, selon la disposition de la divine Providence, devoit élever des hommes à une perfection consommée, a dû, pour commencer ce grand ouvrage, & s'appliquer aux premieres preparations, ôter tous les obstacles qui pourroient en empêcher l'execution, & dans cette vûe, assujettir les sens, regler toutes leurs actions, & en reprimer autant qu'il seroit possible, jusqu'aux moindres excès; & veritablement il n'y a rien de plus juste, ni de plus necessaire que de les contenir sous une discipline rigoureuse : car comment pourroit-on rendre des hommes capables des veritez & des maximes de cet état si saint, en leur laissant une liberté qui lui est si opposée ? Comment persuaderoit-on à ce Novice la necessité qu'il y a de vivre d'une vie toute interieure, & dans un recueillement continuel, s'il est dans une dissipation ordinaire, par l'égarement & par l'immortification de ses yeux ? Comment lui mettrez-vous dans la tête qu'il est obligé de conserver son cœur dans la componction & dans le sentiment de ses pechez, de garder une obéissance & une charité qui ne reçoive jamais la moindre atteinte, s'il lâche la bride à sa langue, s'il lui donne la liberté de tout dire, s'il se répand, comme cela arrivera sans doute, en paroles inutiles, mauvaises & indiscretes, en discours de médisance, de raillerie, de vanité? Comment viendra-t-on à bout de lui faire entendre qu'il faut qu'il entretienne dans le fond de son ame, une paix, une tranquillité qui soit égale & constante, une modestie interieure, qui n'est rien que l'onction du Saint-Esprit, s'il n'observe en tout temps & en tous lieux une retenüe qui soit exacte? Comment enfin, lui ferez-vous comprendre qu'il faut que Jesus Christ se rencontre dans tous ses pas & dans toutes ses démarches; qu'il ne doit y en avoir une seule qui ne paroisse être un effet de son esprit, s'il n'y a ni ordre, ni regle dans ses actions, & que tout y soit dans la dissolution & dans la licence, ce qui pourtant est inévitable, à moins, comme Saint Benoît lui ordonne, qu'il ne travaille à se preserver de tout péché, de la pensée, de la langue, des yeux, *Reg. c. 7.* des mains, des pieds: *Custodiat se omni horâ à peccatis & vitiis, idest cogitationum linguæ, oculorum, manuum, pedum?* Il faut donc demeurer d'accord qu'il ne gardera pas son cœur, s'il ne garde ses sens; que ce sera inutilement qu'il s'appliquera à l'un, s'il ne s'aplique à l'autre; & qu'à moins qu'il n'assujettisse l'homme extérieur, il n'empêchera jamais que l'homme interieur ne soit dans la confusion & dans le desordre.

C'est

C'est ce que le Fils de Dieu nous apprend dans ses divines Ecritures, lorsqu'il nous dit par la bouche de l'Apôtre, que ce n'est point ce qui est spirituel qui a été formé le premier, mais ce qui est animal, & ensuite le spirituel : *Non prius quod spiritale est, sed quod animale deinde quod spiritale* ; c'est-à-dire, que ceux qui travaillent à leur sanctification, doivent s'appliquer à réduire leurs sens dans la servitude, avant que d'assujettir l'esprit ; qu'il faut qu'ils soûmettent les facultez animales, avant que de regler les puissances spirituelles ; & veritablement la partie superieure est bien plus en état de profiter des operations de la grace, & d'en recevoir les impressions, lorsque l'inferieure étant domptée, ne peut plus ni l'appuyer, ni la favoriser dans ses déreglemens ; & qu'elle ne trouve plus rien en elle qui puisse la soûtenir dans ses oppositions & dans ses resistances. C'est ainsi que l'on gagne les cœurs ; c'est ainsi que l'on commence avec fruit & avec benediction l'ouvrage de son salut, que l'on prepare les voies de l'Esprit saint, qui doit les remplir & les

1.Cor.15. 46.

sanctifier. Enfin c'est ainsi qu'il faut mortifier ce corps de mort & de péché, que nous tenons de l'ancien Adam, pour le changer en ce corps de vie & de grace, que nous avons reçû du nouveau. C'est suivre l'avis que nous donne le Prophete, quand il nous dit que les Elûs de Dieu iront de perfection en perfection, & de vertu en vertu : *Ibunt de virtute in virtutem.*

Pf. 83. 7.

Il faut donc entrer, mes Freres, dans la carriere de la vie Religieuse, par ces premieres dispositions ; ce sont les premiers pas qu'il y faut faire. Elles sont comme les marques qui distinguent ceux qui s'enrôlent, pour ainsi dire, sous les enseignes de Jesus-Christ, de ceux qui vivent dans le service du monde. Ce reglement exterieur est tellement propre aux veritables Chrétiens, qu'on les reconnoissoit autrefois à l'air, & à la contenance ; & souvent dans les premiers âges de l'Eglise, leur modestie les a trahis & livrez entre les mains des persecuteurs. A-t-on donc sujet de trouver étrange que Saint Benoît desire que ses disciples soient marquez à ce caractere, & qu'ils faſſent connoître par cette conduite, comme par une declaration publique, quel eſt celui qu'ils ſuivent pour leur Seigneur & pour leur Roi?

Que l'on ne prétende pas nous alleguer des impoſſibilitez & des difficultez imaginaires ; que l'on ne nous diſe pas qu'il n'y a point d'apparence de faire entrer dans tous ces divers aſſujettiſſemens, des gens qui ne font que ſortir de la diſſipation du ſiecle ? Quoi ! cet homme que Jesus-Christ appelle à un état ſaint, qu'il tire du milieu de la mer du monde, où, peut-être il avoit fait mille fois naufrage ; qu'il a choiſi entre une infinité d'autres, qu'il met au nombre de ceux auſquels il donne des marques les plus tendres de ſa charité ; qu'il veut enfin rendre éternellement heureux, negligera de prendre les voies neceſſaires pour ſeconder les deſſeins qu'il a ſur lui ; de ſe ſoûmettre à toutes les loix par leſquelles il peut en devenir digne, & d'éviter tout enſemble ce qui ſeroit capable de l'arrêter dans ſa courſe, & d'empêcher l'effet de ſa vocation ; il faudroit pour cela qu'il fût peu touché des miſericordes que Dieu lui auroit faites, aussi-bien que du desir de faire son salut.

Mais disons davantage : Est-ce que JESUS-CHRIST qui veille incessamment par lui-même, & par l'application de ses saints Anges à la conservation de ceux qui lui appartiennent, manquera de tendre la main à cette ame, qu'il a déja favorisée d'une protection si particuliere, pourvû qu'elle soit fidelle & reconnoissante ? Quoi ! il manquera de la soûtenir, de lui applanir les difficultez, de lui donner la force, aussi-bien que la volonté de se réduire à tout ce qu'elle connoîtra qui la peut avancer dans ses voies ? Lui, dis-je, qui declare par son Prophete, qu'il porte dans son sein la maison de Jacob, & les restes de la maison d'Israel ; qui les renferme dans ses entrailles ; qui les portera jusqu'à la vieillesse ; & que comme il les a créez, il les soûtiendra & les sauvera : *Usque ad senectam ego ipse, & usque ad canos ego portabo ; Ego feci & ego feram ; ego portabo & salvabo.* C'est la conduite que Dieu tient sur ses élûs ; & il faudroit, pour en douter, penser bien differemment de ce

Is. 46. 4.

qu'on doit de sa bonté & de sa miséricorde.

Je vous parle, mes Freres, avec d'autant plus d'assurance, que je ne vous dis rien dont nous n'ayons eû parmi nous des preuves évidentes. Nous y avons vû venir des gens, qui aprés avoir passé une grande partie de leur vie dans les armes, oubliant en un moment tout ce que cette profession a de fierté, de dureté, d'orgueil & de violence, ont abbaissé leurs têtes comme des Agneaux sous le joug de Jesus-Christ, & l'ont porté avec tant d'humilité & de douceur, qu'ils ont été l'exemple, l'édification & la consolation de leurs freres.

Vous en avez vû d'autres, dont toute la vie n'avoit été qu'une suite d'impietez, d'extravagances & d'emportemens, en qui Dieu a operé des changemens tout semblables, & l'un d'entr'eux qui avoit porté le libertinage plus loin que les autres, devint si different de ce qu'il étoit, depuis l'instant auquel il mit le pied dans ce Monastere jusqu'à celui de sa mort, c'est-à-dire, pendant le cours de six ou sept années, qu'on ne lui vit pas faire un geste, une action, un mouvement, un regard qu'on pût reprendre. Voilà ce que Dieu fait en ceux qui s'abandonnent à lui, qui remettent entre ses mains tout ce qui les regarde ; il en prend soin, il s'en charge ; il forme en eux, comme sur de la cire, les impressions & les dispositions qui leur sont les plus avantageuses ; & il semble qu'il fasse sa gloire & son plaisir, d'y mettre & d'y tracer par tout les marques de sa misericorde & de sa puissance.

De vouloir que cette fidelité si exacte dans ceux qui commencent, soit une fiction & une hypocrisie, je ne vois rien de moins soûtenable. Premierement, il n'est pas vrai, comme on le prétend, qu'elle ne se trouve que dans les ames d'une vertu avancée. Une personne, par exemple, qui se convertit, dés le premier pas de sa conversion, si elle est sincere, comme elle s'occupe du regret qu'elle a d'avoir déplû à Dieu, & des témoignages qu'elle reçoit de sa bonté, elle fuit le monde, elle est seule autant qu'elle le peut ; vous ne la voyez plus dans la dissipation, elle est interieure, elle parle peu ;

toute sa conduite est reglée ; elle s'interdit toute liberté & toute licence exterieure. Diroit-on avec justice que cette personne auroit atteint une perfection éminente ? Elle ne fait que sortir du naufrage, & à peine a-t-elle conçû le fruit de son salut. Un pécheur entre dans un Cloître, il s'applique d'abord à tous les exercices qu'il y trouve établis ; il jeûne, il veille, il travaille, il chante, il prie, il garde le silence, & il obeit. Il n'y a rien de plus opposé que toutes ces actions à la vie qu'il ne fait que de quitter ; cependant il est encore dans les liens de ses péchez & de ses habitudes. Ainsi le Novice, qui, selon sa Regle, s'abstient de toute faute, soit de la langue, soit des yeux, soit des pieds, soit des mains, & qui garde toute la contenance exterieure qui y est prescrite, ne doit point passer pour un homme parfait, mais pour une personne qui desire de l'être, qui fait ce que Saint Bernard veut qu'il fasse, quand il dit à ceux qui commencent : *Si incipis, incipe perfecte ?* Il ne dit pas, soyez parfait, mais commencez d'une maniere parfaite ;

c'est-à-dire, n'obmettez rien de ce qui peut vous élever à la perfection à laquelle vous devez tendre.

Mais posé, mes Freres, que ce reglement exterieur renfermât cette perfection que l'on prétend, seroit-il juste de dire que celui qui l'observeroit fût un hypocrite ? L'hypocrite est un homme, comme le définit Saint Jerôme, qui fait & qui agit dans la vûë du monde, afin de s'en attirer l'estime : *Hypocritæ sunt qui quodlibet faciunt, ut ab hominibus glorificentur* ; qui veut paroître avoir une vertu qu'il n'a point, & qui se comporte, pour être crû meilleur qu'il n'est en effet. Mais celui qui s'applique sincerement à acquerir la pieté & la perfection qui lui manque, & qu'il n'a pas encore ; qui s'y porte & s'y éleve par les actions de la vertu qu'il essaye d'avoir, ne peut & ne doit passer pour un dissimulé, ni pour un hypocrite, quoiqu'il donne par sa conduite des idées qui sont au delà de sa vertu, & que ceux qui le considerent puisse le croire plus parfait & plus vertueux qu'il n'est pas. Il faut juger de lui par ses intentions & par les fins qu'il se propose :

Hier. in c. 5. Matth.

posé; & comme il n'a point celles qu'il faut pour être hypocrite, il ne l'est point, & ceux qui l'estimeroient tel, se tromperoient & le traiteroient avec injustice.

Enfin, mes Freres, il est temps de finir, & je me réduis à vous dire & à vous exhorter autant que je le puis, de ne vous point arrêter aux differens sentimens des hommes. Peu vous parleront de vôtre état, selon la dignité des Regles ; les Moines & les Religieux, parce qu'ils n'ont point pour la plûpart les veritables maximes, & qu'ils sont attachez à de faux usages ; les gens du monde, parce qu'ils ne connoissent que les voies larges & spatieuses, & que presque toûjours leurs pensées ne sont pas plus élevées que leurs œuvres ; ceux même qui font profession de pieté, accommodent souvent leur conduite aux manieres & aux mœurs de ceux avec lesquels ils vivent, & ne peuvent s'empêcher de regarder comme des excés, l'exactitude des personnes retirées.

Croyez donc, mes Freres, que la modestie exterieure & le reglement des sens, est quelque chose de si essentiel à vôtre profession, qu'un Religieux ne sçauroit travailler de trop bonne heure à l'acquerir; & s'il ne s'y adonne dés le commencement de sa conversion, il ne l'aura jamais, & il contractera des habitudes contraires à celles qu'il doit avoir; il les nourrira, il remplira sa vie de défauts & d'imperfections, & ne sera qu'une occasion & un sujet de scandale à tous ceux qui le verront: ainsi il se mettra dans une impuissance réelle d'arriver jamais à cette perfection, à cette vertu, à cette pieté consommée à laquelle il faut qu'il s'éleve; & au lieu d'avancer dans la profession dans laquelle la Providence l'appelle, il tournera à tous momens la tête en arriere, faute de se trouver dans une preparation digne de son état.

Ainsi, mes Freres, comptez pour beaucoup ce que la plûpart des hommes, qui ne regardent les choses qu'en passant, compteront pour rien: Mettez-vous au dessus des fausses raisons de ceux qui pourroient vous dire, que vous en faites trop: n'écoutez point cette peine qui se presente, lorsqu'il sera question de vous taire, de regler vôtre langue, de concerter vos paroles, de contraindre vos yeux ; enfin d'assujettir vôtre homme exterieur aux regles d'une bienseance que l'on n'observe jamais avec exactitude qu'il n'en coûte. Donnez à Dieu toutes les difficultez qui pourront naître dans vôtre route ; tous ces attachemens, toutes ces inclinations de la nature, qui à proprement ne se font sentir que lorsque l'on ne veut ni les écouter, ni les suivre. Passez par dessus tous ces motifs qui vous presseront de vous retenir, lorsque vous serez sur le point de vous abandonner & d'embrasser une regularité prescrite. Sacrifiez toutes ces repugnances, détruisez toutes ces contradictions, quoiqu'il vous paroisse qu'il n'y ait pas un grand mal à ne le pas faire : *Capite nobis vulpes* Can.2.15. *parvulas, quæ demoliuntur vineas.* Tous ces petits mouvemens, ces petits obstacles, ces petits sentimens font plus de mal qu'on ne pense ; N'en souffrez aucun : car s'il arrive qu'on les tolere, ils ne manqueront pas peu à peu de faire des ravages extrêmes dans la vigne de vôtre cœur, & d'empêcher qu'elle ne produise & ne porte les fruits de benediction que

F f ij

l'on en doit efperer. Je prie Dieu, mes Freres, qu'il vous faſſe goûter ces veritez; qu'il vous perſuade que ceux qu'il appelle à une vertu éminente, ne doivent laiſſer échapper aucune occaſion de lui plaire ; & que ce ſeroit être ſans amour pour un état ſi ſaint, ſans reconnoiſſance pour celui qui vous y a deſtiné & ſans volonté de répondre à ſa vocation, ſi vous écoutiez jamais aucune raiſon pour vous diſpenſer d'entrer dans des voies ſi neceſſaires & ſi capables de vous en rendre dignes.

II. CONFERENCE
POUR
LE III. DIMANCHE
APRE'S LES ROIS.

Qui spernit modica, paulatim decidet.
Eccli. 19. v. 1.

Celui qui méprise les petites choses tombera insensiblement dans de grandes fautes.

QUELQUES-UNS d'entre vous, mes Freres, me demandoient il y a peu de jours, comment il se pouvoit faire que des Religieux se laissassent aller à de si grands excés, & tombassent dans des desordres desquels nous vous parlions dans les dernieres Conferences. Je vous dirai, pour contenter vôtre curiosité, que ce malheur ne leur est pas arrivé tout d'un coup; qu'ils sont tombez peu à peu; que cette décadence si malheureuse est arrivée comme par degrez.

II. CONFERENCE

Dieu ne se retire pas en un instant de ceux qui font profession de le servir ; il ne sçait ce que c'est que de les abandonner, s'il n'y est comme forcé par leurs infidelitez & par leurs ingratitudes. Ces grands divorces, ces ruptures irreparables sont quasi toûjours précedées de froideurs & d'indifferences ; disons d'avertissemens : car la bonté de Dieu est si grande, qu'il n'obmet rien de ce qui peut contenir dans leur devoir les ames qui sont à lui ; & pour empêcher qu'elles ne lui échappent : *Opus suum non deserit, si ab opere suo non deseratur.*

Aug. in Ps. 145.

Croyez donc, mes Freres, que ces separations se font peu à peu ; les commencemens, & même les suites en sont presque imperceptibles. Comme ce sont des maux qui ont leur origine & leur source dans le cœur, & que ses mouvemens & ses démarches sont cachées, on ignore aussi d'ordinaire, quand & de quelle sorte on s'éloigne de Dieu. Il y en a quelquefois qui l'ont quitté, & qui sont prêts de le perdre pour jamais, sans avoir fait un moment d'attention sur ce danger qui les menace ;

c'est une épée tirée sur leur tête, qui est sur le point de les frapper, & qui n'a point encore été apperçûë. Disons davantage, souvent l'on a blessé à mort le cœur de l'époux ; on a fait à son ami une injure cruelle ; on a irrité son Roi ; on s'est revolté contre son Pere sans qu'on le sçache. Ainsi le mal est sans remede : car on n'a garde de travailler à la guerison d'une maladie qu'on ne connoît pas ; & c'est ce qui nous doit obliger de veiller sans cesse, & d'observer toutes nos voies avec une application continuelle.

Ce qui fait que ces grandes chûtes arrivent sans qu'on s'en apperçoive, c'est l'artifice des demons, cette malignité ingenieuse avec laquelle ils sont appliquez à nous surprendre. Ils ne s'aviseront pas de proposer d'abord des crimes à ceux qui servent Dieu ; ils sçavent bien que la vûë d'un homicide, d'un blasphême, d'une fornication, d'une desobéïssance éclatante, leur feroit horreur, & qu'ils ne sont pas capables de tomber dans un piege si évident, dont la découverte est si facile, & que la seule pensée d'un tel déregle-

F f iiij

ment, ne serviroit qu'à les attacher à Dieu davantage. Ils sçavent encore que si le pied leur avoit glissé, & qu'ils eussent succombé à des tentations de cette nature, leur malheur seroit le salut de ceux qui en auroient connoissance ; qu'un si grand desastre les rempliroit de vigilance & de crainte ; & qu'ainsi ce qui seroit la perte d'un seul, seroit la conservation d'une infinité d'autres. Ils sçavent de plus qu'un grand excés peut toucher celui qui l'a commis, & le porter dans la vüe de son péché, à s'adresser à JESUS-CHRIST pour en obtenir le pardon, selon ces paroles du Prophete : *Propitiaberis peccato meo, multum est enim.*

Ps. 24. 11.

Ainsi le demon pour prendre des voies plus assurées, quoique plus lentes & plus tardives, commence pour attaquer un solitaire, à lui décrier sa profession, à lui en diminuer les obligations & la sainteté, à affoiblir le ressentiment qu'il a de la grace que Dieu lui a faite de l'y engager ; il l'induit à raisonner sur les pratiques de sa Regle ; il les lui représente comme des Observances judaïques, qui n'ont aucune utilité ;

il le rend negligent dans les travaux corporels, desappliqué dans le chant des Pseaumes, distrait dans la priere, languissant dans tous les exercices de pieté, ennemi du silence, du recueillement, des veilles, des jeûnes. Il lui donne de l'éloignement de ceux qui ont l'autorité ; il fait qu'il s'attache à remarquer leurs défauts, à les grossir, à en imaginer quand il n'y en a point de réels. Il lui donne du dégoût pour leurs instructions ; ils n'en font jamais qui lui soient agreables ; s'ils sont éloquens, ce sont des causeurs ; s'ils ne le sont pas, ce sont des ignorans qui ne sçauroient parler. Pour les reprehensions, il ne les peut souffrir : car à ce qu'il pense, ce n'est jamais la charité, mais l'humeur & la passion qui en est le principe. Il rend ce Religieux appliqué à lui-même, étudiant tous les mouvemens de sa santé ; il n'a jamais de maladie qui ne soit extréme : car son imagination blessée augmente les moindres infirmitez qui lui arrivent ; on l'envoye trop tard à l'Infirmerie ; il en sort toûjours trop tôt à son gré ; il n'est content ni des soins de son

Superièur, ni des assistances de ses freres; on ne peut, quoiqu'on fasse, le rassasier de remedes, & lorsqu'il est question de reprendre la nourriture commune ; il ne manque jamais d'accuser, ou la charité, ou la discretion de son Superieur. Il se porte à mépriser ses freres, à juger leurs actions, à former des soupçons sur leur conduite, à s'impatienter de tout ce qu'il leur voit faire, qui ne revient pas ou à son jugement, ou à son humeur ; & par dessus tout à negliger les inspirations qui lui viennent de la part de Dieu pour le tirer de l'égarement & de l'illusion dans laquelle il est.

Enfin il fait tant par toutes ses infidelitez, qu'ayant perdu tout ce qu'il pouvoit avoir de sentiment pour la sainteté de son état ; il transgresse sans scrupule & sans remords, les points de sa Regle, quand il le peut faire sans éclat & sans scandale. Et quand il est venu à bout de ruiner toutes ces barrieres, & de l'engager dans ces malheureuses habitudes, il le pousse avec hardiesse à de plus grands excés ; & Dieu s'étant retiré de lui, il se laisse emporter dans tous les vices de l'esprit, dans le murmure, dans l'orgueil, dans la vanité, dans la revolte contre ses Superieurs, dans la haine de ses freres, dans l'insensibilité pour toutes les choses de son salut ; & souvent son ame corrompuë par tous ces maux differens, se livre à toutes sortes d'actions scandaleuses ; & son retour est d'autant plus difficile, que la dureté de son cœur est devenue comme impenetrable par la suite & par la continuité de ses déreglemens.

Voilà l'accomplissement de cette menace du Saint-Esprit : *Qui spernit* Ecclés. 19. *modica, paulatim decidet* : Celui qui méprise les petites choses, tombera insensiblement dans de grandes fautes. Il n'y a point d'abîme si profond dans lequel on ne se jette, lorsque Dieu ne se mêle plus de la conduite. Comme sa main toute seule peut preserver de ce nombre presque infini de pieges & de filets que le demon tend aux ames qui sont à JESUS-CHRIST, depuis que cette main se retire, & que nous sommes abandonnez à nôtre propre foiblesse, nous demeurons sans défense, & le demon, sans trouver aucune resistance fait de nous tout ce qu'il en veut faire : *Considera opera Dei, quod nullus possit corrigere quem ille despexerit.*

<small>Eccles. c. 7. 14.</small>

C'est se tromper, mes Freres, que de s'imaginer qu'un homme foible & fragile, comme il est, destitué de la protection de Dieu, puisse se garentir de tant de maux qui l'environnent. Il suffit de vous dire que le flambeau qui l'éclairoit s'étant caché, il faut par necessité qu'il se trouve dans la confusion & dans le desordre : *Qui ambulat in tenebris, nescit quo vadat.* Il est dans les tenebres, il ne voit goutte ; il ne sçait ce qu'il fait, ni où il va ; & toutes ses actions & tous ses pas sont autant de chûtes ; Il a des yeux, mais ce n'est pas pour voir ; il a une raison, mais ce n'est plus pour discerner le bien d'avec le mal ; comme il est incapable de former un raisonnement qui soit juste, il prend le mal pour le bien, le mensonge pour la verité, le déreglement pour la loi, l'iniquité pour la justice. C'est un aveugle qui prend pour une liqueur agreable ce qui lui est un poison mortel ; toutes les puissances de son ame sont tellement

<small>Ioan. 12. 35.</small>

perverties, qu'elles ne lui font d'aucun usage, & qu'il ne peut plus s'en servir que pour faire du mal : *Cunctis* Iob. 15. *diebus suis superbit*, son orgueil s'augmente & s'accroît à mesure que ses jours se multiplient.

Si quelque chose est capable de convaincre les hommes d'une verité si constante ; c'est la reflexion que je vais faire. Pensez, mes Freres, qu'entre toutes les actions que Jesus-Christ a faites dans tout le cours de sa Mission, celle qui pouvoit davantage confirmer les veritez qu'il annonçoit, lui donner plus de créance, lui attirer avec plus de certitude, les hommages & les adorations qui lui étoient dûes, & desarmer l'opiniâtreté de ses envieux, c'est la resurrection du Lazare. Qu'y a-t-il de plus puissant pour persuader, que de voir un homme mort depuis quatre jours, & par consequent corrompu, se lever de son tombeau, tout vivant, à la voix de celui qui lui commande d'en sortir : *Lazare veni* Joan. 11. *foras* ? Cependant ce prodige si éclatant, fait en la presence d'un grand nombre de personnes, non seulement ne fait pas l'impression qu'il devoit faire, mais il a un effet tout opposé, & qu'on ne croiroit jamais, si la verité même ne nous l'avoit appris. Les Prêtres, les Docteurs de la Loi, & les Pharisiens, au lieu d'ouvrir les yeux à la clarté qui les frappoit, & de reconnoître qu'une action si extraordinaire ne pouvoit être que l'ouvrage d'une puissance infinie, en prennent la resolution de donner la mort à celui qui l'avoit faite; & pour porter leur aveuglement jusqu'où il pouvoit aller, ils déliberent tous ensemble de faire mourir ce nouveau ressuscité, afin d'ôter tout monument, & d'effacer toute memoire d'une si grande merveille.

Qu'avez-vous fait de vôtre raison, hommes incensez ? qu'avez-vous fait de vos lumieres ? Où sont toutes ces connoissances que vous avez dû puiser dans les saintes Ecritures, dans les Livres des Prophetes ? Y avez-vous lû qu'un autre que Dieu eût le pouvoir de faire revivre les morts ? Pouvez-vous douter, Docteurs & Interpretes de la Loi, que celui qui a fait ce grand prodige, ne soit le maître de la vie & de la mort ? Que ce ne soit celui dont il est écrit : *Deducit*

4. Reg. 2. 6.

ad inferos & reducit; & qu'il faut qu'il tienne dans ses mains la destinée de tous les hommes ? Pouvez-vous ignorer qu'ayant rendu la vie à ce cadavre qu'il vient de ressusciter, il ne puisse conserver la sienne contre tous vos efforts, & empêcher que vôtre cruauté ne la ravisse à ce mort qui vient de la recevoir de sa seule parole ? *O stulta cogitatio & cæca savitia ! Dominus Christus qui suscitare potuit mortuum, non posset occisum ?* *Aug. Tract. 50. in Ioan.*

Ces aveugles, mes Freres, ne voyent rien de ce qu'ils devroient voir ; ces insensibles n'entendent point ce qu'ils devroient entendre ; leur sagesse se trouve confondüe, & leur ame est remplie de tenebres si épaisses, qu'ils regardent comme une illusion, cette verité si publique, & si capable d'operer la conversion de tout un monde ; & la raison de ce prodigieux aveuglement, c'est que le soleil de la justice & de la verité, ne pouvant plus souffrir leur ingratitude, se cacha, & leur refusa sa lumiere, de laquelle ils s'étoient rendus indignes : *Propterea non poterant credere, quia excæcavit oculos eorum, & induravit cor eorum ut non videant* *Joan. 12. 39. & 40.*

oculis, & non intelligant corde.

C'est une image de ce qui se passe dans ceux qui par leur resistance aux volontez de Dieu, & par le peu de soin qu'ils ont d'obéir à ses ordonnances, le contraignent de les abandonner : *Qui te derelinquunt, confundentur.* Dés-là que Dieu n'est plus avec eux, la confusion devient leur partage : ils sont comme des flots d'une mer orageuse, d'où, selon les paroles d'un Apôtre, il sort une écume toute pleine de saletez & d'ordures ; comme ces étoiles errantes, auxquelles une tempête noire & tenebreuse est reservée pour l'éternité : *Fluctus feri maris despumantes confusiones suas, sidera errantia, quibus procella tenebrarum servata est in æternum.* C'est le sort des Moines qui vivent dans l'infidelité ; les graces si abondantes qu'ils ont reçuës de la bonté de Dieu, ne font que leur tendre des voiles, & obscurcir leur raison : cette nuit affreuse de l'Egypte couvre entierement le Ciel de leur cœur ; les veritez, qui devroient les persuader & les obliger de redresser leurs voyes, ne servent qu'à augmenter leur égarement. Toutes ces preuves si convainquantes

Jer. 17. 13.

Jud. 13.

vaincantes qui se trouvent dans les Regles, dans les exemples, dans les instructions des Saints, & particulierement de leurs Fondateurs & de leurs Peres, passent dans leur esprit pour des fables & des visions. Ils rejettent toutes les pratiques qui les ont sanctifiez, comme des imaginations vaines & superstitieuses. Si vous leur parlez de ces expressions enflâmées, dont les Saints ont usé, quand ils ont voulu nous expliquer l'excellence & la dignité de nôtre état, ils sont tout de glace ; si vous leur dites que ceux qui ne travaillent pas à devenir parfaits par les moyens que leurs Regles leur prescrivent, seront rejettez comme des Apostats, ils n'ont point d'oreilles ; si vous leur dites que la vie Religieuse n'est qu'un engagement à mortifier ses sens & son esprit, cet amour insatiable qu'ils ont pour le plaisir & pour la licence, les rend de bronze, & leurs ames rebelles s'endurcissent de ce qui devroit les penetrer jusqu'à la moelle de leurs os.

En un mot, mes Freres, il n'est que trop vrai, & on ne se trompera point, quand on dira de ces hommes qui ont quitté les desseins de Dieu,

& qui ont violé la sainteté de leur profession & de leurs promesses, qu'ils vont de déreglement en déreglement, & de vice en vice, comme les Saints avancent de vertu en vertu ; que leurs iniquitez se multiplient avec leurs jours ; qu'elles n'auront point de limites que celles de leur vie, suivant ces paroles du Prophete : *Superbia eorum qui te oderunt, afcendit femper.* Car à proprement parler, c'eſt être ſuperbe, & haïr Jesus-Christ, que de méprifer fa loi fainte, & de réſiſter à fes ordres.

Ps. 73. 24.

Vous me demandez peut-être en vous-même, ce qui fait (ce que je dis étant veritable) que tous ceux qui font délaiſſez de Dieu, ne tombent pas dans des vices énormes, & ne fe plongent pas dans toutes fortes de crimes ; je vous répondrai que cela arrive de la forte par pluſieurs raifons. La premiere & la principale, c'eſt que Dieu qui conferve toûjours fa puiſſance fouveraine, borne celle du demon ; il arrête fa malignité, & ne lui permet pas de faire dans le monde tout le mal qu'il y voudroit faire ; il reprime les accés de fa fureur, & ne fouffre pas que la Religion & la

perseverance de ses élûs, soit exposée à tout ce que l'envie qu'il a de les perdre, lui feroit entreprendre: *Diabolus nihil, nisi permissus potest.* *Aug. in Ps. 103.*
La seconde, le demon même ne veut pas, comme je viens de vous le dire, que ceux qui sont à lui commettent toutes sortes d'excés. Il ne veut pas, dis-je, que tous ceux qui le servent soient des blasphemateurs, des parjures, des adulteres publics, des empoisonneurs, des voleurs, des meurtriers, des parricides; il décrioit son parti, si l'on n'y voyoit que des scelerats; l'horreur que l'on auroit de tous ces crimes, feroit que peu de gens voudroient s'y engager; & c'est pour cela qu'il cache l'iniquité de ses partisans, ou plûtôt de ses esclaves, sous l'apparence d'un bien qui n'est point en eux; qu'il les pare de l'exterieur & de l'écorce de quelques vertus fausses & bâtardes, afin d'imposer aux hommes, & d'avoir plus de facilité pour les séduire. Cela s'est vû dans les Payens, qui ayant declaré à Dieu une guerre toute ouverte, ne laissoient pas souvent de garder une justice & une integrité morale, qui leur attiroit une estime,

Gg ij

& une reputation qui les distinguoit du reste des hommes.

La troisiéme, les méchans pour l'ordinaire sont ambitieux ; ils recherchent les honneurs, les richesses ; ils s'étudient à faire des établissemens sur la terre, & comme dit l'Apôtre, ils s'abstiennent de tout ce qui peut nuire à leurs desseins dans la vûë d'une utilité temporelle. *Ab omnibus se abstinent, ut corruptibilem coronam accipiant.* Ils cachent la corruption de leur cœur ; ils font montre d'une justice imaginaire ; ils affectent des qualitez specieuses qui peuvent contribuer à rendre leurs prétentions effectives. Ainsi, ils déguisent & surmontent leurs passions, par d'autres passions, & leurs ames infectées & possedées par le péché, n'ont que leur propre déreglement pour mobile de toutes leurs actions. Il se peut dire qu'ils sont toûjours prêts de faire tous les maux, selon que Dieu leur permet que le demon les inspire, & autant qu'ils y trouvent leur gloire, leur plaisir, leur avantage & leur fortune.

Voilà, mes Freres, la situation d'un homme qui a quitté Dieu; Voilà

1.Cor. 9. 25.

ce qui l'empêche de se laisser aller indifferemment à toute sorte de crimes. Ce n'est ni l'amour de la verité, ni le zele de la justice, ni la crainte de Dieu qui le retiennent; toutes ces considerations sont entierement éteintes chez lui, & ce seroit une imagination de croire qu'elles eussent la moindre part à sa conduite.

Voulez-vous que je vous fasse la peinture d'un Moine qui se retire de la voie étroite, qui se separe de ses freres, & qui marchant par des chemins écartez, au lieu de se sauver par leur secours, par leurs exemples, & par les mêmes pratiques de penitence & de mortification, s'engage dans une perte toute certaine.

Imaginez-vous un voyageur dans un païs inconnu, rempli de voleurs, coupé par quantité de routes differentes, qui trouvant une trouppe de personnes qui vont au lieu où il va lui-même, & qui sont parfaitement instruits du chemin qu'il faut tenir, se joint à eux, & qui se reposant sur leur conduite, marche hardiment, sans rien craindre, & sans avoir aucune inquietude sur le succés de son voyage. Cependant le chemin vient à lui paroître rude ; il y rencontre des vallons, des rochers, des montagnes ; il se fatigue, il s'échauffe, il se rebutte ; & au lieu de profiter des temps & des moyens que la Providence lui presente, & d'avancer à grands pas, il s'arrête pour se rafraichir, tantôt se couchant sur le bord d'une fontaine, tantôt se mettant à l'ombrage des arbres & des buissons. Les autres qui se hâtent le plus qu'ils peuvent, voyant qu'il demeure derriere, & sçachant qu'il ne peut ne les pas suivre qu'il ne s'expose à un danger tout évident, lui crient de se presser, de faire pour cela les efforts necessaires, & l'avertissent du peril qui le menace ; mais lui succombant à sa lâcheté, à sa paresse, & preferant un instant de repos à la conservation de sa vie, ne se met point en peine de l'avis qu'on lui donne. Il quitte sans regret cette compagnie à laquelle son salut étoit attaché ; il trouve dans ce même temps des gens qui lui disent que le chemin qu'il laisse, avoit des difficultez insurmontables, qu'il a bien fait de ne s'y pas engager plus ayant, & qui lui promettent de le mener par une voie plus courte & plus aisée. Cet homme credule les écoute, il les croit, il les suit sur leur parole ; mais leur dessein n'est pas de lui rendre l'assistance qu'ils lui promettent : car ils ne l'ont abordé que pour le perdre, & pour le livrer à des voleurs, qui après l'avoir dépoüillé, & lui avoir ravi tout ce qu'il peut avoir, ne manqueront pas de lui ôter la vie. Enfin il va donner, sans aucun soupçon, dans le piege qui lui est tendu, & il ne s'appercevra de son malheur que par sa propre experience, & lorsqu'il ne sera plus en son pouvoir de l'éviter.

Ce voyageur, mes Freres, est un Religieux ; ce païs inconnu, est l'état Monastique, duquel les devoirs sont si generalement ignorez ; ces voleurs sont les demons, ou des hommes qu'ils inspirent, & dont toute l'occupation est de repandre de fausses maximes, & de corrompre les veritez ; les routes differentes, sont les voies qu'on se fait, par lesquelles on s'égare, en quittant le vrai chemin ; cette trouppe de personnes, c'est la societé de ses freres avec lesquels il est uni dans une même carriere, qui se conduisant par les Regles, & par les principes certains, lui donnent lieu de se reposer sur eux, & de servir Dieu dans la paix & sans aucune inquietude ; ce chemin qui lui paroît rude, ces rochers, ces vallons, ces montagnes, cette fatigue qui le rebutte, sont les regularitez, les assujettissemens, l'obéissance, les humiliations & les autres pratiques de discipline qui le contristent, qui l'abbatent, qui le dégoûtent de son état ; se coucher sur le bord d'une fontaine, se mettre à l'ombrage des arbres & des buissons, c'est s'arrêter dans le milieu de sa course, au lieu de marcher d'un pas égal, d'un même zele & d'une même ferveur ; c'est écouter la tentation qui le presse ; c'est chercher à soulager son ennui, par des conduites irregulieres, par des exemptions, par des adoucissemens qui ne conviennent point à la perfection à laquelle sa profession l'oblige ; ceux qui le pressent de se hâter, & qui l'avertissent du peril qui le menace, ce sont ses freres, ce sont ses Supérieurs qui s'apperçoivent de son changement, qui lui declarent

le

le mal qu'il se fait, les effets & les suites que son affoiblissement lui va produire, & qui font ce qu'ils peuvent pour empêcher qu'il ne les quitte ; sçachant que son salut est attaché à sa perseverance, & qu'il se perd pour jamais en se separant d'eux & en les perdant ; les gens qu'il rencontre, & qui lui disent que le chemin qu'il quitte a des difficultez insurmontables, qu'il fait bien de ne s'y pas attacher, & qui lui promettent de le mener par des voies plus courtes & plus aisées, ce sont les demons, comme je vous l'ai déja dit, ou les Moines relâchez, qui lui dénient la verité, qui mettent le mensonge à sa place, qui abolissent la Regle, pour lui substituer le relâchement ; qui l'induisent & le portent à embrasser une vie molle, relâchée, & corrompuë, au lieu de la penitence & de l'austerité sainte dans laquelle il s'étoit engagé. Enfin cet homme livré à des voleurs qui le dépoüillent, qui lui ôtent ce qu'il peut avoir, & qui lui donnent la mort, c'est ce Religieux même, qui ayant perdu toute vûë & tout sentiment de ses obligations, aussi-bien que de la force, qu'il recevoit de la compagnie de ses freres, s'écarte peu à peu de tous ses devoirs, vit comme s'ils ne lui avoient jamais été connus, en sorte que le démon étant devenu son conducteur & son guide, le mene de precipice en precipice, d'abîme en abîme, d'infraction en infraction, & ne lui donne ni treve, ni relâche, que son salut ne soit desesperé, & son iniquité consommée.

Je me suis étendu, mes Freres, plus que je ne devois; mais je vous avouë que j'ai peine à finir, quand je me trouve sur cette matiere. La vûë de cette décadence si generale, ces chûtes si profondes & si frequentes me touchent & me remplissent tout ensemble & de compassion & de frayeur. Je vous en parle toutes les fois que j'ai occasion de le faire, afin que connoissant le malheur de nos freres, & les plaignant, vous évitiez d'y tomber, & que la crainte de vous laisser surprendre par ce deluge qui s'augmente de jour en jour, vous oblige de chercher vôtre sûreté, selon le conseil du Saint-Esprit, sur le sommet des montagnes; je veux dire, en vous cachant dans le sein de Dieu, en vivant dans la pureté, dans la perfection & dans la sainteté de vôtre état. C'est dans ce refuge sacré, comme le Prophete nous l'apprend, que vous trouverez une protection puissante, qui vous garantira, & vous mettra à couvert pour jamais de tous les maux & de tous les ennemis qui vous environnent : *Qui habi-* Pf. 90. *tat in adjutorio altissimi in protectione Dei cœli commorabitur.*

III. CONFERENCE
POUR
LE III. DIMANCHE
APRE'S LES ROIS.

Nisi granum frumenti cadens in terram, mortuum fuerit, ipsum solum manet. *Joan. 12. 24.*

Si le grain de froment tombant dans la terre ne meurt & ne se corrompt, il est sterile & ne rapporte rien.

CEs paroles, mes Freres, me paroissent si relevées & si peu convenables, si on les met auprés des maximes communes, & des conduites ordinaires des hommes, qu'il n'y a rien dont la nature puisse moins s'accommoder, & à quoi elle trouve plus d'oppositions & de repugnances. Et si un autre que JESUS-CHRIST qui est la Verité même, les avoit avancées, on ne pourroit jamais se resoudre à les croire. *Nisi granum fru-*

Joan. 12. 24.

menti cadens in terram, mortuum fuerit ipsum solum manet; si autem mortuum fuerit, multum fructum affert.

En effet, qui pourroit croire que Dieu demandât une abnegation si grande & si entiere, d'un homme vivant dans une chair mortelle, & qu'il le voulût dans un dépoüillement si parfait, qu'il lui proposât pour modele un grain de bled, qui ne peut rien ni porter, ni produire qu'aprés une totale destruction de lui-même. Examinez, mes Freres, ce que devient ce grain de bled couvert & caché dans la terre, & considerez en même temps ce que sont les hommes, & vous trouverez qu'il y a des distances infinies entre ce qu'ils sont, & ce qu'ils devroient être.

Ce grain de bled étant jetté dans la terre aprés qu'elle a été preparée, change bien-tôt de forme, de figure, de couleur, & se réduit en poussiere & en cendre, & le déperissement en est tel, que si on le cherchoit dans l'endroit où on l'a mis, on n'en trouveroit ni marques ni vestiges; il en naît ensuite un peu de verdure, qui n'a ni rapport, ni ressemblance à ce qu'il paroissoit avant qu'il eût été caché dans la terre. Je m'arrête là, parce que je me souviens que je vous ai parlé sur ce sujet dans une autre Conference.

Il faut donc, mes Freres, (& ce seroit la plus grande de toutes les erreurs de ne le pas croire,) que ceux qui veulent être disciples de JESUS-CHRIST, qui veulent vivre selon sa parole, & selon la Loi, qui ont quelque envie de meriter les recompenses qu'il a promises à ceux qui feroient des actions qui les en rendroient dignes, changent d'inclinations naturelles, de sentiment, de vûës, de desseins, d'habitudes, de mœurs ; & que ce changement soit si entier, qu'ils paroissent & qu'ils soient en effet des hommes tout nouveaux, & que pour ainsi dire, on n'apperçoive rien en eux de ce qu'ils ont été ; il faut qu'ils meurent comme ce grain de froment est mort : *Nisi granum frumenti cadens in terram, mortuum fuerit.* Il faut que ce premier être qui est celui du péché, se détruise, & qu'ils en acquierent un qui lui est entierement opposé, qui est celui de la grace, & que le changement de ce grain de froment soit la regle de celui qui

Ioan. 12. 24.

doit se faire dans leurs personnes. Cependant que voyez-vous dans les gens du monde, dont le changement qui arrive dans ce grain de froment puisse être le caractere & la representation, ou la figure ? Ils sont vivans à toutes les choses ausquelles ils devroient être morts, leurs passions & leurs cupiditez sont animées, ils sont pleins d'ardeur pour leurs interêts & pours leurs plaisirs ; l'amour des choses d'ici-bas qui les possede, est l'unique mobile de toute leur conduite;& vous diriez à les voir agir; qu'ils ont perdu toute memoire de celles du Ciel. Vous ne retrouvez rien dans ce grain de froment, quand sa destruction est consommée, qui donne la moindre idée de ce qu'il a été, & vous retrouvez cet homme du monde tout entier. Cette nature usée & corrompüe par sa propre iniquité, subsiste toûjours dans sa malignité originaire, & il la conserve avec autant de soin & d'application qu'il le pourroit faire, si sa conservation lui étoit autant avantageuse qu'elle lui est préjudiciable.

Si c'étoit un simple avis que Jesus-Christ eût donné par ces paroles: *Nisi granum frumenti cadens in terram mortuum fuerit;* & qu'il fût libre de le suivre, ou de le laisser, ceux qui le negligent pourroient dire: Je me sauverai par d'autres moiens, cette voie n'est pas l'unique, c'est un bien de la prendre, ce n'est pas un mal que de ne le pas faire. Mais par malheur pour ces ames endurcies, Jesus-Christ donne l'exclusion à tous ceux qui n'entreront pas dans cette instruction. La maniere dont il s'explique est generale; elle comprend tous les hommes de quelque rang & de quelque qualité qu'ils soient; il n'en excepte aucun; il n'y en a pas un seul qui puisse rapporter le fruit qu'il en attend, c'est-à-dire, faire des actions qui soient dignes de recompense, s'il n'a passé par cet état de mort si essentiel & si necessaire: *Nisi granum frumenti cadens in terram mortuum fuerit, ipsum solum manet.* Et veritablement cette necessité, quelque indispensable qu'elle soit, est connüe de si peu de personnes, que vous jugerez aisément que je n'ai pas eû tort, & que je ne me suis pas mécompté, quand je vous ai dit qu'il n'y a rien que les hommes soient moins capables de comprendre, que l'obligation de s'aneantir & de renoncer à soi-même jusqu'au point qui nous est exprimé par ces paroles.

Il faut inferer de tout cela, mes Freres, que les hommes sont dignes qu'on les plaigne, de se trouver dans une obligation, qui par le mauvais usage qu'ils en font, leur cause la mort, au lieu de leur donner la vie. Jesus-Christ leur commande de renoncer à eux-mêmes, afin de rendre leurs ames toutes pures, de les laver de toutes les taches qu'elles contractent, par le commerce qu'elles ont avec les creatures, & par l'amour qu'elles leur portent, afin de les mettre dans un tel état, qu'il n'y ait rien en elles qui puisse l'empêcher de les rendre éternellement heureuses. Et néanmoins ils font tant qu'ils rendent tous ses soins & toutes ses intentions inutiles : ils se défendent contre tous les efforts qu'il fait pour les gagner, & soit qu'ils ignorent à quoi ils sont obligez, ou que le sçachant, ils agissent comme s'ils ne le sçavoient pas, ils vivent couverts des haillons de cet homme pécheur ; ils se parent à proprement parler, de leur confusion & de leur honte, & ne peuvent se résoudre à se défaire & à se dépoüiller des habits qu'ils ne sçauroient porter sans ignominie & sans deshonneur, pour se revêtir de cet homme nouveau, qui a été créé selon le cœur de Dieu dans la verité & dans la justice. *Qui secundùm Deum creatus est in justitia & sanctitate veritatis.*

Ephes. 4. 24.

Si j'avois le temps, & que je voulusse entrer dans toutes les conditions differentes où les hommes passent leur vie, il n'y en a point où je ne vous fisse remarquer cet aveuglement si prodigieux. Il est devenu presque universel: Chacun est content de sa pauvreté, il manque de tout, & il s'imagine qu'il est dans l'abondance; il ne voudroit pas être mieux qu'il est; ou s'il s'en rencontre quelqu'un qui ait des pensées un peu plus justes, & des vües plus raisonnables, il vous dira qu'il voudroit bien à la verité être revêtu de cet habit de gloire que Dieu promet à ceux qui se dépoüilleront pour l'amour de lui; mais que ce dépoüillement lui coûteroit trop, ou qu'il ne peut s'y resoudre. Il est accoûtumé à ses vieux vétemens, quelques sales & déchirez qu'ils puissent être, il veut bien se revétir, pourvû qu'il ne se dépoüille pas : *Nolumus expoliari, sed superve-* 2. Ad Cor. *stiri.* Cet extravagant ne voit pas 5. 4. qu'il veut allier des choses incompatibles ; le vice avec la vertu, l'iniquité avec la justice, la lumiere avec les tenebres ; & c'est ce que la sainteté de JESUS-CHRIST ne peut souffrir : *Quæ enim participatio justi-* 2. Cor. 6. *tia cum iniquitate, aut quæ societas lu-* 14. *ci ad tenebras?*

Je vous parle du malheur des gens du monde, mes Freres, afin que vôtre cœur déplore leurs miseres, & que venant à vous regarder auprés d'eux, vous soyez touchez de ce que la bonté de Dieu a fait pour vous. N'est-il pas vrai que les obligations que nous lui avons sont infinies, de nous avoir separez de ce monde, qui ne peut ni aimer, ni goûter ses veritez, & de nous avoir appellez dans un état où la pratique nous en est devenuë presque naturelle? Je m'exprime ainsi, parce que les facilitez que nous y avons sont si grandes, qu'il n'y a qu'à se laisser conduire par les regles que nous avons embrassées, pour devenir semblables à ce grain de froment, & pour produire cette moisson bienheureuse que Jesus-Christ doit faire & recueillir dans le cœur de tous ceux qui le servent, & qui sont à lui. Vous voyez à la lettre l'explication de cette figure : *Nisi granum frumenti cadens in terram mortuum fuerit*; ou plûtôt l'accomplissement de ce precepte ; & tout ce qui se passe & qui arrive dans ce grain de froment, lorsque le laboureur l'a mis dans la terre, se remarque clairement dans toute vôtre conduite ; pourvû qu'elle soit fidele. Que vous devez avoir de consolation & d'esperance, mes Freres, en vous voyant par vôtre profession, si conformes aux volontez de Dieu, & si soumis à ses ordres & à ses desseins! Ce bonheur que vous ne sçauriez ne pas connoître, doit vous attacher inviolablement à la voie que Jesus-Christ vous a choisie, & vous remplir d'estime & d'amour pour une condition qui vous donne tant de biens & d'avantages.

N'est-ce pas, mes Freres, être semblable à ce grain de froment dans sa destruction, lorsque vous vous

Joan. 12. 24.

POUR LE III. DIM. APRÈ'S LES ROIS 373
êtes retirez du monde; que vous en avez quitté l'habit, l'air, les actions, les affaires, les occupations, les plaisirs, & toutes les autres manieres qui sont attachées à la vie qu'on y mene? Mais disons plus, lorsque vous en avez abandonné l'esprit, les affections, les maximes, les sentimens, les mœurs; & que rejettant par dessus tout cet orgueil qui donne le mouvement aux personnes du monde, vous avez fait profession d'une vie humiliée, qui vous rabaisse devant Dieu & devant les hommes, ensorte que vous pouvez dire comme le Prophete : *Ad nihilum redactus* Ps. 72. *sum*: Je suis réduit au néant? 22.

Cette conformité & cette ressemblance se remarque encore plus particulierement, en ce que, comme le grain de froment étant pourri & réduit en poussiere, il s'en forme une racine, une herbe, une verdure, qui dans la suite fait toute la moisson & toute la fortune du laboureur: *Si au-* Ioan. 12. *tem mortuum fuerit, multum fructum* 24. *affert*; Ainsi de ce déperissement & de cette destruction volontaire, il en naît des dispositions contraires à tous les déreglemens auxquels vous avez renoncé, & qui font toute la richesse de vos ames. Vous aimiez, par exemple, les conversations ou mauvaises ou inutiles, & présentement vous demeurez dans un silence rigoureux, ou vous n'en avez que de saintes ; Vous aimiez la bonne chere, & vous pratiquez une abstinence exacte ; vous aimiez l'argent, & vous êtes pauvres d'état ; vous aimiez l'oisiveté ; & toutes vos journées sont remplies, & il n'y en a pas un moment qui ne soit occupé ; vous aimiez les aises de la vie, & vous vivez dans des travaux penibles ; vous aimiez vôtre liberté, & vous êtes dans une perpetuelle dépendance ; vous suiviez en tout vôtre amour propre, & vous le combattez dans toutes les occasions ; vous étiez vains & superbes, vôtre profession vous oblige de vivre dans l'exercice d'une humilité profonde & continuelle ; vous n'aviez que de la dureté pour vôtre prochain, vôtre Regle vous ordonne de lui donner en tout temps des marques d'une charité cordiale & sincere. Enfin les vertus ont succedé aux vices ; la justice à l'iniquité, & Jesus-Christ a pris dans vos cœurs toutes les places que vous avez ôtées aux creatures.

Je vous dis, mes Freres, ce que vous devez être, & ce que Dieu veut que vous soyez: je vous represente au vif les avantages de vôtre état, afin que vous ne cessiez point de loüer Dieu, de ce qu'il lui a plû de vous y engager, afin que vous en embrassiez avec joie toutes les obligations. Afin, dis-je, que vous fassiez d'une condition si sainte tout le cas qu'elle merite, il faut que vous l'estimiez, que vous en connoissiez la valeur & la dignité, que vous ressentiez ce que vôtre vocation toute divine vous peut produire de biens & de benedictions, pourvû que vous vous rendiez fideles dans l'observation des devoirs qui y sont attachez. Il faut, je vous le repete encore, que vous l'estimiez : car si vous la regardiez avec indifference, ou avec mépris, comment est-ce que vous pourriez vous appliquer à combattre les difficultez qui s'y rencontrent ? Comment est-ce que vous surmonteriez ses peines, ses travaux, ses tentations ? Comment est-ce que vous vous feriez cette violence si necessaire, pour vous rendre exacts dans l'observation de tant d'assujettissemens, de reglemens, de tant de points de discipline, sans lesquels il n'y a point de veritable pieté dans les Cloîtres ? Mais disons plûtôt, comment est-ce que vous recevriez de Dieu cette protection dont un Religieux ne se peut passer, vous, qui mépriseriez ses dons ; qui ne tiendriez aucun compte de ses graces les plus rares & les plus precieuses, & qui feriez par consequent, tout ce que vous pourriez faire pour vous attirer son indignation ?

C'est cette ingratitude qui a obligé JESUS-CHRIST de quitter la conduite de ces maisons qui étoient comme les lieux de ses delices ; c'est ce qui l'a contraint de se retirer de ces demeures sacrées qu'il habitoit autrefois avec tant de plaisir. La dureté des enfans a lassé la patience & irrité la colere du pere. Le maître n'a pû souffrir la méconnoissance de ses serviteurs ; & c'est ce qui fait qu'aujourd'hui tant de Moines (se trouvant destituez de cette direction, & manquant de ce secours) sont tombez dans la confusion. Comme ils n'ont ni estime, ni amour, ni attachement

chement pour leur état, ils ne tiennent à rien, & ils sont toûjours prêts de quitter Observances, maisons, freres, Superieurs, Communautez, pour satisfaire une humeur, une sensualité, une fantaisie, un appetit de rien : semblables à ce frere infortuné, à ce profane Esaü, qui abandonna pour un plat de lentilles, l'honneur, la gloire & la prerogative de sa naissance : *Ut profanus Esaü, qui* Heb. 12. *propter unam escam vendidit primitiva* 16. *sua.*

Je finis, mes Freres, en vous disant que si vous êtes persuadez de ce que Jesus-Christ a fait pour vous, vous lui donnerez des marques effectives de vôtre reconnoissance, & vous lui ferez paroître la grandeur de vôtre ressentiment, par la fidelité de vos œuvres ; vous lui abandonnerez, & avec plaisir, tout ce qui peut vous retarder, ou vous empêcher de vous élever à la perfection à laquelle il vous appelle, & il n'y aura rien ici-bas que vous ne soyez prêts de lui sacrifier, dans l'esperance, ou plûtôt dans la certitude, qu'il accomplira la promesse qu'il vous a faite de se donner lui-même pour la recompense de ce que que vous lui aurez donné. Ainsi vous obéirez à ce precepte, vous éprouverez heureusement la verité de ces paroles : *Nisi granum frumenti cadens in terram mortuum fuerit, ipsum solum manet : si autem mortuum fuerit multum fructum affert ?* Vous serez ce grain de froment, vôtre abnegation & vôtre renoncement seront vôtre destruction & vôtre mort, & le fruit qui naîtra de ce dépoüillement sera la vie nouvelle que vous recevrez de JESUS-CHRIST dans l'éternité comme dans le temps.

Ioan. 12. 24.

CONFERENCE POUR LE IV. DIMANCHE APRE'S LES ROIS.

Ecce motus magnus factus est in mari, ita ut navicula operiretur fluctibus, ipse vero dormiebat. *Matth.* 8. 24.

Il survint une si grande tempête sur la mer, que la barque étoit couverte de flots, cependant JESUS-CHRIST *dormoit.*

IL me paroît, mes Freres, que l'Evangile de ce jour renferme une instruction qui nous est toute particuliere. Quoiqu'elle regarde tous les Chrétiens, elle touche assurément davantage ceux qui ont le bonheur d'être à JESUS-CHRIST, & de lui appartenir par des liens & des engagemens plus étroits & plus intimes,

Ii ij

comme les Moines & les Solitaires; Et on ne doit pas s'étonner, si nous nous trouvons dans tous les enseignemens qui sont sortis de sa bouche, puisqu'on ne sçauroit douter qu'un de ses plus grands desseins n'ait été de former nôtre état dans son Eglise, pour y établir des hommes selon son cœur, qui le servissent avec plus d'attachement, de fidelité & de perfection que les autres. Ce sont eux que les Saints ont consideré comme une nation sainte, un peuple distingué, qu'il a toûjours favorisé de graces & de benedictions singulieres:

Espr. de discip. & hab.Virg. c. 2. *Illustrior portio gregis Christi.*

Le Fils de Dieu monte sur une barque, accompagné de ses Disciples, il survient une tempête si violente, que les flots passerent par dessus les bords du vaisseau. Il dormoit, & ses Disciples remplis de frayeur, l'éveillerent en s'écriant: Nous sommes perdus, sauvez-nous. *Matth. 8. 23. & 24. Ascendente eo in naviculam secuti sunt eum discipuli ejus, & ecce motus magnus factus est in mari, &c.* Ce vaisseau, mes Freres, est un Monastere, une Communauté sainte qui est dans le milieu du monde, comme dans le milieu d'une mer orageuse, & qui renferme un petit nombre de personnes, qu'elle garantit du naufrage. Ces Disciples de JESUS-CHRIST sont les Solitaires qu'il conduit par le mouvement de son Esprit saint, dans la retraite comme dans un refuge sacré, & qu'il preserve des dangers differens qui les menacent. La sûreté de ce vaisseau consiste particulierement à s'éloigner de la terre ; ainsi les Moines ne sont jamais en assurance dans le lieu de leur repos, qu'autant qu'ils y vivent separez du monde, & de toutes les choses qui lui appartiennent. Ce vaisseau est gouverné par un Pilote, qui par une application continuelle doit éviter tout ce qu'il peut rencontrer d'écueils & de rochers dans sa route ; & c'est precisémenr ce que fait un Superieur qui employe tous ses soins, pour empêcher que ceux qui sont engagez sous sa conduite, ne trouvent rien dans leur course qui puisse leur nuire. Les flots, ces vagues irritées qui couvrent le vaisseau, sont les tentations qui s'excitent, & dont les ames les plus saintes ne sont pas exemptes. JESUS-CHRIST dort pendant que la mer est si violemment agitée : *Ipse vero dormiebat*; C'est ce qui arrive lorsqu'il laisse ceux qui sont à lui, & qui le servent, dans les tribulations, comme s'il n'avoit aucun soin d'eux, & que leur conservation lui fût indifferente ; c'est-à-dire, quand il veut bien qu'ils portent & qu'ils ressentent le poids des tentations qui les attaquent & qu'il s'abstient de leur donner aucune marque sensible de sa protection.

Ibid. 24.

Vous devez sçavoir, mes Freres, que Dieu dort à l'égard des hommes en differentes manieres. Il dort sur ceux qu'il a entierement effacez de son cœur, & dont il semble qu'il ait perdu toute memoire, qui sont semblables à ces gens dont parle le Prophete, qui ayant été frappez à mort, dorment dans l'obscurité des tombeaux, & dont le Seigneur ne se souvient plus dans toute l'éternité : *Tanquam vulnerati dormientes in sepulchris, quorum non est memor amplius, & ipsi de manu tua repulsi sunt.* Ce sont ces reprouvez, ces ames ingrates & méconnoissantes, qui par un mépris constant de toutes ses

Ps. 87. 6.

bontez, l'ont contraint de se repentir pour jamais des graces qu'il leur avoit faites. C'est ainsi qu'il dormoit sur Saül, lorsque Samuel répandoit des larmes sur le malheur de ce Prince infortuné : *Usquequò tu luges Saül, cum ego projecerim eum?* C'est ainsi qu'il dormoit sur le peuple Juif, quand il disoit au Prophete qui le pressoit d'en avoir compassion, que quand Moyse & Samuel lui offriroient des prieres en sa faveur, il leur refuseroit ce qu'ils lui demanderoient : *Si steterit Moyses & Samuel coram me, non est anima mea ad populum istum.* Disons qu'il dormoit à l'égard de ce Roi impie, duquel il est écrit : Ce scelerat invoquoit Dieu qui ne devoit lui faire aucune misericorde : *Orabat hic scelestus Dominum, à quo non esset misericordiam consecuturus.*

1. Reg. 15. 35. & 16.

Jerem. 15.

2. Macb. 9. 13.

Dieu dort aussi quelquefois à l'égard de ses élûs, lorsque pour les rendre plus fermes dans son service, il les laisse tomber dans des abîmes profonds, afin que connoissant leur fragilité & leur foiblesse, ils vivent avec plus d'attention & de vigilance. C'est ainsi qu'il dormoit sur David,

2.Reg.11. lorsque ce Roi emporté & aveuglé par sa passion, eut le malheur de joindre l'homicide à l'adultere.

Matt.26. 70.72. 74. C'est ainsi qu'il dormoit sur Saint Pierre, lorsque cet Apôtre oublia la fidelité qu'il devoit à son Maître, & declara qu'il ne le connoissoit pas.

S. Jac. le Penitent. C'est ainsi qu'il dormoit à l'égard de ce grand Anachorete, qui pour couvrir son péché, trempa ses mains dans le sang de la personne avec laquelle il l'avoit commis.

Dieu dort aussi à l'égard de ceux qui lui sont les plus attachez, qui le servent avec plus de zele, plus d'amour & de fidelité ; je veux dire les Moines & les Solitaires, lorsqu'il leur refuse en quelques rencontres ses assistances sensibles, & qu'il se retire pour exciter leur foi & les obliger de le rechercher avec plus d'ardeur. Et veritablement nous pouvons les regarder, comme je vous l'ai dit, dans la personne des Apôtres, puisqu'ils en sont les successeurs dans le détachement de tous les biens de la terre, dans la mortification, dans la penitence, dans la meditation & dans l'attente des choses éternelles. L'exemple que nous avons aujourd'hui

POUR LE IV. DIM. APRE'S LES ROIS. 385
aujourd'hui dans ces hommes tout divins, est si rempli d'instructions, que nous ne pouvons le considerer avec trop de soin, ni trop d'application.

Premierement, mes Freres, vous apprenez la chose du monde qui vous est la plus importante, & que vous devez le moins ignorer, sçavoir qu'il n'y a point d'état ici-bas qui soit assuré; point de situation dans laquelle nous n'ayons de justes sujets de veiller & de craindre, puisque nous y sommes environnez de perils, que les ennemis sont à la droite & à la gauche, toûjours la main levée pour prendre les temps de nous frapper avec avantage, & qu'il n'y a point d'instant dans lequel nous ne puissions perdre ce que nous avons acquis avec beaucoup de temps, de sueurs & de travaux. Sçachez que ni les lieux, ni les exercices, ni les personnes avec lesquelles nous vivons, ne donnent point une assurance qui soit entiere, puisque les Apôtres si favorisez de JEsus-Christ, aprés avoir tout abandonné pour le suivre, succombent à une crainte si indigne des sentimens qu'ils en de-

Tome I. K k

voient avoir, & tombent à sa vûë, & en sa presence, dans la défiance & dans le desespoir de leur salut:

Matth 8. 25. *Salva nos, perimus.*

Pensez, dis-je, de quelle necessité il vous peut être de connoître cette verité, pour vous preserver d'un precipice dans lequel tombent tous ceux dont elle est ignorée : car comme ils sont sans crainte, ils sont sans prévoyance & sans précaution, & par consequent ils ne prennent aucunes mesures pour se garantir des maux qui les menacent. Ce Religieux qui se fie & qui se repose sur la perfection de son état, sur la sainteté de son habit, & qui se persuade que son Monastere le couvre, qu'il y est comme dans un abri & dans un port inaccessible à toutes tentations, est semblable à un Gouverneur d'une place frontiere, qui se confiant dans ses fortifications, dans la profondeur de ses fossez, & dans la hauteur de ses bastions & de ses remparts, neglige d'établir des gardes, de poser des sentinelles, & de faire les rondes accoûtumées. Son mauvais soin fait naître à ses ennemis l'envie de le surprendre ; ils veulent profiter d'une conjoncture que sa négligence leur présente ; ils forment des desseins, ils attaquent cette place, & ils l'emportent, parce qu'ils ne trouvent personne qui veille & qui la défende.

C'est ce qui arrive à un Solitaire qui compte plus qu'il ne doit sur lui-même, & sur les avantages de sa profession. Cette confiance mal fondée excite contre lui l'attention des démons ; ils pensent d'autant plus à lui nuire, qu'il pense moins à les prevenir & à les combattre ; & il est desarmé dés-là qu'il est sans crainte; & cette fausse securité dont il se flatte, est toûjours la cause de sa perte.

Soyez persuadez, mes Freres, que ni vos jeûnes, ni vos veilles, ni vos travaux, ni vôtre condition, toute sainte qu'elle est, ni la compagnie de vos freres, ne vous produiront rien moins que ce que vous en esperez, si vous n'y joignez une vigilance continuelle, & une priere assidue, ce qui suppose la connoissance des perils ausquels vous êtes exposez; & qu'il ne vous restera rien à la fin de vôtre course, qu'un regret veritable de n'avoir ni connu, ni suivi les seules voies qui pouvoient vous la rendre heureuse.

Croyez donc que les dangers naissent dessous vos pas ; vous n'en faites pas un seul où vôtre vertu, si vous en avez, ne courre risque ; vous portez en vous la source de tous vos maux : Ce sont vos cupiditez & vos passions qui n'étant pas détruites, mais seulement assoupies, peuvent se reveiller en mille & mille occasions. Vous en surmonterez une, une autre prendra sa place, elles se succederont les unes aux autres, & elles vous feront le jour & la nuit une guerre cruelle ; & posé que vous les eussiez combattuës avec succés, il y en a une qui rendra toutes vos victoires inutiles, c'est l'orgueil qui ne meurt point, & qui n'est jamais plus à craindre que quand il y a plus de vertus acquises : *Illos solummodo pulsare solet, qui devictis superioribus vitiis, jam propè modum sunt in culmine virtutum collocati.*

Cassian.

Concluez de là, mes Freres, qu'il faut qu'un Moine qui ne veut ni travailler, ni courir inutilement, veille dans tous les temps de sa vie. Il faut qu'il soit persuadé qu'il est toûjours sur la frontiere de ses ennemis, & que par consequent il doit être incessamment sur ses gardes.

Secondement, vous connoissez par ce qui se passe aujourd'hui dans les Apôtres, les raisons que vous avez de vivre dans l'humilité & dans la défiance. Car rien ne vous montre davantage jusqu'où peut aller vôtre fragilité, que de voir ces hommes qui sont l'élite du monde, la portion du troupeau la plus aimée, les Disciples d'un Maître d'une sainteté infinie, tomber dans une si grande foiblesse. Il falloit pour se trouver dans cet état d'un trouble & d'une défaillance si extréme, qu'ils eussent comme perdu tout sentiment & toute memoire de tant de qualitez adorables qu'ils avoient jusqu'alors remarquées & admirées dans la personne de Jesus-Christ. Il falloit que la frayeur leur eut fait oublier cette puissance de laquelle ils avoient déja vû tant de marques éclatantes; cette bonté qu'ils avoient éprouvée en tant de rencontres; qu'ils regardassent Jesus-Christ comme un autre homme, & qu'ils crussent que toute sa connoissance fût ensevelie dans son sommeil. Qu'y a-t-il de plus puissant, je vous le repete encore, pour vous donner le sentiment que vous devez avoir de vôtre profonde misere ? Qu'y a-t-il de plus capable de vous faire rentrer dans vôtre néant, & de vous persuader que vous n'avez que la mobilité d'une feuille qui se meut, qui s'agite & qui tourne au gré des vents, que cet évenement si étrange ? JESUS-CHRIST dort pour quelques momens, & comme s'il étoit mort pour jamais, ses Disciples nourris de sa parole, de ses actions, soûtenus de sa presence, cedent à la tentation qui les presse, & perdent tout ce qu'ils devoient avoir de confiance en sa puissance & en sa charité. Combien, mes Freres, devez-vous vous défier de vous-mêmes ? Avec quelle precaution ne devez-vous pas vous conduire, étant aussi éloignez que vous l'êtes de leur vertu & de leur perfection : *Qui se existimat stare, videat ne cadat.*

1.Cor. 10. 01.

La troisiéme utilité que vous trouverez dans cet exemple, c'est de vous instruire de la maniere dont vous devez agir dans les tentations qui vous arrivent quand il plaît à Dieu de se conduire à vôtre égard, comme s'il vous laissoit à vous-mêmes; quand il vous retire les assistances sensibles que vous en recevez d'ordinaire, & qu'il dort selon l'expression de l'Evangile, pendant que vous êtes dans les peines & dans les tribulations. Les disciples craignent dans la vûë des dangers qui les menacent, ils ont raison; ils s'adressent à Jesus-Christ, afin qu'il les en délivre, ils ont encore raison ; mais quand ils perdent l'esperance, qu'ils se croyent perdus, qu'ils se recrient à Jesus-Christ, comme si l'état auquel ils étoient, ne lui étoit pas connu. *Magister non ad te pertinet, quia perimus*, ils font mal, & leur crainte qui n'avoit pas la moderation qu'elle devoit avoir, les jette dans un excés dans lequel leur foi & leur confiance, si elle eût été telle qu'elle devoit être, devoit les empêcher de tomber ? Que faut-il donc faire, me direz-vous, dans une occasion pressante, quand le mal est grand, qu'on l'a devant les yeux, & qu'il paroît inévitable ?

Je vous réponds, mes Freres, qu'il faut craindre dans les tentations, & que la connoissance que nous avons

Marc. 4. 38.

de nôtre impuissance, ne nous apprend rien davantage, d'autant plus que le Saint-Esprit nous enseigne que nous devons faire nôtre salut avec crainte & dans le tremblement : *Cum metu & tremore vestram salutem operamini.* Cette crainte est necessaire, elle est sainte, pourvû qu'elle soit moderée ; c'est elle qui nous porte à chercher hors de nous-mêmes, ce que nous ne pouvons pas trouver dans nôtre propre fond. Il faut ensuite dans le mouvement qu'elle nous donne, nous adresser à JESUS-CHRIST selon le commandement si exprés qu'il nous en a fait, lorsqu'il nous a dit : Venez à moi, vous tous qui êtes travaillez & accablez de tentations, & je vous soulagerai dans vos peines : *Venite ad me omnes qui laboratis & onerati estis & ego reficiam vos.* Il nous promet de nous soulager & de diminuer la pesanteur du fardeau qui nous opprime. Il faut, dis-je, pousser des cris qui sortent du fond de nos cœurs, & non pas seulement du bout de nos levres, & nous rendre differens des Disciples, en ce que leur foi fut ébranlée jusqu'à la défaillance, comme il

Ad Phil. 2. 12.

Matt. 11. 28.

paroît par ce reproche qu'il leur fit?
Quid timidi estis modicæ fidei ? Pour- Math. 8. 6.
quoi craignez-vous, gens de peu
de foi ? Et vous devez au contraire
l'invoquer de la plenitude de vôtre
confiance, étant persuadez que celui qui commande aux vents & aux
tempêtes, qui appaise les émotions
de la mer, auquel toute la nature
rend une obéissance si prompte & si
entiere : *Imperavit ventis & mari, &* Ibid.
facta est tranquillitas magna, dissipera l'orage qui vous fait craindre ;
qu'il sçait l'état auquel vous êtes, &
les peines que vous souffrez, & qu'il
est appliqué sans relâche aux besoins
de ceux qui esperent en lui, & qui
le servent : *Ecce non dormitabit, ne-* Ps. 120. 4.
que dormiet qui custodit Israel. La garde de nos ames lui est trop chere,
& trop recommandée ; il veille lorsque nous croyons qu'il est enseveli
dans le sommeil, & ses oreilles &
ses yeux sont incessamment ouverts
pour le secours de ceux desquels son
Pere lui a commis la sanctification
& la conduite : *Oculi Domini super* Ps. 33. 16.
justos, & aures ejus in preces eorum.

Profitez, mes Freres, de ce desordre où vous voyez aujourd'hui ces

Disciples; que leur foi toute chancelante, rende la vôtre inébranlable; que leur confiance si fortement attaquée, donne à la vôtre une fermeté & une vigueur toute nouvelle. Ils se figurent que Jesus-Christ les a oubliez, que son sommeil le rend absent; cependant il les porte dans son sein; à peine ont-ils élevé leur voix qu'il leur tend la main; il calme ces flots qui leur font tant de peur, & leur rend la paix & la tranquillité qu'ils avoient entierement perduë : *Juxta est Dominus iis qui tribulato sunt corde.* Souvenez-vous donc, mes Freres, qu'en quelque état que vous puissiez être de délaissement, de secheresses, de privations, de tentations, d'obscurcissemens, Dieu vous voit & vous considere; que ce sommeil ou cette interruption des graces accoûtumées, ne l'empêche pas de sçavoir ce qui se passe en vous, & ce que vous endurez, quoique par des raisons pleines de sagesse, de justice & de charité, il s'abstienne de vous en donner des marques. Abordez-le avec une esperance ferme & constante, il n'y a rien par où vous puissiez sol-

Pf. 33. 19.

liciter sa compassion avec plus de benediction & de succés, que par la vivacité de vôtre confiance & de vôtre foi. Ne doutez point qu'il n'écoute vos prieres, & qu'il ne vous accorde ce que vous lui demandez. Il vous rendra cette clarté qui ne vous a été ravie que pour un temps ; ce Soleil qui ne s'est caché que pour quelques momens, se montrera plus clair & plus éclatant qu'il n'étoit ; & cette nuit, ces tenebres épaisses qui offusquent tout le Ciel de vôtre ame, se trouveront entierement dissipées. Dites-lui avec le Prophete : *Exurge quare obdormis Domine, exurge & ne repellas in finem.* Criez comme si vous vouliez l'éveiller de son sommeil ; mais cependant soyez persuadez que tandis qu'il paroît sans action & sans mouvement à vôtre égard, il vous soûtient par des conduites secretes & inconnues.

Ps. 43. 23.

C'est une verité dont vous avez des témoignages tout palpables ; & vous en avez vû l'accomplissement dans quelques-uns de nos freres. Celui que Dieu exerça par une suite de maux, si longue & si douloureuse, éprouva dans sa personne tout

D. Rigol.

ce que nous venons de vous dire, Dieu le frappa dans le corps & dans l'ame d'une plaie profonde ; l'homme exterieur se trouva attaqué d'infirmitez si violentes & si opiniâtres, que les remedes ne faisoient que les multiplier & les aigrir. Il se peut dire qu'elles devinrent si excessives, que sa vie pourroit être regardée comme un veritable martyre. Sa chair étoit toute percée d'un grand nombre d'ulceres, dont l'irritation presque continuelle ne lui donnoit aucun repos ni les jours, ni les nuits ; l'inflammation en étoit si vive & si universelle, que quand on lui auroit appliqué des lames de fer toutes ardentes, il n'auroit pas souffert davantage.

L'homme interieur ne fut pas traité d'une maniere moins rigoureuse. Dieu se retira de lui, il se cacha, il le laissa à lui-même, ou plûtôt il l'abandonna à toutes les impressions que pouvoient faire sur lui de si grands maux. Il le cherchoit sans le trouver, il lui adressoit ses prieres ; mais rien ne lui faisoit croire que sa voix allât jusqu'à lui, & qu'elle en fut entendue. Quel état, mes Freres! quelle desolation ! Il étoit dans une aridité, dans une secheresse qu'il ne pouvoit comprendre ; le Ciel étoit pour lui d'airain & de bronze, & Dieu ne daigna pas pendant des années entieres, jetter sur ce second Job un seul regard qui pût lui marquer qu'il eût compassion de ses souffrances. Cet homme livré tout à la fois à tant de tentations differentes, accablé du poids de tant de miseres, destitué de toutes assistances apparentes, fut soûtenu de Jesus-Christ par une protection si puissante, quoiqu'elle ne lui fût pas sensible, qu'en nul temps le fond de sa conscience ne reçut aucune atteinte; son cœur ne fut point ébranlé, sa constance fut toûjours égale ; & quoiqu'il pût dire ces paroles adorables, consacrées par la bouche de Jesus-Christ : *Tristis est anima mea* Matt. 26. *usque ad mortem* : Mon ame est triste jusqu'à la mort, il fut toûjours soumis sans limites & sans reserve à tout ce qu'il plairoit à Dieu d'ordonner de sa personne pour le temps comme pour l'éternité.

Enfin Dieu reparut ; il se fit revoir & regarda dans sa clemence celui qu'il sembloit avoir entierement oublié. Quel changement ! Il n'y a que Dieu qui puisse operer de telles merveilles. Il ouvrit ses mains sur son serviteur autant qu'il les avoit resserrées ; & son ame, comme une terre qui aprés de longues secheresses, reçoit du Ciel des rosées & des pluies abondantes, changea de face, & retrouva la paix & la serenité dont elle avoit été privée depuis si long-temps. Sa confiance se ranima & reprit de nouvelles forces, & les benedictions dont JESUS-CHRIST voulut bien le favoriser, lui firent oublier ses travaux passez, & lui rendirent toutes ses peines legeres. Il persevera & joüit de cette tranquillité parfaite jusqu'au dernier soûpir. Vous sçavez avec quelle joie il alla au devant des extremitez de sa vie ; quels furent ses sentimens pour toutes les graces que Dieu lui avoit faites ; & comme quoi son passage parut plûtôt un sommeil doux & paisible, que non pas une veritable mort.

En voilà trop, mes Freres, pour vous faire voir avec évidence de quelle sorte il faut qu'un Religieux & un Solitaire se conduise dans ce sommeil de Jesus-Christ pendant cette interruption, cette suspension de secours & d'assistances sensibles. Il faut, comme vous n'en pouvez douter, aprés ce que nous venons de vous dire qu'il se défie de lui-même, qu'il veille, qu'il s'adresse à Jesus-Christ par des prieres, par des cris vehemens; mais il faut parmi tout cela que sa fermeté soit inébranlable, il faut que son cœur soit dans le milieu de la tentation, comme un rocher au milieu de la tempête.

Cependant si sa confiance étoit violemment attaquée, s'il la voyoit incertaine & chancelante, il doit s'appliquer ces paroles de Jesus-Christ : *Quid timidi estis modica* *Math. 8.* *fidei ?* Pourquoi êtes-vous timides, ô *26.* hommes de peu de foi? Dites-les vous, M. F. si jamais vous étiez dans cette perplexité; croyez que c'est pour vous qu'il parle, & que c'est à vous qu'il fait ce reproche ; & veritablement aprés en avoir reçû tant de graces, aprés vous avoir garanti de tous ces pieges qui couvrent la surface du monde, aprés vous avoir separé de cette region de mort, vous avoir enrichi de cette pauvreté si pretieuse;

aprés vous avoir attaché à son service & à sa personne, par les liens d'une alliance toute divine ; aprés vous avoir donné dans son Eglise les places que les Apôtres & les Martyrs y ont tenuës ; aprés vous avoir destiné à cet heritage éternel pour lequel tous les Saints ont soûpiré & soûpireront jusqu'à la fin des siecles, & vous avoir accordé pour l'acquerir, des facilitez infinies ; pourriez-vous manquer à la foi que vous lui devez, & douter de sa bonté paternelle, dont vous avez des témoignages si charitables & si tendres ? *Sentite de Domino in bonitate.* Pourriez-vous croire qu'il pût laisser imparfait l'ouvrage qui lui a tant coûté, & n'y pas mettre la derniere main? *Qui cœpit in vobis opus bonum, non perficiet ?* Regardez cette pensée comme injurieuse à cette providence infinie, qui dispose & qui regle avec tant de sagesse & de misericorde, toutes les voies des hommes, & particulierement celles par lesquelles il a resolu dans ses conseils éternels de conduire ses élûs : Que cette plainte si touchante, *Quid timidi estis ?* pourquoi étes-vous timides ? penetre

Sap. 1.1.

Philip. 1. 6.

Matth. 8. 26.

vos

vos ames, & qu'elle y fasse des impressions de vie & de salut; & comprenez pour jamais que vôtre perte ne peut venir que de vous-mêmes; que vous avez affaire à un Dieu qui n'aime pas à voir perir ceux qui lui appartiennent: *Qui non delectatur* Tob. 3. *in perditionibus nostris*; & qu'il n'y 22. a que le péché qui puisse arrêter le cours de ses benedictions & de ses graces. Enfin il est l'étoile qui éclaire vôtre navigation, le Pilote qui conduit vôtre vaisseau; il a sur les vents & sur les tempêtes une puissance absoluë, comme vous le voyez aujourd'hui: *Imperavit ventis & fa-* Matth 8. *cta est tranquillitas magna*. Comment 26. se pourroit-il faire que vous abandonnant à lui, vous donnassiez au travers des rochers, au lieu d'entrer heureusement dans le port, & que vous terminassiez vôtre course par le naufrage.

CONFERENCE
POUR
LE V. DIMANCHE
APRE'S LES ROIS.

Simile factum est regnum cœlorum homini qui seminavit bonum semen in agro suo. *Matth.* 13. 24.

Le Royaume de Dieu est semblable à un laboureur qui a semé du bon grain dans sa terre.

LE dessein du Fils de Dieu, mes Freres, est que nous tirions nôtre instruction de toutes les paroles qui sont sorties de sa bouche, & que nous ne manquions pas de nous en faire une application particuliere. Car nous pouvons dire qu'il nous a eû principalement devant les yeux, lorsqu'il a annoncé ses grandes veritez aux hommes ; puisqu'il nous a donné plus de loisir, plus de temps pour les mediter, & plus de moyens pour les mettre en pratique, qu'à ceux qui sont exposez dans le commerce, & dans les engagemens du monde.

Jesus-Christ nous propose dans l'Evangile de ce jour, la parabole d'un laboureur qui avoit semé de bon grain dans son champ, & dans lequel son ennemi jetta de l'yvraie : *Simile factum est regnum* Math.13. *cælorum homini qui seminavit bonum* 14. *semen in agro suo.*

Comme toutes les paroles du Fils de Dieu procedent d'une sagesse infinie, il n'y en a point aussi qui ne portent coup, & sur lesquelles nous ne devions faire de profondes reflexions. Jesus Christ est le laboureur ; le champ est le monde ; les fideles & les enfans du Royaume sont le bon grain, & l'yvraie nous figure les méchans. Cet homme ennemi est le demon ; & nous n'avancerons rien qui ne soit selon la verité, quand nous dirons que souvent le laboureur qui doit ensemencer un grand païs, en separe certains cantons, qu'il cultive avec plus de soin & d'application que le reste. Il les entoure de haies & de fossez, pour les défendre contre les passans, & les mettre à couvert du ravage que les bêtes y pourroient faire. Parmi le bon grain qu'il a dans ses greniers, il en trie, il en choisit qu'il nettoye, qu'il purifie, & qu'il prepare plus particulierement pour le jetter dans les endroits qu'il a disposez & qu'il a separez du reste de son champ, dans l'esperance d'en retirer une moisson plus entiere & plus abondante.

Disons, mes Freres, que les Solitaires sont ce bon grain & cette semence choisie, cette race de benediction, cette nation pretieuse : *Genus electum, gens sancta populus acquisitionis.* Ce sont ces hommes qu'il a distinguez du commun des fideles, cette portion de son troupeau si cherie & si preferée, *Illustrior portio gregis Christi,* sur laquelle il a des desseins & des vües dignes de lui, & dont il veut tirer un culte & une adoration toute pure & toute sainte. Les champs separez sont les Cloîtres & les Solitudes dans lesquelles il les cache, afin qu'ils ne soient pas exposez aux dangers qui environnent ceux qui vivent au milieu du

1. Pet. 2. 8.

Cypr.

monde. Il leur donne des Regles, des exercices de pieté, des pratiques de regularité differentes, qui font comme des remparts pour les preserver & les garantir de tout ce qui pourroit être capable de leur nuire. Cependant malgré toutes ces prévoyances & toutes ces precautions, cet homme ennemi, c'est-à-dire, le demon, qui ne repose jamais, dont toute l'application n'est qu'à faire du mal, qui employe sans cesse tout ce qu'il a de puissance pour ôter à Jesus-Christ la gloire qui lui est düe, pour lui ravir ses élûs de sa main, & empêcher, s'il étoit possible, qu'ils ne ressentent les effets du sang qu'il a versé pour les rendre éternellement heureux, fait ce qu'il peut pour les attaquer dans le fond de leurs retraites, & pour remplir d'yvraie cette terre si favorisée, afin d'étouffer le bon grain, & de priver Jesus-Christ, dont le laboureur est la figure, du fruit & de la recolte qu'il en espere. Et c'est ce qu'il fait, ou en envoyant des hommes dans ces saintes demeures, pour en bannir la pieté, & en troubler le repos, ou en corrompant la pureté de ceux qui y sont venus par l'ordre de Dieu, & par la vocation de son saint-Esprit, afin que par des inductions secrettes, par une malignité cachée, ils portent les autres au relâchement, à la dissolution; ou bien afin que ceux qui demeurent fermes dans leur devoir, & qu'il n'aura pû surprendre par ses artifices, s'appercevant de l'égarement de leurs freres, les méprisent, les censurent, les condamnent, haïssent leurs personnes, aussi-bien que leurs vices, au lieu de les supporter avec patience & avec charité, & se perdent ainsi par l'aigreur & par l'amertume de leur zele, & tombent malheureusement dans un piege qui n'est ni moins dangereux, ni moins mortel, que le relâchement qu'ils avoient évité. C'est ainsi que le demon renverse une Communauté sainte, qu'il seme & qu'il répand l'yvraie parmi le bon grain.

La circonstance la plus remarquable de la parabole, mes Freres, c'est que cet homme ennemi prend le temps auquel tout le monde étoit dans le sommeil, pour faire son coup avec plus de certitude : *Cum autem dormirent homines, venit ini-* Matth.13. *micus ejus.* Cela veut dire, que la negligence des hommes est comme d'accord, & semble conspirer avec le démon pour lui donner l'occasion & les moyens de nous attaquer avec succès, & de nous faire tout le mal qu'il nous veut faire.

L'utilité que nous devons tirer de cette parabole, mes Freres, est de nous persuader qu'il n'y a point d'état, quelqu'assuré qu'il paroisse, dans lequel on n'ait sujet de craindre. Comme le démon est incessamment appliqué pour nous perdre, il faut que nous le soyons pour nous défendre; que n'y ayant point de moment où nous ne puissions être surpris, il n'y en ait point aussi dans lequel nous ne devions être sur nos gardes. Il ne faut pas que la resistance soit ni moins grande, ni moins assidüe, que les efforts de celui qui nous combat; & c'est ce qui fait cette obligation indispensable de veiller sans cesse, de laquelle Jesus-Christ a chargé tous les hommes. *Vigilate itaque omni tempo-* Luc. 21. *re orantes, &c.* 36.

En un mot, mes Freres, il faut

qu'un Superieur s'applique avec une attention infatigable pour la conservation des ames qui lui ont été confiées ; qu'il les regarde comme un dépôt sacré dont JESUS-CHRIST lui demandera un compte tres-rigoureux ; que ses yeux soient toûjours ouverts sur leur conduite ; il faut qu'il dise avec le Prophete : Je ne souffrirai point que mes paupieres se ferment un seul moment, jusqu'à ce que j'aye bâti la Maison que le Seigneur m'a ordonné de construire : *Si dedero somnum oculis meis, & palpebris meis dormitationem donec inveniam locum Domino.* Il faut qu'il avertisse, qu'il exhorte, qu'il instruise, qu'il reprenne, qu'il prie, qu'il corrige, qu'il menace, qu'il presse, à temps, à contre-temps : *Insta opportunè, importunè, argue, obsecra, increpa* ; & qu'il n'oublie rien de ce qu'il sçait qui peut contribuer à l'avancement de ses freres. Mais comme sa sollicitude seroit fort inutile, si ses freres ne se joignoient à lui, & n'entroient dans ses desseins, il faut de leur côté qu'ils l'écoutent lorsqu'il leur parle ; qu'ils suivent sa voix, comme le troupeau celle de

son

son Pasteur, qu'ils profitent de ses corrections & de ses avis, & qu'ils n'ayent pas moins de soin de vivre saintement dans une profession sainte, qu'il a lui-même d'application à les y porter.

Mais aprés tout, M.F. nous pouvons dire que le concert des uns & des autres, quelque entier qu'il puisse être, l'intelligence qui se rencontre en eux, quelque parfaite qu'elle soit, n'aura pas de grands effets ni de grandes suites, si Dieu ne les regarde dans sa misericorde, s'il ne benit l'application de l'un, & la soûmission des autres. Il faut qu'ils s'addressent à lui par de continuelles prieres, qu'ils lui representent leurs besoins, leurs impuissances, leurs foiblesses ; qu'ils lui disent, que leurs pieds & leurs bras sont sans force, s'il ne leur donne l'action & le mouvement ; il faut, dis-je, qu'ils s'écrient avec le Prophete : Regardez, Seigneur, du haut de vôtre demeure éternelle cette vigne que vous avez plantée ; c'est à dire, soûtenez ceux que vous avez mis ensemble, que vous vous êtes destinez, & que vous avez uniquement appliquez à vôtre service, *Respice de cœlo & vide, & visita vineam istam & perfice eam quam plantavit dextera tua.* Ne permettez pas que ces bêtes cruelles devorent ceux, dont la seule occupation en ce monde est de confesser vôtre saint nom : *Ne tradas bestiis animas confitentes tibi*: c'est ainsi que vous conserverez à JESUS-CHRIST cette terre qu'il vous a confiée ; c'est parlà que vous la garentirez des dégâts, & des ravages, que ses ennemis y voudroient faire ; c'est par tous ces moyens qu'elle lui rapportera tout le fruit & toute l'utilité qu'il en attend, & qui au lieu d'être maudite, comme elle le seroit sans doute, si l'yvraie qu'on y auroit semé, empêchoit le bon grain de venir à sa maturité ; son abondance & sa fertilité lui attirera des benedictions éternelles.

La destinée de l'yvraie, & celle du bon grain, sont choses si contraires, ou plûtôt la difference, qui se rencontre entre l'un & l'autre, est si terrible, que la seule pensée du malheur dont nous sommes ménacez remplit de craint. Qui pourroit entendre sans effroi, & sans horreur, que la fin de l'un soit la gloire de Jesus-Christ; & le sort de l'autre les flâmes, dont les Demons seront éternellement consumez? ce que saint Augustin exprime par ces paroles: *aut in horreum, aut in ignem:* Il n'y a point de milieu, ce qui n'est pas propre pour être mis dans le grenier, qui est le Royaume de Jesus-Christ, ne peut être bon que pour le feu, qui est celui du Demon.

Mais ce qui est tout à fait étrange, c'est que le bon grain, comme nous l'avons dit, perd quelquefois la qualité de froment, & prend la malignité & la nature de l'yvraie; de maniere qu'il a la même destinée, & que le laboureur le rejette comme l'yvraie: c'est ce qui arrive, lors qu'un Religieux appellé de Dieu dans son état, aprés en avoir accompli les devoirs, & s'être acquitté de toutes les choses, ausquelles sa profession l'oblige, aprés avoir donné des marques de sa fidelité & de sa Religion, prête l'oreille aux suggestions du Demon, mord à l'hameçon qu'il lui présente; & au lieu de persévérer constamment dans sa voie, la quitte malheureusement ; soit qu'il le fasse avec éclat, soit qu'il le fasse par des conduites imperceptibles, ce qui est cause que son égarement est presque toûjours sans retour: Car comme l'yvraie a toute la forme exterieure, la figure, & l'apparence du froment, qu'elle sort de la terre du milieu d'une touffe d'herbes; qu'elle produit un tuyau, qui se noüe par intervalles, qui se soûtient, & qu'il s'y forme un épi, qu'on a peine à distinguer de celui du froment : ainsi les mauvais Religieux se trouvent parmi les bons, semblables à eux dans toutes les pratiques exterieures. Ils sont dans les mêmes jeûnes, dans les mêmes veilles, dans les mêmes travaux ; ils assistent comme eux à l'Office & aux Prieres communes : cependant comme leur cœur est gâté & corrompu, ils succombent aux tentations qui les attaquent ; par exemple à la paresse, au murmure, à la vanité, à l'impatience, à la curiosité, à une indocilité secrette, qui fait que leur obéïssance est toûjours contrainte & sans amour : Enfin, ils se laissent aller à toutes les passions interieures ; & parce que leur maladie est cachée,

& qu'elle ne tombe point sous les sens; ils se flattent d'une santé, qu'ils n'ont point en effet, & lorsqu'ils s'imaginent qu'ils sont dans une assûrance toute entiere, le laboureur prononce contre eux cette sentence formidable, *Colligite primum zizania, & alligate ea in fasciculos ad comburendum*; liez cette zizanie, faites en des gerbes, & jettez-la dans le feu.

Matth. 13. 30.

Croïez-moi, mes Freres, nous ne sçaurions veiller sur nous-mêmes, ni travailler avec trop de soin pour éviter un semblable malheur : un malheur que l'on ne connoît que quand il n'y a plus de remede. Pensons uniquement à purifier nos ames, & à les défendre contre tout ce qui porroit attaquer cette integrité, dans laquelle ils sont obligez de vivre : défions-nous de tout ce qui tend à nous tirer du chemin, qui nous est marqué par nos regles, comme d'un appas de mort; n'aimons que nôtre état, n'aimons que ce que nôtre profession nous enseigne, & regardons tout ce qu'elle nous commande comme les volontez de Jesus-Christ même, & comme des ordonnances, qui seroient sorties de sa bouche. Que chacun de nous se dise sans cesse & de tout le sentiment de son cœur, ce que disoit ce grand Martyr, dont nous avons celebré la fête cette semaine ; *Frumentum Christi sum, bestiarum dentibus molar.* Je suis le froment de JESUS-CHRIST, je suis prêt d'être brisé par toutes les persecutions, les afflictions, les disgraces, & les maux differens, qui peuvent m'arriver de la part des hommes, du monde & de l'Enfer, comme le froment est broïé, & reduit en farine par le mouvement de la meule, pour devenir un pain agreable à ses yeux.

Ign.Epist ad Rom.

Au reste, mes Freres, ne croïez pas que ce soit sans fondement que j'aïe particulierement appliqué cette parabole à la profession Religieuse ; car dans la verité j'y ai trouvé des rapports & des convenances si précises & si naturelles, qu'il n'y a rien, ce me semble, qui exprime davantage ce que c'est que vôtre profession, que les états differens dans lesquels il faut que le froment passe pour arriver à la fin & à l'usage, auquel il est destiné.

Premierement le grain de bled est jetté dans la terre, afin qu'il y meure, & qu'il s'y détruise, & qu'ensuite il se renouvelle & se multiplie, sans quoi il demeureroit inutile & sans fruit : C'est ce que l'Ecriture nous marque par ces paroles : *Nisi granum* Ioan. 12. *frumenti cadens in terram mortuum* 24. *fuerit, ipsum solum manet.* C'est le premier pas que fait un Religieux ; il se jette dans un Cloître, il s'y enterre tout vivant comme dans un champ fertile ; il y meurt au monde, & à lui-même, par une mort veritable, puis qu'elle consiste en des separations réelles & effectives.

Secondement, ce grain aprés être pourri dans la terre, change comme de nature, & se prepare à une production toute nouvelle ; de même le Religieux renonce à ses anciennes habitudes, & se dépoüille du vieil homme, pour se revêtir du nouveau.

Troisiémement, le grain de bled produit une verdure agreable, qui réjoüit tous ceux qui la considerent ; de même le Religieux prend une conversation toute differente de la premiere, & par le changement de sa vie, il remplit de joie & les hommes & les Anges.

Quatriémement, l'épi qui se forme, & qui enferme le grain, est l'image de cet amas de vertus, que fait un Religieux dans les exercices, & dans les actions de son état.

Cinquiémement, on coupe le bled, on l'enleve de dessus la terre, & on le met dans les granges, on le bat avec le fleau, on le foule aux pieds pour le tirer de la paille ; de même le Religieux par les austeritez, par les penitences, par les actions de pieté ; mais particulierement par les humiliations, les reprehensions, & les épreuves qui lui viennent de la part de ses Superieurs, se separe de toutes les affections sensibles, & terrestres.

Sixiémement, on serre le bled dans le grenier, on le remuë de temps en temps, de crainte que s'il demeuroit dans un même lieu, il ne s'échauffât, il ne s'y amasât de la poussiere & de l'ordure, & qu'il ne s'y formât des insectes, qui en feroient la perte & le dommage : C'est ainsi qu'un Religieux renfermé dans son Cloître, change d'exercice & de situation ; tantôt il prie, tantôt il lit, tantôt il travaille, tantôt il chante les loüanges de Dieu; afin que toutes ces occupations successives l'empéchent de tomber dans l'abbattement, dans la langueur, & dans la paresse.

Enfin, on met le grain sous la meule pour le reduire en farine; l'on y met de l'eau pour en faire de la pâte, puis on le jette dans le four, afin que par le moien du feu, il devienne du pain; & qu'ensuite il puisse servir à l'usage des hommes. Il arrive à un Religieux quelque chose de tout semblable; l'observation de l'humilité, qui est si prescrite, & si établie dans toutes les Regles monastiques, l'aneantit & le met sous les pieds de tout le monde : le brisement du cœur, la douleur qu'il a de l'iniquité du monde, & la contrition qu'il ressentent de ses égaremens passez, & de tant de fautes journalieres qu'il commet dans tous les momens, le reduisent comme en cendre & en poussiere; il détrempe, pour ainsi dire, cette disposition dans l'eau de ses larmes, selon le precepte de nôtre sainte Regle, *Mala sua præterita cum lacrymis vel gemitu in oratione Deo* Reg. S. Ben: c. 4.

confiteri. Ensuite le feu de la charité, & l'ardeur de son amour, acheve l'œuvre, y met la derniere main, & y donne la perfection ; & pour lors selon le souhait de ce grand Martyr, *Ut panis mundus inveniar*; il devient un pain spirituel ; & ainsi il est capable de nourrir, de fortifier, & de soûtenir les hommes par son exemple, par l'édification qu'il leur donne, comme par la vertu, & par l'éficace de ses prieres.

<small>Ign. Epis. ad Rom.</small>

Voila, mes Freres, un retracement fidele de la vie des solitaires : voila une image qui vous represente en racourci quels sont les devoirs, les exercices, les occupations, & tout ensemble le bonheur de vôtre état. C'est à vous à vous en faire l'application, non pas par des reflexions steriles, mais par une observation exacte de ce que vous ne pouvez ignorer que Dieu & vôtre profession demande de vous. J'ai été plus long que je ne pensois, & que je n'avois envie de l'être ; mais comme le fils de Dieu compare en tant d'endroits ses Elûs, à la semence & au bon grain, je n'ai pas crû que nous deuſſions paſſer legerement ſur ces paroles : *Niſi granum frumenti cadens in terram mortuum fuerit, ipſum ſolum manet* ; mais au contraire, il m'a ſemblé que nous ne pouvions y faire une attention trop profonde & trop étenduë.

CONFERENCE
POUR
LE VI. DIMANCHE
APRE'S LES ROIS.

Simile est Regnum Cœlorum grano sinapis. *Matth.* 13. 31.

Le Roïaume des Cieux est semblable à un grain de senevé.

JESUS-CHRIST, mes Freres, qui est incessamment appliqué à la conduite du monde, & particulierement à la sanctification de ses élûs, ne perd aucune occasion de nous prescrire des regles, selon lesquelles nous devons vivre; & de nous montrer les loix qui doivent nous donner la joüissance du bonheur qu'il nous prepare. Ses yeux, comme vous le sçavez, ne se ferment point sur ceux qui l'aiment, & il n'y a rien qu'il ne fasse, & qu'il ne leur dise, pour les rendre participans de sa gloire.

L'instruction qu'il nous donne aujourd'hui dans l'Evangile, est d'une extrême importance, & nous avons une obligation pressante d'en penetrer les veritez, & de témoigner par nos sentimens & par nos actions, qu'elle a fait sur nous toutes les impressions qu'elle y doit faire. Le fils de Dieu nous dit que le Roiaume du Ciel est semblable à un grain de senevé qu'un homme seme dans son champ ; que ce grain étant la plus petite de toutes les semences, lorsqu'il est crû, & qu'il a atteint sa maturité, est le plus grand de tous les autres legumes, *Simile est Regnum Cælorum grano sinapis quod accipiens homo seminavit in agro suo, quod minimum quidem est omnibus seminibus, cum autem creverit, majus est omnibus oleribus.* Matt. 13. 31. & 32.

Ce Roïaume du Ciel, mes Freres, sont nos ames, selon la parole du Saint Esprit. *Templum Dei estis vos, & Spiritus Dei habitat in vobis...Regnum Dei intra vos est* : Vous êtes le Temple de Dieu, le Roïaume de Dieu est en vous ; & Jesus-Christ nous apprend qu'il faut que tous ceux 1. Cor. 3. 16. Luc. 17. 21.

qui sont Chrétiens, & qui font profession d'être à lui, soient entre les autres hommes, ce qu'un grain de senevé est à l'égard des autres semences; c'est à dire, dans la plus grande humiliation, & dans le plus grand abbaissement dans lequel ils puissent être. Si vous me demandez par quelle raison JESUS-CHRIST nous oblige à une reduction si extrême, à un ravallement si excessif, & pourquoi il desire des hommes quelque chose de si contraire à toutes leurs inclinations, & à toutes leurs pensées: Je vous dirai, (s'il est permis d'approfondir celles de Dieu,) qu'il me paroît en cela dans son dessein trois raisons principales.

La premiere est, pour obliger les hommes de rendre à Dieu des hommages perpetuels, & d'honorer sa Majesté souveraine par de continuels sacrifices. Comme il n'y a point de moment dans nos vies, auquel il ne nous regarde du haut du Ciel, & où il ne nous favorise de ses dons, soit dans l'ordre de la nature, comme Createur, soit dans celui de la grace en qualité de Sauveur; il n'y en a point aussi où nous ne lui devions de la reconnoiſſance, comme un effet de nôtre culte, & de nôtre Religion, & il faut reconnoître ce qu'il eſt, & ce qu'il fait pour nous, par toutes les oblations dont nous pouvons être capables. Or pour nous mettre dans un état, dont ce grain de ſenevé puiſſe être l'image & la figure, il faut uſer de rétranchemens, & de ſeparations; il faut renoncer, il faut ſe priver, il faut détruire; & parce que les choſes ſur leſquelles on exerce ces ſortes de privations, en ſe les ôtant, on les donne à Dieu, & que l'on s'en ſepare pour l'amour de lui, pour embraſſer ſes volontez, & pour s'y ſoûmettre, on ne peut, & on ne doit conſiderer l'abdication qu'on en fait, que comme un veritable ſa-crifice. On quitte ſa robbe, ſelon les termes de l'Ecriture, & on l'offre à Dieu aprés s'en être dépoüillé; c'eſt un ſacrifice qu'on lui offre; on abandonne ſes biens par un acte ex-terieur, ou par une diſpoſition de cœur, c'eſt un ſacrifice; on renonce aux établiſſemens de la fortune, à la gloire, à la reputation, à la volupté, au plaiſir, ce ſont des ſacrifices, ſoit que le renoncement ſoit ou ſenſible ou secret. Et parce que l'obligation de devenir ce qu'est un grain de senevé, engage à tous ces retranchemens, & qu'elle veut qu'on ait incessamment le glaive à la main, pour couper & pour diviser, Jesus-Christ en nous l'imposant nous donne un moien assûré de lui offrir de continuelles victimes. Ainsi toute la vie d'un Chrétien qui travaille avec la fidelité qu'il doit à l'accomplissement de cette instruction, de ce precepte, *Simile est Regnum Cœlorum grano sinapis*, n'est dans la verité qu'une suite d'offrandes & de sacrifices. Qu'il faut quitter de choses, mes Freres, pour se reduire à cette petitesse ! & qu'il faut que l'amour que l'on a pour Jesus-Christ aille loin, pour entrer dans une abnegation si entiere !

Matt. 13. 31.

La seconde, c'est le dessein de Dieu, qui veut rendre les hommes dignes de la destination qu'il en a faite. Il les appelle à son Roiaume, ou plûtôt il les regarde eux-mêmes comme son Roïaume ; il veut, selon sa parole, habiter en eux pour toute l'éternité ; il faut qu'il les y prépare, & que dés le temps même, il y y établisse sa demeure. Il faut donc qu'ils purifient leurs cœurs, qu'ils les vuident, & qu'ils les desemplissent, qu'ils en ôtent tout ce qui peut offenser ses regards, ou pour mieux dire, qu'ils ne souffrent rien dans un lieu, dont il doit seul occuper toutes les places. Il ne suffit pas d'en bannir les crimes, les pechez considerables, & les excez; il faut, s'il est possible, en effacer jusques aux moindres taches ; il faut que la pureté soit entiere, il faut que les convoitises, & les cupiditez, les inclinations, & le affections terrestres disparoissent ; que le Soleil y soit toûjours dans son midi, & qu'il ne s'y rencontre, s'il est possible, ni nüage, ni aucun corps étranger qui puisse y causer les moindres ombres. C'est afin que les hommes entrent dans des dispositions si saintes, que JESUS-CHRIST veut qu'ils ressemblent à ce grain de senevé, *Simile est Regnum Cœlorum grano sinapis* ; parce qu'ils ne sçauroient atteindre à la simplicité que cette figure renferme, que par un dépoüillement qui soit general, & par un denüement qui ne reçoive ni restriction, ni reserve. C'est par-là que la

Ibid.

beauté de la maison de l'épouse, deviendra proportionnée à la magnificence de l'époux ; à mesure qu'elle se déchargera des biens de la terre, il l'enrichira des biens du Ciel ; sa pauvreté fera sa grandeur, & Jesus-Christ se donnera à elle d'une maniere d'autant plus intime, qu'il verra qu'elle l'a regardé tout seul, & qu'il n'y a rien qu'elle ne lui ait sacrifié, par le desir, & par l'envie qu'elle a eû de lui plaire.

La troisiéme raison, c'est que Dieu qui veut élever les hommes, & les rendre participans d'une gloire infinie, veut qu'ils prennent les voyes, & qu'ils se servent des moiens par lesquels ils peuvent arriver à ce bonheur ; & comme il n'y en a point d'autres que ceux qu'il a pris lui-même, (dont il a donné aux hommes des instructions publiques, par ses predications, comme par toute la conduite de sa vie ; lors qu'il a dit en tant d'endroits, qu'il abbaisseroit les superbes, & qu'il éleveroit les humbles, que celui qui s'éleve seroit abbaissé, que celui qui s'abbaisse seroit relevé ; *Omnis qui se exaltat humiliabitur, & qui se humiliat exaltabitur.*)

Matt. 23. 12.
Luc. 14. 11.

il faut que les hommes les embrassent, & qu'ils entrent dans un abaissement d'autant plus grand, que la gloire à laquelle ils aspirent, est infinie. Toute leur étude doit être de s'aneantir ; ils doivent faire autant d'efforts pour s'avilir, s'ils ont de la foi, que les gens qui n'en ont point, en font pour s'aggrandir & pour s'accroître. Il faut, comme dit saint Augustin, que celui qui veut donner à son bâtiment une hauteur, & une élevation extraordinaire, commence par jetter des fondemens profonds, qu'il ouvre la terre, & qu'il ne se lasse point de la creuser, sans quoi son dessein ne reüssiroit pas, son ouvrage seroit exposé à une ruine toute prompte & toute certaine, *Quantam* *quisque vult & disponit superimponere molem ædificii, quantò erit majus ædificium, tantò altiùs fodit fundamentum.* Ainsi ceux qui prétendroient faire leur salut, sans prendre cette voie que la main de Dieu leur a tracée, travailleroient en vain ; ils fonderoient leur bâtiment sur le sable, & il ne leur resteroit que le regret & la confusion d'avoir formé & entrepris de grands desseins contre les regles

Aug. de verb. Ap.

qui leurs avoient été prescites. La vérité, M. F. crie qu'il faut s'abbaisser, & le mensonge dit le contraire; il faut que l'aveuglement soit grand pour se mécompter dans une affaire de cette importance, & prendre le mauvais parti, les principes sur lequel on doit decider, étant si constans, & si sensibles. Jesus-Christ pour nous préserver de tomber dans ce malheur, nous dit que le Roïaume du Ciel est semblable à un grain de senevé; nous figurant par-là le dernier de tous les abbaissemens, afin de nous montrer que la necessité de s'abbaisser est absoluë, que c'est la porte par laquelle il faut passer, & dont on n'a jamais accordé, & n'accordera à personne ni exemption, ni dispense.

Jesus-Christ qui a vû que la plus grande partie des hommes, bien loin de faire l'usage qu'ils doivent de cette grande instruction, vivroient comme si elle ne leur avoit point été donnée: (car il faut remarquer qu'il parloit aux troupes; c'est à dire, à cette foule de gens qui le suivoient par tout, *Et congregatæ sunt ad eum turba multa*:) sçachant, dis-je, que le cœur, non seulement de ceux qui l'é-

Matt. 13. 2.

coutoient, s'étoit endurci ; mais que le monde prefque tout entier prefereroit les tenebres à fes lumieres, & aimeroit mieux marcher dans l'obfcurité de la mort, que dans la clarté de la vie, pour empêcher que cette importante verité ne fût détruite par la confpiration des pecheurs, a fufcité les Moines & les folitaires, comme je vous l'ai dit bien des fois, pour mettre en pratique ce que les autres avoient negligé, & pour rendre à Dieu l'obéïffance qu'ils lui avoient refufée : Et afin qu'ils euffent pour cela toutes les facilitez neceffaires, il a renfermé dans leur état ce triple devoir : Le premier, rendre à Dieu des hommages & des facrifices continuels : Le fecond, fe purifier pour lui plaire : & le troifiéme, s'aneantir, afin d'être élevé conformément à fes promeffes.

Pour l'obligation, mes Freres, d'offrir des facrifices continuels, c'eft à quoi vous ne fçauriez manquer de fatisfaire ; car il n'y a point de moment auquel vous n'ayez occafion d'offrir à Dieu la plus grande & la plus agreable de toutes les victimes, j'entends vôtre volonté propre : toute vôtre vie n'est qu'une suite de dépoüillemens, vous renoncez incessamment à vous-mêmes, par l'obéissance dans laquelle vous vivez ; & comme il n'y a point d'action qui ne vous soit commandée, il n'y en a point aussi qui ne vous tienne lieu d'une oblation veritable ; puisque, selon la parole du Saint Esprit, l'obéissance est le premier de tous les sacrifices, *Melior est obedientia quam victima* ; Joignez à cela tout le détail de vôtre vie, & vous verrez la confirmation de mon sentiment, puisque vous y remarquerez par tout des rétranchemens, & par consequent des sacrifices. Vous n'offrez pas à Dieu les biens & les richesses de la terre, puisque vous y avez déja renoncé ; mais vous lui offrez quelque chose qui vous touche de plus prés, & dont la separation vous est beaucoup plus sensible : vous lui offrez dans le milieu des tenebres le repos de la nuit par de longues veilles : vous lui offrez tous les divertissemens que l'on prend dans les lectures curieuses & profanes, n'en aiant que des saintes & de serieuses : vous lui offrez le plaisir de la bonne chere, par des jeûnes & des abstinences rigoureuses ; vous lui offrez la douceur qui se trouve dans l'oisiveté & dans la paresse, par les travaux & les exercices penibles que vous embrassez : vous lui offrez l'agréement que l'on trouve dans les commerces & les communications que l'on a avec les hommes, par l'exactitude de vôtre retraite, & par l'observation de vôtre silence : Enfin en lui sacrifiant la disposition du temps, qui n'est plus dans vos mains, par la détermination de toutes les heures du jour : vous donnez tout à Dieu, & vous ne faites autre chose que de lui offrir un sacrifice de loüange.

Pour la seconde obligation, qui est celle de la pureté de vos ames, vôtre Regle ne vous donne pas moins d'avantages pour l'acquerir. Premierement elle ferme toutes les avenuës, & bouche tous les canaux par lesquels elles pourroient admettre, ce qui seroit capable de s'opposer à cette perfection & cette innocence que Dieu demande d'elles. Elle vous separe du monde, elle vous tire de cet air contagieux, dans lequel il est presque impossible de conserver la verité & la justice ; elle vous interdit tout commerce avec les creatures, dont l'haleine toute seule peut infecter les personnes les plus saines, & les plus saintes : & l'éloignement qu'elle vous en donne est si grand, qu'elles ne doivent pas être moins effacées de vôtre memoire que de vôtre cœur. Ainsi elle vous cache leurs déreglemens, la corruption de leurs mœurs, leurs iniquitez & leurs convoitises ; en sorte que vous êtes comme hors d'état d'être frappez, par les traits que leur malignité tire incessamment contre ceux qui ne veulent pas entrer dans leur esprit, dans leurs sentimens ni dans leurs maximes.

Vôtre Regle vous leve un second obstacle, qui n'est pas moins dangereux ; je veux dire celui qui vous vient de la part de vôtre volonté propre, qui est la source veritable de toute impureté qui se rencontre dans nos ames ; car sans elle nous serions invulnerables, & ni l'envie, ni la conspiration des hommes & des demons ne pourroient nous nuire. Vôtre Regle assujettit cette volonté, elle la lie ; & au lieu que dans le monde

monde elle est la maîtresse, & qu'elle y exerce une authorité absoluë. Elle est traittée dans les Cloîtres comme une esclave & comme une servante, lorsque la pieté y est dans sa vigueur, & que la discipline s'y observe ; elle y est contredite, elle y est combattuë, on la regarde en tout temps & en tous lieux, comme un ennemi qu'il faut affoiblir, & on n'y a point de plus grande occupation, que celle d'en reprimer tous les mouvemens & toutes les saillies.

Vôtre Regle n'en demeure pas-là, car aprés avoir levé les oppositions, elle vous donne les moïens : & si vous me demandez quels ils sont, je vous confesse que je n'en connois point de plus grand (aprés la participation des saints mysteres) que le bonheur que vous avez de pouvoir lire incessamment les saintes écritures, les ouvrages des Saints Peres, d'avoir en tout temps la parole de Dieu dans la bouche, par cette psalmodie si longue & si étenduë, par vos Oraisons particulieres. Cette parole, dis-je, qui est le germe de l'immortalité, la semence de la vie, & le principe du bonheur auquel vous aspirez ; car quoique vos jours soient divisez par la diversité de vos observances & de vos exercices : cependant si vous êtes fidelles, cette parole qui se retirera quelquefois de devant vos yeux, ne laissera pas d'être dans le fond de vos cœurs, & vos œuvres n'en seront que les effets & les suites.

Vous ne trouvez pas moins de secours dans vôtre état pour entrer dans la troisiéme obligation, qui est celle des abbaissemens & des humiliations. Tout l'Ordre Monastique n'est qu'une profession publique d'humilité ; c'est une condition qui ne respire par elle-même, que les ignominies & les opprobres. *Ordo noster humilitas est, abjectio est*: Dieu a formé les Moines dans son Eglise, comme des hommes en qui il vouloit retracer & perpetuer les hontes & les confusions qu'avoit essuyé son fils, & les anciens Peres tenoient cela pour une verité si constante, qu'il n'y a rien qu'ils ayent crû, & qu'ils ayent enseigné davantage, sinon que celui qui ne pouvoit pas s'humilier, ne pouvoit pas être Moine : *Qui nequit humiliari, nequit Monachus fieri* ; toute nôtre Regle n'est remplie que de ces instructions, comme nous en avons parlé en une infinité d'occasions. Vous n'avez qu'à rappeller les choses que nous vous en avons dites, & vous verrez quels doivent être sur cela vos sentimens, en considerant celui de vôtre saint Instituteur, quand pour vous apprendre quel doit être l'état de vôtre vie, il vous remet devant les yeux cette échelle mystique, qui apparut au Patriarche Jacob, & qu'il vous dit qu'on s'abbaisse quand on s'exalte, & que l'humiliation est l'unique voye par laquelle vous devez vous élever, *Exaltatione* Reg. c. 7. *descendere, & humilitate ascendere. ....scala verò ipsa erecta, nostra est vita in saeculo, quae humiliato corde à Domino erigitur ad Coelum.* Voila, mes Freres, de quelle maniere les Religieux & les Solitaires doivent entrer dans les desseins de Dieu. Voila de quelle sorte ils peuvent executer ses ordres, & satisfaire à ce precepte contenu dans ces paroles, *Simile est Regnum Coelorum grano si-* Math. 13. *napis*; puis qu'ils offrent un sacrifice 31. continuel, comme nous vous l'avons montré, & qu'ils travaillent inceſſamment à ſe rendre dignes du bonheur auquel Jesus-Christ les appelle, par la ſanctification & par l'humiliation de leurs cœurs.

Dieu qui connoît parfaitement l'inconſtance & la fragilité de ceux-mêmes, qui devroient marcher avec plus de certitude & de fermeté dans ſes voyes, n'oublie rien de ce qui peut les y maintenir, dans la crainte qu'il a de les perdre. Tantôt il uſe de menaces, tantôt il ſe ſert de careſſes, tantôt il leur montre une des faces de ſon Eternité, c'eſt à dire, les peines & les tourmens; tantôt il leur met l'autre devant les yeux, qui ſont les récompenſes & les joyes, afin que la crainte du mal faſſe en quelques rencontres, ce que l'eſperance du bien ne pouvoit pas faire; ou plûtôt afin que ces deux vûës, & ces deux conſiderations unies enſemble, faſſent ſur eux une impreſſion profonde, & qu'elles les rendent inébranlables dans ſa direction & dans ſa conduite.

C'eſt dans ce deſſein que Dieu a voulu, par une diſpoſition de ſa providence, que nous celebraſſions il y a quelques mois, la fête de tous les

Saints; c'est pour cela qu'il nous a mis devant les yeux la gloire dont ils joüissent, qu'il a voulu comme nous étaler l'éclat de leur triomphe. Car en effet, y a-t-il rien de plus capable de nous engager dans leurs travaux & dans leurs combats, & dans le chemin qu'ils ont pris pour se rendre éternellement heureux, que la vûë des couronnes qu'ils ont meritées?

C'est par un même esprit, qu'on nous a lû il n'y a pas long temps, cette description épouvantable de la fin du monde : JESUS-CHRIST nous en parle d'une maniere qui ne se peut entendre sans effroi, & si nos cœurs ne sont pas saisis de tremblement & d'horreur quand ils pensent à ce jour terrible, où la nature sera boulversée, les élemens confondus, ces lumieres qui jusqu'alors auront éclairé le monde, entierement éteintes, les Cieux ébranlez, la face de l'Univers toute changée, & où les hommes à la venüe du Fils de Dieu qui paroîtra tout environné de feu, d'éclairs & de tonnerres, se trouveront dans une consternation si éfroyable, que ne pouvant former des voix distinctes, ils n'auront que des hurlemens pour s'exprimer les uns aux autres la grandeur de leur desespoir, si nos cœurs, dis-je, ne sont point frappez d'une crainte mortelle, c'est qu'ils n'ont point de foi, & qu'ils regardent ces grands évenemens, comme s'ils ne devoient jamais arriver.

Nôtre Regle que nous tenons de Dieu, par le ministere d'un de ses plus grands Saints, nous propose ces deux considerations, comme nous devant être incessamment presentes; & il les croit si necessaires pour la conduite & la direction de la vie que nous avons embrassée, qu'il nous ordonne de ne perdre jamais la mémoire des peines qui doivent punir l'iniquité des pecheurs, non plus que du bonheur qui doit être la récompense des justes : *Semper sit memor omnium quæ præcepit Deus, & qualiter contemnentes Deum in gehennam pro peccatis incidunt, & vitam æternam; quæ timentibus Deum præparata est, animo suo semper revolvat.*

Reg. c. 7. de humil.

Si ces veritez faisoient en nous l'effet qu'elles y devroient faire, nos vies seroient assûrement plus exactes qu'elles ne sont pas ; je parle de nous,

& de tous ceux à qui nous sommes unis par les liens d'une même profession ; nous veillerions avec plus de soin que nous ne faisons sur nôtre conduite ; on ne se contenteroit pas, comme l'on fait, de ne commettre ni d'excez, ni d'iniquitez grossieres, mais on seroit tellement conforme en toutes choses aux volontez de Dieu, qu'on ne verroit dans les Monasteres qu'une intelligence, une union des esprits & des cœurs si intime & si parfaite, qu'ils paroîtroient des images vivantes de ce qui se passe dans le Ciel. On n'y verroit ni de ces murmures, ni de ces divisions secrettes, de ces alterations de la charité, qui pour n'être point éclatantes, ne laissent pas d'être mortelles, de ces contradictions interieures, de ces oppositions aux volontez de ceux qui gouvernent, de ces censures des actions des Superieurs, de ces froideurs, de ces soupçons, de ces jugemens, qui sont presque toûjours temeraires en tous ceux qui n'ont aucune authorité pour juger ; enfin de ces langueurs, de ces negligences, qui retardent ceux qui devroient avancer à pas de geant ; enfin ce deffaut de fentiment, qui fait qu'on lit & qu'on entend tous les jours la parole de Dieu, dans une indifference telle, qu'on n'en devient ni plus faint ni meilleur, & qu'on n'en découvre pas le moindre trait dans les endroits de nos vies, où l'on devroit la remarquer toute entiere.

Je vous l'ai dit fouvent, mes Freres, j'en vois avec peine entre vous, (il n'y en a pas veritablement beaucoup) qui s'affoupiffent, & qui fe laiffent aller au fommeil, quand on leur parle de Dieu ; comme fi la parole qu'on leur annonce, n'exigeoit pas d'eux le refpect & l'attention, & qu'ils puffent fans offenfer celui au nom duquel on leur parle, fermer les oreilles de leurs cœurs aux veritez qu'ils doivent recevoir, & regarder comme des regles, fur lefquelles ils font obligez de former toute leur conduite. Si je vous debitois mes imaginations, vous pourriez vous couvrir en cette negligence de quelque pretexte apparent ; mais comme je ne vous dis que les chofes que j'ai apprifes dans les faintes Ecritures, il eft jufte que vous les écoutiez pour vôtre inftruction,

& pour l'édification de vos Freres, qui ne sçauroient ne se pas appercevoir, que vous n'avez pas en cela l'exactitude que vous devez. Mais si quelque chose est capable de vous reveiller, c'est ce que nous lisons dans saint Gregoire, & que je ne puis vos dire sans crainte. Ce grand Pape assûre que la difference qu'il y a entre les élûs de Dieu & les reprouvez, est que les uns reçoivent les impressions profondes des veritez qu'on leur prêche, qu'ils les pratiquent, qu'ils les accomplissent : les autres au contraire les entendent d'une maniere superficielle ; de sorte que, quoi qu'elles puissent produire en eux quelque joie, & quelque disposition passagere, elles n'y portent aucun fruit, dont ils puissent tirer une utilité veritable : *Verba sapientia, quæ reprobi audiunt, electi non solùm audiunt, sed etiam gustant, ut eis in corde sapiat quod reproborum non mentibus, sed solummodò auribus sonat.* Ainsi, il se peut faire qu'un Religieux est rejetté de Dieu sans le sçavoir, que son iniquité ne lui sera pas connüe, & que le mépris qu'il aura fait des choses saintes, sera la cause de sa perte.

Gregor. moral. lib.11.c.4

Il vient peut-être dans la pensée à quelqu'un d'entre vous, de quelle sorte il se pourroit faire qu'un Religieux qui s'acquitte de tous les exercices établis dans cette maison, qui se trouve dans toutes les occupations & dans les observances communes, que l'on voit par tout comme le reste de ses Freres, fût devant Dieu comme un homme proscrit & condamné : je vous réponds qu'il n'y a rien en cela qui ne puisse arriver. Il en est des maladies des ames comme de celles du corps ; il se forme quelquefois dans les parties nobles, une intemperie ; les commencemens n'en sont rien, ils ne sont pas sensibles, elle augmente peu à peu ; quand elle est à un certain point, elle cause quelque indisposition legere, elle en cause ensuite de plus grandes. Le malade ne laisse pas d'agir, il mange, il va, il vient, il converse ; cependant on lui voit le teint mauvais, la tête lui fait mal, il a des insomnies, des chaleurs, des frissonnemens, des douleurs, des dégoûts : il reconnoît par là que sa santé est attaquée ; mais comme ce sont des symptômes & des signes équivoques, il ne connoît point la nature de son mal ; c'est un abcés qui augmente ; qui grossit, & qui enfin étant arrivé dans sa maturité, créve tout d'un coup, & éteint en un moment les principes de la vie.

La même chose se passe dans un Religieux, un deffaut de charité, un murmure, une alienation à l'égard d'un Frere, ou d'un Superieur, une désobeïssance secrette, un orgueil caché ne se fait point connoître dans sa naissance. Il le recele dans le fond de son cœur, sans qu'il le sçache, il l'entretient, il le nourrit par les occasions qui se présentent : ce mal tout mortel qu'il est, se fortifie par des progrez imperceptibles, quoi qu'il ne laisse pas d'avoir quelques effets; mais comme le propre du peché est de remplir d'obscuritez & de tenebres, ses effets ne se font pas remarquer. Ce Religieux, par exemple est impatient, il compatit avec peine aux infirmitez de ses Freres, il les blâme & les censûre intérieurement, il interprete leurs actions, & leur donne toûjours un mauvais sens ; il penetre, à ce qu'il s'imagine, les intentions de tous ceux avec lesquels il vit, & jamais à son gré elles ne sont innocentes ; il est toûjours prêt à se justifier & à charger les autres. Cet aveugle est rempli de ses miseres, & si celui qui est préposé pour le conduire, s'apperçoit par des irregularitez qu'il lui voit commettre, qu'il porte un mal dans son sein, auquel il ne prend pas garde; s'il l'avertit de ne le pas negliger, si même il a trouvé sa playe, & qu'il la lui découvre, ce malade est assez insensé pour se persuader, & pour vouloir persuader aux autres, que sa santé est entiere, & que le mal est purement dans l'imagination de ceux qui le lui attribüent. Il va son chemin accoûtumé, & comme dit saint Gregoire, il tombe dans le précipice sans le voir & sans le craindre, & le moment auquel il ouvre les yeux, & reconnoît le danger dans lequel il est, est celui de sa mort.

En voila assez, mes Freres, je laisse le reste à vos reflexions; mais souvenez-vous qu'il n'y a point de sûreté dans les Cloîtres, non plus que dans le monde, que celle de se soûmettre aux préceptes de JESUS-CHRIST, & d'être ce qu'il veut que nous soyons par ces paroles, *Simile*

Matth. 13. 31. *est Regnum Cælorum grano sinapis.*

FIN.

TABLE
DES MATIERES
DU PREMIER TOME.

A

ABANDONNEMENT *de Dieu.* Dieu ne se retire des pecheurs que peu à peu, page 342 Tristes effets de cet abandonnement, 347. 348. 352. D'où vient que ceux que Dieu abandonne, ne tombent pas toûjours en toutes sortes de vices, 354.

Abel. Il a été une figure de Jesus-Christ, 59.

Abnegation entière de soy-même. Combien elle est necessaire au Chrétien, 365. 369.

Abraham. Son Eloge, & ses grandes vertus, 50. Sa foy, & sa parfaite obeïssance à Dieu, *Ibid.*

Actions. Quelles sont celles qui meritent le nom de bonnes, 15.

Advenement de Jesus-Christ. Comment il faut s'y preparer, & s'y bien preparer, 2. D'où vient l'insensibilité des Chrêtiens qui n'ont pas soin de bien preparer les voyes du Seigneur, 100. 101. Les gens du monde n'ont pas lieu de se rejoüir de l'avenement de Jesus-Christ, puisqu'il ne vient pas pour être leur Sauveur, mais pour être leur Juge, 82.

Amour du monde. Il est défendu au Chrétien, 108

Ange Gardien. Il assiste, donne de grands secours aux gens de bien, 93

Anéantissemens. L'aimer, pour se conformer à

TABLE

Jesus Christ. 45
Apostat. Moine Apostat, 357
Apologie de la Trappe. Défense des austeritez qui s'y pratiquent, 183
Aveuglement. Il est un des effets ordinaires de l'amour qu'on a pour le monde, 108
Austerité. S'il a été à propos de diminuer & d'adoucir un peu celle de la Trappe, 283

B

BENEFICE, *biens d'Eglise.* Les Ecclesiastiques ont tort d'en considerer les revenus comme leur patrimoine, & de s'en croire les proprietaires, 197. L'abus qu'ils en font, *ibid.*
Biens de la terre. Ils sont peu estimables. { par eux-mêmes, & par leur peu de solidité, par leur peu de durée. } 102
Bien, bonnes actions. Il faut faire le bien, comme il faut, 154
Grain de bled. Les parfaits Chrétiens doivent ressembler à un grain de bled jetté en terre, 365. 435.
Bonté morale. Y a-t-il des actions qui ayent une bonté morale. 5
Bouche. Usage qu'on en fait ordinairement dans le monde, & qu'on en doit faire dans une religion bien reglée, 34

C

CAIN. Ce fut la jalousie qu'il eut contre son frere Abel qui le porta à le tüer, 59. Il a été la figure des Juifs qui ont fait mourir Jesus-Christ, *ibid.*
Gens de la Campagne. Il y a parmi eux peu de connoissance de leurs devoirs, & peu d'innocens, 208

DES MATIERES.

Le cœur. L'or qu'offrirent les trois Rois à Jesus-Christ, marque le cœur qu'on doit offrir à Dieu, 217

Charité. C'est elle qui fait la bonté des actions, 6

Chrétiens. Qu'est-ce qu'un Chrétien, 116. Ses deux indispensables obligations sont de renoncer au monde, & d'imiter Jesus-Christ, 103 Ils doivent toûjours marcher comme des enfans de lumiere, 18. Le nombre des mauvais Chrétiens est tres grand, 121

Chant des Pseaumes. Effet quil doit produire dans le cœur, 22

Circoncision. Ce mystere nous apprend à nous bien soûmettre aux ordres de Dieu, 172. A faire de continuels retranchemens de nos cupiditez dereglées, 176. De toutes nos pensées & paroles inutiles, 177. De toutes mauvaises actions, 179. A nous abandonner à l'ignominie, & à la douleur comme a fait Jesus-Christ, 182. Et c'est ce que nous ne voulons pas faire, 184

Commerce de Marchands. Il s'y trouvent souvent peu de bonne foy, 200

Communautez Religieuses, 376. Dereglemens dans ces sortes de maisons, 204

Conducteurs des ames. Malheur du monde de n'en pas avoir, 38

Confiance en Dieu. Elle doit être entiere dans les tribulations, 394

Conformité. La conformité de volonté avec celle de Dieu, 150

Conversations. Le danger qu'il y a le plus souvent, 166

Conversion à Dieu. Son avantage, 224

Courage. Il faut combattre toutes ses passions avec grand courage, 93

Crainte de Dieu. Sa grande utilité, 392

Cupidité. Elle est la source de tout mal, 5

D

DAVID. C'est un excellent modéle de penitence, 52

Desoccupation de toutes choses. C'est l'état où doit être un bon Religieux pour oüir, & pour posseder Dieu, 275

Desunion, discorde. Les procez sont suivis d'ordinaire de desunions & de fâcheuses inimitiez, *ibid.*

Directeurs. Moines qui s'érigen en directeurs, 205

Distractions. Comme elles sont dangereuses, il faut autant qu'il se peut faire, les éviter, 252

Dormir. En combien de manieres Dieu doit à l'égard des hommes. 382

E

ECCLESIASTIQUE. Leur ambition pour s'élever aux grandes dignitez, dont ils sont indignes, 30. Ils sont souvent esclaves de leurs passions, *ibid* Leur vie n'est pas toûjours entierement irreprochable, 196

Eglise. Etat & situation où elle est à present, 208

Elevation. Tout le monde l'aime naturellement, 127

Ezechiel. Combien severement l'élevation du Roy Ezechiel fut punie de Dieu, 128

Entretiens. Les entretiens mêmes de bonnes choses sont souvent tres-dangereux, 265. Ils sont tout-à-fait interdits aux Religieux, 27. Il y a même du peril à prendre plaisir à s'entretenir avec soi-même, 173. Un bon Religieux ne doit s'entretenir qu'avec Dieu, pour pouvoir joüir de Dieu, 174. 175

Ecouter. Comment faut-il écouter Dieu, & sa parole,

DES MATIERES.

role,

Ecriture Sainte. D'où vient qu'on n'y trouve pas de goût, 48. Les admirables effets qu'elle produit dans ceux qui prennent plaisir à la lire, 49.

Epoux. Les ames chrêtiennes sont des épouses qui doivent aller au devant de Jesus-Christ, & être toûjours prêtes à le recevoir, 132

Esprit de Jesus-Christ, esprit du monde. Effets de ces deux sortes d'esprits, 85

Gens d'esprit, Il y a souvent peu de pieté dans ces sortes de gens, 195

Ennemis. Les Chrêtiens ont pour ennemis { leurs cupiditez & les demons. } 90

Comment il faut vaincre ses ennemis, *ibid.*

Evéques. Leurs devoirs, 245

Exemple. Les mauvais sont la source d'une infinité de maux, 38. Les bons au contraire font de grandes impressions dans un Cloitre, 39. Quels sont les bons exemples qu'on y a, 40

Exercices. Il faut faire saintement tous les exercices saints, 155

F

Ferveur d'esprit. Il faut se laisser conduire par l'esprit de Dieu, & faire toûjours le bien avec ferveur, 156

Flateurs. Les flatteurs des Princes sont bien dangereux, 27. Ils font bien du mal aux autres, mais ils s'en font aussi beaucoup à eux-mêmes, & ils n'ont en vûë que leurs interêts, 28

Foiblesse. Nôtre extrême foiblesse nous doit sans cesse faire recourir à Dieu, qui peut seul nous soutenir, 28

TABLE

G

GARDIEN. Chaque Chrétien doit être le gardien de son frere, 20
Grands du monde. Ils sont la plûpart des impies, 194. 195. Ils ont un attachement continuel au monde, *ibid.*
Guerre. De quelle maniere il y est permis de tuer, 29
Guerrier. La plûpart ont peu de pieté, & de Religion. 196

H

HABITS. Les habits des femmes chrétiennes doivent être pauvres & simples, 134. Le changement d'habits qu'on fait en entrant dans une Religion, marque le changement qu'on doit faire de mœurs, & de maniere d'agir, *ibid.*
Humilité. C'est le solide fondement de la Religion chrétienne, 131. Nôtre salut y est attaché, 127. Dieu nous recommande particulierement cette vertu, 126. Elle paroît dans la conduite de tous les Saints de l'ancien testament, 128. L'humilité est le vétement qui convient le mieux à toutes les ames chrétiennes qui sont les épouses de Jesus-Christ, 133. Jesus-Christ étant un Dieu prodigieusement anneanti ; le Chrêtien, qui tire de luy tout son être, comme la branche de la vigne tire toute sa subsistance de son sep, il doit être extrémement humble, & avoir de bas sentimens de luy-même, 13. Trois raisons qui l'y obligent, 402
Humiliation de Jesus-Christ. Humiliation de Jesus-Christ dans son Baptême, 130
Hypocrite. Qu'est-ce qu'un hypocrite, 336. Un

DES MATIERES.

Religieux est un vray hypocrite, quand il ne fait point paroître dans toutes ses actions la ferveur & l'esprit de grace qui doit toûjours l'animer, 159

JEAN-BAPTISTE. Son éloge, 99
Jesus-Christ. Dieu nous commande de l'imiter & de le suivre, 104. C'est dans le Temple qu'on doit aller chercher Jesus-Christ, & qu'on le trouve, 242
Imiter Jesus-Christ. Il a tres-peu d'imitateurs, 120. Ce que c'est qu'imiter Jesus-Christ, 121
Impies. Ils font gloire de leurs méchantes actions, 193
Incarnation de Iesus-Christ. Que faut-il faire pour aller au-devant de Jesus-Christ qui vient à nous, 144
Inspiration de Dieu. Ce doit être elle qui conduit en Religion, & on la doit suivre comme les Mages suivirent l'étoile qui les conduisoit à Bethléem. 230
Injure. Il faut les pardonner. Joseph en donne un bel exemple, 51
Iob. C'est un modele d'une admirable patience, 52
Ioye. Il y en a de deux sortes. Une bonne qui nous est commandée, & une mauvaise qui est l'effet de la cupidité, & dont l'usage nous est interdit, 79. Il n'y a que le Saint Esprit qui produit dans nos cœurs la veritable joye, 80. Quelle elle est, ibidem. Quels sont ses effets, 81. Le second advenement de Jesus-Christ doit produire une grande joye dans le cœur des Chrétiens, 81

Pp ij

TABLE

Ioseph. Il est une belle image de Jesus-Christ, 78. Son incomparable charité envers ses Freres, 51

Isaac. En quoy il ressemble à Jesus-Christ, 60. L'obeïssance est admirable dans l'un & dans l'autre, *ibid.* Paroles de Jesus-Christ 51. Isaac & Jacob ont une grande confiance en J. C. *ibid.*

Iuges. Plusieurs choses les l'empêchent de rendre la justice comme ils y sont obligez, 29.

L

LABOUREUR. Jesus-Christ se compare à un laboureur, à cause du soin qu'il prend de bien cultiver nos ames, 67

Langue. Maux & pechez qu'elle cause, 321

Lazare. Sa merveilleuse resurection ne fit aucune impression sur l'esprit des Juifs. 349

Livres saints. Leur éloge, & leur grand avantage, 46. A quoy la lecture de ces sortes de Livres oblige, 12. De quelle maniere il faut la faire, 257. La fin qu'il faut s'y opposer, 206. 256

Liberté. L'assujettissement des bons Religieux à l'exacte observation de leur Regle, ne leur ôte nullement la liberté d'esprit, dont le S. Esprit les fait joüir, 37

M

MAGISTRATS. Cette profession a ses dangers, 29. La conduite de plusieurs n'est pas irreprehensible, 199

Marchands. Ils ne font point de scrupule de mentir, & il y a souvent peu de bonne foy parmi eux, 30. 200.

Mains. Usage qu'on en fait dans le monde, &

DES MATIERES.

qu'on doit en faire dans une Religion bien reglée, 35

Jesus-Christ medecin des ames. Jesus-Christ étant un admirable medecin, les pecheurs comme de grands malades doivent mettre en luy toute leur confiance, 67

Miracles. Quelques grands qu'ils soient, ils sont toûjours fort inutiles si Dieu ne parle luy-même au cœur, 349

Moines. Quatre sortes de Moines, 14. Des Moines déreglez ne meritent pas de porter ce nom, 13. 18. De méchans Moines font de grands maux, en commettant une mauvaise action, 19. Eloge des bons Moines, 250. Leur état, leurs obligations, 246. Quel doit être le partage de leurs journées, *ibid.* Moines ambitieux, 204. Peu appliquez à leurs devoirs les plus essentiels, 206. Il y a d'ordinaire peu de Religion parmi eux, 202

Monastere. Admirable pieté qui a autrefois paru dans les anciens Monasteres, 203. Grands Monasteres où il n'y a plus de regularité, comparez à des forteresses animées, 202. 203. D'où est venuë leur decadence & leur entiere ruine, 376

Monde. Corruption generale du monde, 31. Combien il est necessaire aux Religieux & aux veritables Chrétiens de s'en separer, 381. Dieu leur ordonne d'y renoncer, & de ne l'aimer aucunement, 103. Ces deux raisons les obligent non seulement à le mépriser, mais à le haïr. Le monde a pris la place de Dieu qui est venu pour nous reconcilier. Nous ne pouvons servir deux maîtres, 104. 106. En quel cas on peut demeurer dans le monde, 109. Bonheur de ceux que Dieu daigne en retirer, 114.

TABLE

Gens du monde. Mondains. Leurs folles occupations, 171. 195. Leur partage en sept differentes conditions, 194. Le monde est le pays éloigné d'où Jesus-Christ appella les Mages, pour le venir adorer à Bethléem, 226. Leur vie qui paroît aux hommes fort innocente, est tout à fait criminelle aux yeux de Dieu, 9. 11. Ils ne pensent gueres au Ciel ni à leur salut, 8. Ils ne travaillent qu'à se bien établir sur la terre, 10. Quelle doit être la conduite des Chrétiens à l'égard des goûts du monde, 88

Mort. On meurt dés qu'on commence à vivre, 169. Les Chrétiens doivent toûjours être prêts à mourir. Peu de personnes pensent à la mort, 170. Ce qu'il faut faire pour cela, 173. C'est un Commandement de Dieu que celuy de se preparer à la mort, 173. Pour se bien preparer à la mort, il faut se dépoüiller de tout ce qui n'est pas capable de nous rendre heureux, 175

Mort spirituelle. Il faut pour cela mourir au monde, au vieil homme avec toutes ses cupiditez, pour devenir un homme tout nouveau, 368

Mortification. Elle est marquée par la Myrrhe que les Rois Mages presenterent à Jesus-Christ enfant, 218

Moyse. Il nous apprend le peu de cas que nous devons faire de tout ce que le monde a de plus beau & de plus aimable, 52

N.

Nativité de Jesus-Christ, 141. 151 C'est la source de toutes les graces, 151
Negligence. La negligence à combatre ses pas-

tion est capable de nous perdre, 96. L'éviter dans les actions les plus saintes, 155. 158. La negligence dans l'acquit de ses devoirs est cause que Dieu se retire de nous, 209. C'est par exciter un Religieux à negliger les exercices de pieté que le Diable commence d'ordinaire ses tentations, 44. 345

O

OBEISSANCE. Obeïssance que Jesus-Christ rend à son Pere, 64. C'est sa principale vertu, 310. 312. C'est elle qui fait les bons Religieux, & qui rend inutiles les plus grands efforts du Demon contre eux, 92. Les Religieux la doivent toute entiere à leurs Superieurs, 212. Punitions que Dieu a faites de ceux qui n'avoient pas été exacts à executer ses ordres, 128

Bonnes œuvres, œuvres de lumiere. Quelles sont celles qui meritent ce nom, 4. 5

Mauvaises œuvres. Voyez Tenebres.

Onction. D'où vient que la plûpart des actions Chrétiennes, se font sans onction. 204

Orgueil. Dieu nous le deffend, 126. Nos premiers peres nous l'ont transmis avec la vie, 127. Nous y renonçons dans le baptême, en renonçant aux pompes du Diable qui en est l'auteur & le principe, 130

Oreilles. Usage qu'on en fait dans le monde, ce qu'on doit en faire dans une Religion, 35

P

PAIX, *de l'ame.* C'est l'effet de la presence de Dieu qui y habite, 116. Les Saints en joüissent d'ordinaire, 27. Ce qu'il faut faire

TABLE

pour l'avoir, 277

Parens. Jesus-Christ nous apprend par sa conduite le détachement que nous devons en avoir, 65

Parler. Le danger qui s'y trouve, 271

Parole de Dieu. Elle est la vie des Chrétiens, 46. le mépris qu'on en fait est la cause de tous nos malheurs, 22

Pasteur. Ses devoirs essentiels, 118. Jesus-Christ est nôtre veritable Pasteur, nous devons donc écouter sa voix, & le suivre, puisque nous disons que nous sommes ses oüailles, 66

Pauvreté de Jesus-Christ. 66

Paysans, gens de la campagne. On trouve peu de sentimens de pieté parmi eux, 201

Pechez des gens du monde, 8. Quoy que les gros pechez soient rares parmi les gens du monde, quant à l'acte exterieur & à la consommation; ils ne le sont pas neantmoins quant à la disposition du cœur, par où Dieu en juge, 86

Pecheurs. La vûë des pecheurs est tres-utile aux bons, 309. Amour extrême de tendresse de Jesus-Christ envers eux, 55. 56. Belle comparaison pour faire voir pourquoy il use envers eux tantôt de ménaces, & tantôt de douceurs; tantôt il se montre à eux, & tantôt il s'en retire, *ibid.* Colere effroyable de Dieu contre les pecheurs enduicis, & obstinez, 57

Penitence. Les larmes d'un penitent ne sont pas incompatibles avec la sainte joye que Dieu met dans son cœur, 97

Pensées. Les pensées vaines & inutiles sont defendües aux Chrétiens, 265

Peres de famille. Jesus-Christ se compare à un bon pere de famille qui reçoit toûjours ses enfans quand ils reviennent à luy après l'avoir offensé, 67

DES MATIERES.

Pieds. Usage qu'on en fait dans le monde, & qu'on doit en faire dans la Religion, 36

Pieté. En quoy consiste celle des veritables Religieux, 213. 270

Predicateur. C'est un employ fort dangereux, quand l'on s'y engage par une fausse charité, par ambition & par avarice, 267. Il ne faut pas mépriser leurs saintes instructions, 220

Preparation de cœur pour la sainte Communion. Il faut que ce soit Dieu qui le prepare luy-même, qui en ôte les vices & les mauvaises habitudes, & qui y mette les vertus qui luy sont les plus agreables, 145. 146

Prier. Comment on doit prier, & ce qu'on doit demander à Dieu, 250. 259

Priere. Les qualitez qu'elle doit avoir, 267. La necessité où sont les fideles de s'y appliquer, 409

Princes, Grands du monde. Ils ont le malheur de n'être la pluspart que des impies, 194. 196. Quelles sont ordinairement leurs pensées & leurs occupations. *ibid.*

Procez. Pernicieux effets qu'ils produisent pour l'ordinaire, 87

Pureté. Joseph en est un excellent modele, 52

Pureté de cœur. Ce que doit faire un Chrêtien pour l'avoir, 415

R

REDEMPTION *des hommes.* C'est la fin que Jesus-Christ s'est proposée en venant au monde, 189

Religion Chrétienne. Elle est appuyée sur ces deux solides fondemens ; renoncer au monde, & imiter Jesus-Christ. 103

Religion, Maison religieuse. Les plus saintes Religions n'ont pas subsisté long-tems dans leurs premieres ferveurs, 115. Les grands avantages qu'il y a dans une Religion bien reglée, 40. 41.

TABLE

bonheur d'y être appellé, 310. 372. 374. 376.
bons Religieux. Leur Eloge. 380. 464. Pratiques & vertus essentielles qu'ils doivent embrasser. 75. Ils doivent remercier Dieu incessamment de les avoir retirez par une grace si particuliere de la corruption du monde, qui est si grande & si generale, 31. 41. Aimer leur vocation : Demander à Dieu la grace de pouvoir combattre les peines qu'il y a à souffrir, 331. 335. Ils sont obligez de mener une vie bien plus sainte que les seculiers, 21. Ils sont heureux de n'être pas dans les mêmes occasions qu'eux d'offencer Dieu, 12. Mais cet état les rendra plus criminels qu'eux, s'ils ne travaillent à en remplir tous les devoirs, 125. Ils doivent pour ce sujet se rendre les imitateurs de Jesus-Christ. *ibid.* Quelles doivent être leurs vertus, 201. Il leur serviroit tres-peu d'avoir quitté le monde, s'ils en aiment encore les cupiditez & les passions, 116. Tentations ausquels ils sont exposez, 227. Comme ils se sont consacrez à la penitence, ils en doivent faire paroître les effets, 125. Ils combattent pour un Royaume éternel, 89. Pratiques dont ils doivent se servir, 91. Ils doivent aivent aimer les austeritez de leur Regle, 4

méchans Religieux. 13. Ils sont comparez à l'yvraye. 406. Dieu punit severement leur negligence, 210

se Revêtir de Jesus-Christ. C'est ce que doivent faire tous les Chrétiens, 148. Quand serons-nous dans ce bien-heureux état. 149

Repos & tranquillité de l'âme. Ce qu'il faut faire pour se la procurer, 277

Rhecabites grands & exacts observateurs de la maniere de vivre que leur Pere leur avoit prescrite, 53

Richesses. En quel cas un Chrétien en peut-il avoir, 110.

dom Rigobert Religieux de la Trappe. Sa vertu, & son admirable patience dans les grands maux qu'il souffroit, 396

Roys. Leur veritable misere dans leur élévation, 27. Quelle doit être leur conduite, 109. Leur devoir, 245. Jesus-Christ étant nôtre Roy, & nous ses sujets, avec quelle fidelité devons-nous luy obeïr, 66

la Fête des trois Rois. En quoy doit-on imiter leur conduite, 206. Cette Fête est la premiere & la principale de toutes les Fêtes, 12. C'est le jour de la vocation de tous les hommes au Christianisme, 189

S

Salut. Ce que c'est que le salut, 3.

Sens exterieurs. Leur domination violente & tyrannique, 32. L'usage criminel qu'on en fait dans le monde, & celuy qu'on en fait dans une sainte Religion, 36. Ils sont la porte de tous les déreglemens du cœur, 37. Il est impossible de bien garder son cœur, si l'on ne garde bien ses sens, 32. C'est par leur reformation qu'il faut commencer, 329-331

grain de Seneve. Comparaison du Chrétien avec ce grain pour trois belles raisons, 415

Serviteur. Il faut servir Dieu pour le moins avec autant d'exactitude & d'affection qu'un bon serviteur en apporte au service de son maitre,

Silence. Un bon Religieux le doit exactement garder avec tout le monde, & même avec ses freres, 170. 171

Souffrances. Les souffrances des Chrétiens sont fort compatibles avec la joye du cœur, 97

Superbe. Rien n'est tant opposé à la profession

TABLE

d'un Moine, 137
Superieur. Pourquoy Dieu permet que quelques-uns de leurs disciples ne profitent pas quelquefois de leur conduite, & de leurs bons avis, 308

T

TALENS. Chacun rendra compte à Dieu des talens qu'il aura receus, 281
Temple. Quand est-ce que nos cœurs seront le temple de Dieu, 149. Les méchantes actions sont des œuvres de tenebres. On doit les rejetter, pourquoy cela, 3. Elles appartiennent au demon, 4. Quelles sont ces sortes d'œuvres, *ibid.*
Tentations des Religieux. 228. Le diable ne propose pas d'abord de grands crimes, 343
ancien Testament. Sa grande utilité. 50. Elle paroît dans les beaux exemples qui nous y sont proposez, 54. Jesus-Christ y a tracé les principales actions de sa vie, 58. Pourquoy Dieu s'y sert-il tantôt d'expressions toutes pleines de menaces, & tantôt pleines d'une merveilleuse tendresse, 55
le nouveau Testament. Son excellence. Jesus-Christ y est par tout, y parle, & y agit par tout, 62
Tiedeur. L'eviter avec grand soin, 253
la Trappe, 102. En quel sens on peut dire qu'il s'y fait tous les jours des miracles, 73. Qu'il n'est pas à propos de diminuer les austeritez qui s'y pratiquent, 283. En quoy elles consistent, 302

V

VANITÉ *des hommes*, 135.
Vertus exterieures & apparentes. Ces sortes de vertus qui ont paru dans les Payens, se trouvent encore dans les gens du monde, 356. Elles disparoissent auprés des vertus chrétien-

DES MATIERES.

nes qui sont seules les veritables, 6. Elles sont appellées armes de lumiere par l'Apôtre, 16. pourquoy cela ? *ibid.*

Verité. Qu'est-ce que garder la verité dans ses œuvres, 23.

Vêtemens. Ceux des Chrêtiennes doivent être simples, 134.

la Vie. Elle est exposée à mille dangers, 26. C'est une vie pleine d'une infinité d'écueils, *ibid.*

Vigilance. Quelle doit être celle d'un Religieux sur tous les mouvemens de son ame, 306. Avec quelle application chacun doit veiller sur soy-même, 343. 386. 388.

Volonté de Dieu. En quoy elle consiste, 103. La bonne volonté est l'or qu'on doit offrir au Seigneur, 207.

Volonté propre. 207. Elle s'efforce de nous retirer de la soumission que nous devons à Dieu, 33. L'usage qu'on en fait dans le monde est mauvais. Celuy qu'on doit en faire dans la Religion, 36.

Voyageur. Tous les Chrêtiens sont des Voyageurs qui vont à la rencontre de Jesus-Christ leur Seigneur & leur Roy, 132.

Voyes du Seigneur. Quelles sont les voyes que nous devons preparer pour la venuë du Seigneur, 105. En quoy consiste la rectitude de ces voyes. *ibid.*

Y

YEux. La Religion ôte aux yeux la liberté qu'on leur donne dans le monde de se porter à toutes sortes d'objets, 34. Usage qu'on en doit faire dans ces lieux, *ibid.* Ils excitent les passions, & sont cause d'une infinité de pechez, 318. Ils ôtent à l'ame sa tranquillité, & causent à l'esprit une grande dissipation, 320.

Yvrayé. Les mauvais Religieux luy sont comparez, 412.

Extrait du Privilege du Roy.

PAr Lettres Patentes données à Paris le 23. Octobre 1697. Signées BOUCHER, & scellées du grand Sceau de cire jaune : Il est permis à PIERRE DELAULNE & DENYS MARIETTE Libraires - Imprimeurs à Paris, d'imprimer ou faire imprimer, vendre & debiter par tout le Royaume en un ou plusieurs Volumes, ensemble ou separément un Livre intitulé *Conferences ou Instructions Monastiques sur les Epitres & Evangiles des Dimanches & Fêtes de l'année*, composé par Monsieur l'ancien Abbé de la Trapre. Et ce pendant le temps de SEIZE ANNE'ES consecutives, avec deffenses à toutes personnes, sous quelque pretexte que ce soit, d'imprimer, vendre, debiter ou contrefaire ledit Livre, à peine de six mille livres d'amende contre chacun des Contrevenans, & autres peines, ainsi qu'il est plus amplement porté à l'original.

Registré sur le Livre de la Communauté des Libraires & Imprimeurs de Paris, le vingt-troisiéme Octobre 1697. jour de la publication de la Paix. Signé P. AUBOÜYN, Syndic.

Achevé d'imprimer pour la premiere fois, le 5. Avril 1698.

www.ingramcontent.com/pod-product-compliance
Lightning Source LLC
Chambersburg PA
CBHW070200240426
43671CB00007B/498